음악적 경성

지은이

조윤영 曺允榮, Cho Yoon-young

연세대학교와 이화여자대학교에서 공부하였다. 박사 논문으로 우수학위논문상을 받았으며, 주요 연구 분야는 한국 근대 음악사이다. 대학에서 강의하며, 계속해서 우리 음악문화의 비어 있는 틈을 메우기 위한 작업을 진행 중이다. 주요 연구로는 「서양의 소리, 경성의 공간을 침투하다－호텔과 백화점에서의 서양음악과 그 영향」(2023), 「식민지조선 여성 음악가에 대한 인식적 고착화－결혼제도에 따른 여성과 음악의 한계」(2022), 「식민지조선에서 베토벤 수용－음악 활동에 관한 사회문화적 접근」(2021), 「조선에 울려 퍼진 여성의 음악 소리－'조선' 여성이 '서양'음악에 주목한 이유에 대하여」(2019), 「음악을 통해 근대여성을 꿈꾸다－차미리사와 근화여학교의 음악활동」(2018) 등이 있다.

음악적 경성
식민지 경성은 얼마나 음악적이었나

1판 1쇄 발행 2025년 4월 30일
1판 2쇄 발행 2025년 8월 5일

지은이 조윤영

펴낸이 박성모
펴낸곳 소명출판
출판등록 제1998-000017호
주소 서울시 서초구 사임당로14길 15 서광빌딩 2층
전화 02-585-7840
팩스 02-585-7848
이메일 somyungbooks@daum.net
홈페이지 www.somyong.co.kr

ISBN 979-11-5905-854-7 03910
정가 28,000원

음악적 경성

식민지 경성은 얼마나 음악적이었나

조윤영 지음

일러두기

- 경성인(京城人) : 경성에 거주하는 모든 사람을 일컬을 때는 경성인으로, 경성의 조선인들은 조선인, 경성의 일본인들은 재조일본인, 경성의 서양인들은 서양인으로 지칭한다.
- 재조(在朝)일본인 : 이 글은 경성의 음악문화를 다루기 때문에 경성에 거주하는 재경(在京) 일본인을 중심으로 서술하나, 이들의 조선 내 잦은 지역 이동을 감안하여 재조일본인이라 지칭한다.
- 혼마치(本町) : 일제강점기 구역 획정에 따른 명칭으로 지금의 충무로 일대를 지칭하며, 이 글에서는 종로와 비교되는 재조일본인 중심지를 일컫는다. 남대문, 명동, 을지로 지역을 포함한다.
- 내지(內地) : 식민지에서 식민자들이 자신의 나라를 지칭하는 용어로, 이 글에서 조선인의 관점으로 서술할 때는 '일본', 재조일본인의 관점으로 서술할 때는 '내지'를 사용한다.
- 기독교청년회관 : 당시 자료에서 '종로청년회관', '기독청년회관', '종로기독교청년회관', '기청회관', 'YMCA' 등 다양하게 나타나는 명칭을 '기독교청년회관'으로 통일한다.
- 경성제국대학은 경성제대 혹은 성대라 불렸고, 학교 관현악단도 경성제대 관현악단 혹은 성대 관현악단이라 불렸다. 이 글에서는 경성제대와 경성제대 관현악단으로 통일한다.
- 표로 정리한 음악회는 음악회라는 이름을 달고 개최된 양악 중심 음악회에 국한한다. 대중음악 혹은 조선음악이나 일본음악만 다루는 음악회는 포함하지 않으며, 연주회, 동요대회 등은 포함하고, 기념회, 강습회, 강연회도 프로그램의 일부에 음악회라는 말이 정확히 명시되어 있는 경우 역시 포함한다. 저자의 판단으로 종교적 색채가 강하거나 음악이 부차적인 역할만을 하는 기념회, 강습회, 강연회 등은 음악이나 연주가 포함되어 있어도 제외한다.
- 일본과 관련하여서는 최대한 일본어 발음으로 표기한다. 예를 들어 본정(本町)은 혼마치, 삼월(三越) 백화점은 미츠코시 백화점으로 기재하며, 일본인의 이름은 일본어의 특징상 훈독과 음독 중 어떤 식으로 불렸는지 정확히 알 수 없기에 기록에 일본 이름이 있으면 그것을 사용하고 그렇지 않으면 한자 그대로 적는다. 인용할 때 일본식 한자는 원문 그대로 사용한다. 용어는 읽기 편하게 현대식 용어로 변경하며 한자가 필요한 경우 한자를 병기하고 자주 반복되는 용어와 이름은 혼동의 가능성을 줄이기 위하여 설명을 두고 통일한다.
- 자료의 음악가 이름은 되도록 자료 그대로 표기한다. 음악회의 날짜와 시간이 신문마다 혹은 날짜마다 다른 경우가 많았는데, 일본 신문의 경우 표시된 날짜의 전날 발행되는 경우가 있어서 조선의 신문도 영향을 받아 이러한 현상이 나타난 것으로 보이므로, 음악회의 날짜가 하루 정도는 차이가 있음을 밝힌다.
- 자료가 작성될 당시의 검열에 의한 복자(覆字·伏字)나 인명의 오자, 인쇄상태의 불량, 부정확한 정보는 괄호로 부연한다(해독이 불가한 글자는 ○로, 날짜를 알 수 없는 경우는 ×로 표시).
- 부록과 표의 통계와 수치는 저자가 현재까지 찾은 정보를 바탕으로 정리하였기에 추후 더 많은 자료가 발견되면 변동될 수 있으나 기본적인 분석 결과에는 영향을 주지 않을 것으로 생각된다.
- 저자가 강조하는 부분은 **고딕체**로 표시한다.

시작하며_ 식민지 경성은 얼마나 음악적이었나

이 책은 1920년부터 1935년까지 식민지 도시 경성의 근대화 과정을 당시 '최고의 유행물'인 음악회를 통해 경성인들의 일상과 어떻게 만나는지 밝혀내는 것을 목적으로 한다. 따라서 새로운 음악문화 형성의 중심지였던 종로鐘路와 혼마치本町의 다양한 공간에서 펼쳐진 근대 음악회를 당시 정치적 상황과 사회문화적 맥락 안에서 면밀하게 살펴보았다.

식민지경성의 1920~1930년대는 일제의 문화정치와 일본 유학을 시도한 젊은 음악가들이 귀국하는 시점이 맞물려 음악적으로 중요한 시기이다. 1920년대에는 다양한 전공의 양악전문가들이 출현하고 양악을 향유하려는 조선인들이 증가하면서 음악회에 참석하는 수요가 증가하기 시작하였다. 같은 시기에 총독부의 문화정치와 함께 다수가 모일 수 있는 다양한 공간이 종로와 혼마치를 중심으로 생겨났다. "도시에서는 시視감각이 모든 것을 지배한다"고 주장한 게오르그 짐멜Georg Simmel, 1858~1918에 따르면, 이질적 문화인 당시의 음악회는 조선인들의 시각에서 '무엇을 들었는지'에 초점을 두기보다 '무엇을 보았는지'에 치중할 수밖에 없기에, 음악회는 음악을 연주하고 듣고 창작하는 행위를 넘어서 근대도시를 경험하는 도시인의 소비문화로 작동하게 된 것이다. 그러므로 경성의 음악문화를 알기 위해서는 음악회라는 장치에 집중하면서 근대인으로 변화해가는 조선인들의 내면까지도 파악할 필요가 있다. 조선인 중심의 음악회에 대한 해석은 '함께, 또 다르게' 공연의 장場을 만들었던 일본인들의 음악회와 비교하여, 그 차이를 분석의 틀로 사용하였다.

이 책에서는 근대도시 경성의 음악문화와 일상을 이해하기 위해 다음의 네 가지 양상을 비판적으로 탐구한다. 첫째, 식민지조선의 모던도시 경성이 근대적 문화도시로 재탄생하는 과정을 개괄하고 조선인 중심의 종로와 일본인 중심의 혼마치문화를 비교하여 분석함으로써 궁극적으로 서구화된 일본의 문화를 탐닉하는 조선인들의 일상생활을 들여다본다. 둘째, 조선인들에게 문화의 상징성을 내포한 공간이자 종로의 대표적 공간에서 열린 음악회를 구체적으로 조사하여 조선인 중심의 음악회 유형과 특성을 밝힌다. 그리고 일제의 지배하에 놓인 이중도시 경성의 이면을 재조在朝일본인들의 문화와 혼마치의 대표적 음악회장 위치와 역할, 그리고 성격 등을 파악하여 이분법적으로 나뉘어 있던 식민 / 피식민, 중심 / 주변, 고급 / 저급의 음악사회를 탐색한다. 셋째, 음악회를 구성하는 다양한 — 청중, 음악가, 주최자 — 입장을 다각도로 조망하여 식민지권력과 자본주의 아래에서 근대적 도시 경험인 음악회라는 문화를 수용하는 모습을 분석한다. 마지막으로 조선인들에게 음악회가 어떻게 '최고의 유행물'이 되었으며 '음악광狂시대'로 확산되어 가는지, 그들의 담론을 통해 조선인의 문화를 이해하고 식민지경성에서 펼쳐진 음악회의 의미를 그려본다.

이 책은 지금까지 들여다보지 않았던 음악사회에 대한 문제 제기이다. 첫째, 조선인들에게 음악회에서 서양음악을 듣고 본다는 것이 어떠한 근대적 경험인가? 제도권 밖 음악문화의 저변층 확대를 둘러싼 의문을 풀어본다. 둘째, 식민지 상황에서 재조일본인들의 영향력과 그들만의 음악문화가 일상에서 어떻게 수용되었는지에 초점을 맞춘다. 식민지 사회에서 일본의 영향력은 지대할 수밖에 없기에, 교육과 정책 연구에서 확인되지 않는 일반적 적용 사례를 찾아본다. 셋째, 그로 인해 조선인들이 받은 영향과 일본인들이 미친 영향은 무엇이었는가? 일본을 통해 굴절된 서구 근대화가 미국과 일본이라는 두 제국에 의해 한꺼번에 들어와 음악문화를 주재하는 현상을 보여준다. 이 모든 것이 혼재하는 경성이라는 도시의 음악문화를 근대적 상징인 '음악회'에 집중해서 분석한다. 필자가 음악회를 중심으로 보는 이유는 일회성으로 사라지는 시간예술 장르인 음악이 음악회와 관련된 다양한 자료물을 기록으로 수치화할 수 있어 어느 정도 객관적인 분석이 가능하기 때문이다.

이 담론의 시작을 가능하게 한 주요 접근 방법은 신문, 잡지, 소설, 회고, 기록 등의 일차자료이다. 이 자료들을 세세히 들여다보며 1920년부터 1935년까지 경성에서 개최된 음악회에 집중하여 당시의 음악계를 살핀다. 우선 음악회는 『동아일보』를 비롯한 각종 신문과 연주 관련 기록 등 음악회 관련 기사를 중심으로 본다. 특히 『동아일보』 기사를 중점적으로 살펴본 이유는 동아일보사가 1920년 종로에 설립되어 1920~1930년대 조선인들의 문화를 발빠르게 흡수하고, 조선인들의 생각을 조금 더 가까이서 반영하며 조선인들에게 가장 인기가 많았던 신문이기 때문이다. 반면 『매일신보』는 조선총독부 기관지 역할을 충실히 했기에 일본인들의 시각을 이해하는 데 중요한 자료이다.

기간은 1920년부터 1935년으로 한정하였다. 그 이유는 음악회가 활발하게 나타나는 1920년을 기점으로 경성공회당은 1920년, 천도교당은 1921년에 완공되어 공간 간의 차이점과 특징을 확인할 수 있으며, 1935년 말부터 음악회가 대부분 새로 완공된 부민관에서 개최되고 전시체제로 돌입하면서 음악회의 목적도 내선일체의 방향으로 바뀌기 때문이다.

이 책에 나오는 통계는 산재한 자료를 최대한 모으려 노력하였으나 아직 발견하지 못한 자료가 더 있을 것이다. 또한 자료들을 기록할 수 있는 주체들의 계층분포가 조선인 모두를 대변하기 힘들며 기록자의 주관에 따라서 어느 정도의 곡해와 오해, 왜곡의 소지가 있을 수 있다. 더구나 재조일본인의 부분은 조선인의 자료에 비해 더욱 협소하다는 것도 한계이다. 그럼에도 당시 문화를 수용하고 기록할 수 있는 그들의 역할이 중요했으므로 그러한 제한을 감안하여 해석해 본다. 식민지경성의 모습을 그대로 노출시킨 르포르타주reportage와 소설, 일본인의 보고서, 시각자료 등 당시의 기록물을 반영하여 객관적인 수치에만 머물지 않고 당시 사회를 구체적으로 인식하는 생활사적 접근을 시도했다.

이 책은 식민지경성이 근대도시로 변모하는 과정에서 음악의 역할이 중요했었음에도 불구하고 당시의 음악 활동에 관한 중요성을 간과하여 근대의 일상에 대면하지 못하고 있다는 문제의식에서 시작한다. 특히 재조일본인들의 음악활동을 살펴본 데에는 경성인으로 함께 살아갔던 그들의 활동을 살펴보며 심층적으로 접근하여 근대 초기 경성의 음악문화를 총체적으로 이해하고자 하는 데 있다. 이로써 근대 음악회의 수용과 그 중심지인 경성을 개괄하고 그동안 잊혀져 있던 '음악과 일상'의 담론을 어떠한 형태로든 복구하여, 현재 우리의 음악문화와 일상과의 관계를 다시 생각해보고자 한다.

이 책은 필자의 박사 논문에 큰 틀을 두고 수정 보완하였다. 식민지 시기를 다룬 다수의 출판물은 문학, 여성, 미술 등 분야마다 가득하다. 우리의 역사 서술이 균형을 이루기 위해서는 지금까지 소외되던 영역에 대한 관심과 연구가 중요하다고 생각하여, 우리의 삶과 밀접한 음악사회에 대한 출판을 기획하게 되었다. 독자 가까이에 식민지 일상의 음악을 소개하는 것으로 이 출간의 의미를 두고 누구나 편하게 열어볼 수 있게 쓰고자 노력하였다.

연구하면 연구할수록 이제는 우리의 생활에서 빼놓을 수 없는 '음악'이 식민지라는 환경에 의해 너무나 드러나지 않았다는 것을 절실히 느낀다. 특히, 동양의 작은 나라에서 세계를 휩쓴 아이돌 그룹이나 성악가 조수미, 피아니스트 임윤찬과 같은 국제적 음악 인재들이 나올 수 있는 기반에는 우리가 100여 년 전 새롭게 익혔던 서양음악이 현대 한국인들의 이중 음악적 모국어bi-musicality로 형성될 수 있는 근간根幹이었음을 이 책을 접한 독자들은 공감할 수 있을 것이다. 이처럼 문제의식 없이 받아들였던 일상적인 것에도 우리의 과거를 이해할 수 있는 요소가 가득하다. 이 연구가 시사하는 바처럼 구멍 나 있는 역사의 퍼즐을 맞추어나가는 과정은 앞으로도 필자가 해야 할 일이라 생각한다.

이 책이 나오는 데 몇 년의 시간이 걸렸다. 논문과 단행본 사이에서 갈팡질팡하느라 시간을 많이 끌었다. 시간이 지날수록 부족함을 느끼지만 멈추지 않으면 끝나지 않을 것 같다. 더 많은 이야기를 담아내려는 욕심도 다음 기회로 넘겨야겠다. 부족한 글을 몇 년째 붙잡고 있는 필자에게 꼭 멋진 책으로 만들어주겠다고 한결같이 응원해주신 소명출판 박성모 대표님께 깊이 감사드린다. 채현경 교수님과 민경찬 교수님이 계셔서 이 책도 완성될 수 있었다. 이 길을 함께 하는 동료 연구자 선생님들 덕분이기도 하다. 마지막으로 이 나이까지 공부하는 자식을 언제나 묵묵히 바라봐주시는 부모님과 독자의 입장으로 조언을 아끼지 않는 배우자에게 늘 고마운 마음뿐이다.

2025년 4월

조윤영

차례

시작하며_ 식민지 경성은 얼마나 음악적이었나 3

제1장
모던도시,
그리고 이중도시 경성京城
11

모던도시로 재탄생한 경성 15
이중도시 경성에서의 문화탐닉 종로鐘路와 혼마치本町 24

제2장
경성의 서양식 음악회
1920년부터 1935년까지
61

야외에서의 음악 64
실내에서의 음악 72

제3장
이중도시 경성의 음악회 특징과
음악적 경성의 면모
147

조선인의 문화 종로의 음악회 150
재조일본인, 그들만의 문화 혼마치의 음악회 181

제4장
도시와 음악 문화
203

조선인의 음악 담론 "음악광시대" 208
경성 안 두 민족의 음악회 218

참고문헌 240
부록 252

제1장

모던도시, 그리고 이중도시 경성京城

1

모던도시로 재탄생한 경성

2

이중도시 경성에서의 문화탐닉 _ 종로鍾路와 혼마치本町

조선의 한성漢城이 대한제국 황제의 도시 황성皇城으로, 그리고 식민지조선의 경성京城으로 급박하게 변하였다. 이 명칭들만 보더라도 수도首都의 변화가 얼마나 거칠고 빨랐는지 알 수 있다.

현재의 서울은 한 나라의 수도라는 입지적 중요성을 차치且置하고, 우리나라에서 가장 먼저 근대화가 된 도시이다. 개항 후 일제의 식민지가 되면서 서구와 일제에 의해 근대화가 강요된 경성은 급격한 도시화를 경험하게 된다. 변화의 속도는 예상할 수 없을 만큼 빨랐고 이러한 환경이 뒤엉켜, 경성을 모던modern도시 '대大경성'으로 변화시켰다. 조선인들은 '도시'가 무엇인지도 모른 채 도시화에 동참해야 했으며, 경성으로 이주해 온 재조在朝일본인들은 경성을 내지內地와 같은 도시로 연출하고 싶은 열망으로 경성 도시화에 속도를 가했다.

전근대와 근대가 범벅된 경성에서, 식민자와 피식민자로 나누어진 경성인들은 자신들의 혼란스러운 정체성을 지탱하며 경성이 근대적 문화도시로 재탄생하는 과정에 '함께', 그러나 두 민족을 구별했던 백의白衣와 흑의黑衣가 상징하듯 서로의 목적을 가지고 '다르게' 참여하였다.

백의의 조선인(흰옷을 입고 창경원 동물원을 관람하는 사람들)

흑의의 일본인(검정복장의 혼마치 사람들)

〈그림 1〉 각 민족을 지칭할 때, 조선인은 흰옷을 즐겨 입어 백의(白衣), 일본인은 검은 옷을 즐겨 입어 흑의(黑衣)라 불리기도 하였다.

조선인과 재조일본인은 종로鐘路와 혼마치本町로 구분 지어 살아가며 그 경계에서 서양음악이라는 문화를 통해 서로 월경越境하고 섞이면서 이중二重도시 경성의 정체성을 구축하였다.

1. 모던도시로 재탄생한 경성

조선시대 말부터 대한제국 시기까지를 서구에 문을 열고 신문물을 받아들이기 시작한 개항기로 본다면, 식민지조선은 신문화가 도시 곳곳에 스며들어 근대화가 가속화되고 새로운 문화의 열풍이 불어닥치는 모던기로 볼 수 있다. 이 '모던'은 근대성만을 내포하는 용어가 아닌 다양한 도시문화의 현상을 통칭하는 용어이다. 근대도시의 공간이 형성되는 과정에서 모던과 문화는 하나의 메커니즘으로 작동하였고, 경성은 식민지의 수도라는 특수한 상황까지 더해져 경성만의 새로운 사회문화 패러다임이 만들어졌다.

지금의 서울은 1분 1각도 쉬지 않고 자꾸 변한다. 인물도 변하고 예속禮俗도 변하고 언어도 변하고 산하도 변하고 기타 시가, 제택第宅, 도로, 지명 그 모든 것이 벽해상전碧海桑田보다도 더 격변한다. 서울에 있는 사람은 소위 타성으로 인하여 그렇게 변화하는 것을 잘 알지 못하지마는 시골의 사람은 몇 해 만에 서울을 온다면 참으로 정신을 차릴 수 없을 것이다.

안재홍, 「오직 변(變)하는 것을 잘 살피라,
경성(京城)에 와서 무엇을 배울 것인가」, 1929.9

자본주의 경제체제가 도입되고 신분 제도가 철폐되어 사람들의 지위와 인식이 변하면서 새로운 도시에 걸맞은 생활방식과 문화적 환경이 자리 잡았다. 양반 계급이 주도하던 사회가 자본과 학력 중심의 사회로 변하여 소비가 증가하고 교육이 확대되었으며 그 안에서 도시인이 탄생하였다. 채만식蔡萬植, 1902~1950의 소설에서처럼, 이제 조선에도 대중사회의 기반이 형성되기 시작하고, 예술가라는 인식이 생겨났다.

조선의 문화 정도는 급속도로 높아졌다. 그리하여 민중의 지식 보급에 애쓴 보람은 나타났다. 면서기를 공급하고, 순사를 공급하고, 군청 고원을 공급하고, 간이농업학교 출신의 농사 개량 기수技手를 공급하였다. 은행원이 생기고 회사 사원이 생겼다. 학교 교원이 생기고 교회의 목사가 생겼다. 신문기자가 생기고 잡지기자가 생겼다. 민중의 지식 정도가 높았으니 신문, 잡지 독자가 부쩍 늘고 의사와 변호사의 벌이가 윤택해졌다. 소설가가 원고료를 얻어먹고, 미술가가 그림을 팔아먹고, 음악가가 광대의 천호賤號에서 벗어났다.

채만식, 「레디메이드 인생」, 1934.5~7

인구 증가와 교육열 확산은 경성이 빠르게 대도시화되는 데에 큰 영향을 주었다. 1910년 약 20만 명이었던 경성의 인구는 교통의 발달과 더불어 급격히 증가하여 1930년대 초반이 되면 두 배인 40만 명으로 늘어난다. 신분제가 탈피되면서 '배우면 성공할 수 있다'라는 인식이 대두되어 교육의 힘이 무서운 기세로 전파되었다. 지방에서 상경한 유학생 수까지 늘어난 경성은 그 어느 때보다 많은 인구로 들끓기 시작했다. 전국적인 "불타는 향학열"은 "'신학문'에로 대大진군이 되어 서울로 끓어올"라, "입학난"까지 겪게 되었다.이태준, 142면 지방 학생들의 수는 실로 대단하여 방학에 학생들이 고향으로 떠나면 경성의 상업은 마비가 될 정도였다.안석영, 60~61면

1) 경성인의 문화도시 경험

근대식 사회 구조와 기반을 갖춘 도시는 도시문화를 탄생시키고, 도시인, 즉 근대 사회의 대중을 만든다. 대중은 다시 문화와 유행을 만들며 문화도시를 만들어 낸다. 그러면서 도시는 쉴 새 없이 변화한다. 여기에 도시 밖 사람들까지 불러 모아 더 큰 도시로 팽창한다. 모던도시 경성도 이렇게 탄생했다. 경성인들은 모던보이, 모던걸, 모보, 모거, 못된 보이, 못된 걸, 근대소년, 근대소녀, 시체아時體兒, 시체녀時體女, 룸펜, 인텔리, 엘리트, 데카당, 양행가 등 온갖 수식어를 생산하며 경성문화를 주도하였다.

경성은 교통이 발달하고 상업과 교육·문화·위생시설이 확충되면서 더할 나위 없이 살기 편리하고 여유로운 곳이 되었다. 먹고사는 문제가 해결된 도시인들이 오락문화에 눈 돌릴 여유가 생기자

〈그림 2〉 경성전차안내

근대문화는 도시 생활의 한 부분을 차지하기 시작했다. 도시인이 많이 모이고 머무는 극장, 카페, 공연장, 백화점 등의 근대적 공간에서 문화가 창출되었다.

> 자동차, 전차가 종횡으로 달리고 와사등, 전등이 불야성을 이루는 서울의 상공에는 비행기까지 때때로 뜬다. 밥 안 짓고도 배부를 요릿집이 있고 앉아서 동서고금을 구경하는 극장이 생기고, 산해진미를 늘어놓은 공설시장, 돈 떨어지면 찾아갈 전당포까지 있으니 살기에는 더할 나위 없이 편리한 서울이다.
>
> 김과백(金科白), 「서울의 좋은 곳 나쁜 곳」, 1929.9

근대화는 실내뿐 아니라 야외에서도 실감할 수 있었다. 경성인들은 높은 건물 틈으로 거리를 활보하고, 새롭고 놀라운 교통수단을 이용해 도시를 만끽하며 근대화의 위용을 실감했다. 1930년대 중반의 경성 거리는 "날마다 건축하는 빛이요, 아스팔트 깐 길이 나날이 늘어가고, 이 길 위에는 자동차, 자전차, 오토바이 등이 현대 도시의 소음"유광렬, 1935.10 으로 가득 찰 만큼 발전하였다.

〈그림 3〉 창경원 홍화문 벚꽃 개장

경성인들의 도시 경험은 밤까지 이어졌다. 도시의 여가는 대부분 주말 혹은 저녁 시간으로 한정되기 때문에 도시의 밤 문화는 도시문화의 척도였다. 밤에 이루어지는 종로의 야시夜市와 창경원의 야앵夜櫻, 극장 구경이나 음악회 관람 등은 경성인의 중요한 문화적 표징表徵이다. 종로 야시는 1916년에 시작되어 4~10월 저녁 7시부터 자정까지 종로2가에서 종로3가의 남쪽 큰길에 노점을 열고 물건을 팔던 간이시장으로 조선인들에게 인기가 좋았다.장규식, 78면 야시는 3·1운동이 있던 1919년을 제외하고 매년 열렸으며, 서민의 중요한 상거래 장소로 각광받았고 남성보다 여성들에게 더 인기가 좋았다.김영근, 145면 창경원의 입장료는 10전이었고, 개화開花기 하루에 벚꽃 관람객은 경성 인구의 1/10이나 될 정도로 인기가 높았다. 밤에 구경하는 벚꽃놀이는 1924년 4월에 시작되었다. 창경원의 인기를 반영하듯 〈앵화 폭풍〉, 〈동물원 가세〉 등의 대중가요가 유행하였다.오창영 편, 100 · 102~103면 그중 음악회는 경성인들에게 "도시인都市人이 향락享樂할 수 있는 자유自由"이자 "허락된 향락"이었다. 음악회에 "모인 모두가 그것 때문에 돈을 허비虛費하고 시간을 허비하고 잠을 허비하고 여기에 온 것이다. 허락된 권리權利이다. 이 권리, 이 자유를 행사行使할 줄 모르는 자는 도시인이 아"닐 정도로, 음악회는 돈과 시간을 쓰고 잠을 줄여서라도 도시인의 권리와 자유를 누릴 수 있는 것으로 여겨졌다. 물론 일부에게는 음악회가 "어여쁜 계집을, 잘난 사내를, 또 약속한 님을 보러 가는" 공간으로 여겨지기도 했지만 말이다.「음악회」, 1926.9

일제는 경성을 문화도시로 재편하면서 오락 장소도 중요하게 논의하였다. 외국의 식민지와 견주어, 조선에 오락 기관이 없음을 한탄하며 재조일본인들을 위한 오락 기관의 필요성을 주장하였다.北村花汀, 1914.9

> 문명적 도시의 이상은 도시를 향락적인 거리로 만듦에도 계획적으로 설비를 만들지 않으면 도시 생활 본래의 사명을 다할 수 없다. 이를 위해서 시민의 오락, 위안에 얼마나 많은 비용이 사용되고 있는가. 예를 들면 공원과 공중의 놀이 장소, 극장, 음악당, 연주당, 박물관, 동·식물원, 운동장 등을 위하여 해마다 놀라울 정도의 예산이 상정되고 있는 것이다. (…중략…) 종일의 활동에 지친 시민이 위안오락의 장소를 찾는

당연한 요구를 채우는 기관으로서 도시의 필수적인 조건이 되지 않으면 안 된다.

청류강태랑(青柳綱太郎), 『대경성』, 1925

이 글은 재조일본인을 위한 '위안오락' 시설에 대한 글이지만, 근대문화도시에는 공원과 음악당, 연주당, 박물관 등의 장소가 꼭 필요함을 지적한다. 도시인이 누릴 문화의 장場을 도시행정 차원에서 구상하는 것은 문화의 힘이 도시화에 그만큼 중요하다는 의미이다. 경성에는 일제에 의해 여러 공원, 극장, 박물관, 동·식물원, 운동장이 만들어졌고, 공원 안에는 음악당과 연주당주악당이 설치되었다.

2) 일제와 도일渡日유학생들의 근대화된 경성 만들기

경성을 살펴볼 때 반드시 염두에 둘 점은 도시의 이중성이다. 경성은 근대도시이면서 식민지였다.

옛 성城터에는 십자가도十字街道가 깔리고 왜소한 초가의 새에는 근대적 화강석 대건물이 용립聳立하였다. 백의白衣의 가운데 흑의黑衣가 석이고 인력거 무리 속에 전차, 자동차가 질주한다. 지방인은 경성으로, 외래인도 경성으로. 경성은 신구의 교합처交合處요, 파괴와 건설의 교향지交響地이다. 이 착란錯亂한 교향악交響樂 속에 몇 사람이 질식窒息하며 그 몇 사람이 절도絶倒하는가. 수많은 세계 도시 중에도 경성 같은 교향악의 난조亂調한 곳은 그 수가 많지 않으리라.

「대경성(大京城)은 어대로 가나—파괴(破壞)와 건설(建設)의 교향악(交響樂)」,

『동아일보』, 1929.10.17

사실 일본은 메이지유신明治維新이 일어나기 불과 한 세기 전까지만 해도 조선의 문화를 배우고자 조선통신사를 조선에 요청하는 등 문화적으로 조선보다 약소국이었지만, 서구의 문물을 받아들이고 나서는 조선과 처지가 완전히 역전되었다. 조선이 개화와 쇄국 사이에서 갈팡질팡하는 동안, 일본은 탈아입구脱亜入欧의 구호 아래 무조건 서구를 받아들였다. 일본은 서양인들의 시선을 의식하여 일본인들의 의식주를 비롯한 전반적인 생활문화까지 변화시켜가며, '아시아의 서구'가 되기를 꿈꿨다. 서양의 제국주의 열풍이 세계적으로 확대될수록, 일본은 자신들도 서양의 식민지가 될지도 모른다는 두려움에, 침략받는 쪽이 아닌 침략하는 쪽이 되기를 선택하였다. 일제는 서구 제국주의 국가와 동등한 위치에 오르기 위하여 조선을 장악해 자신들의 로컬local로 삼고, 조선을 무대로 자신들의 문명화 능력을 확인하고자 조선을 근대화하였다. 서구에 대해 무지했던 조선은 일제에 의해 변형된 서구를 그대로 받아들일 수밖에 없었다.

경성 도시인의 선두에는 일본에서 유학한 조선인 유학생들이 있었고, 이들은 경성의 대표적인 지식인이자 근대인으로서 일본을 모델로 일본처럼 서구의 문명화를 모방하여 경성문화를 주재主

宰하였다. 여기에는 일제의 의도도 있었다. 일제는 조선인들이 일본의 발달한 문명을 일본에서 직접 보고 따르게 할 목적으로 조선인의 일본 유학이나 시찰을 권장하였다. 실제로 조선인들은 일본의 문명에 압도되어 일제의 억압에 저항할 용기를 잃기도 했다.권태억, 66면 유학생들이 일본에서 받은 충격은 대단했다. 폐쇄적인 전근대사회에서 살다가 최첨단의 근대도시 도쿄를 보니 그야말로 신세계였다. 낯설고 새로운 모든 것이 화려하고 근사했다. 여류교육가 박인덕朴仁德, 1897~1980이 미국 유학을 하러 가기 위해 경성에서 도쿄로 건너갔을 때, 도쿄 "젊은이들이 이미 미국식 옷을 입고" "생활 수준을 향상시키는 모든 새로운 것들을 활용"하며 "도쿄와 샌프란시스코 사이에 놓인 거대한 태평양에도 불구하고 서양의 영향이 너무나 강하게 느껴"졌다는 인상을 받았듯이,박인덕, 107면 유학생들은 서구와 일제가 뒤섞인 '일본식 근대'라는 아이러니한 문화 패러다임의 문제를 인지할 겨를도 없이 도쿄의 근대적 모습을 그대로 흡수하였고, 유학 후 경성에 돌아와서도 일본에서의 모습 그대로 살기를 원했다. 그들에게 근대의 표본은 일본이었다.

근대문화 번성과 함께 재조일본인의 수는 계속 늘어났다. 경성으로 들어오는 조선인은 대개 "농촌유리자農村流離者"였던 반면, 내경來京하는 일본인은 주로 "관리, 대소상인 기타 기업자"로, 경성의 조선인과 일본인의 격차는 점차 "빈부의 대조, 세력의 소장消長"이 될 수밖에 없는 현실이었다.앞의 글, 1929.10.17 이러한 차이는 두 민족이 공유하는 일상문화에 여실히 드러났다. 재조일본인은 경성의 상류층이 되어 이중도시 경성의 문화를 재구성하는데 가세하였다. 재조일본인의 특수한 삶은 그들이 자신의 위치를 인식하는 것을 불가능하게 했다. 그들은 조선에 살지만 조선 요리는 먹지 않았고 조선의 풍속이나 문화는 무시하였다. 그들에게 조선인이 일본어로 말하는 것은 당연한 일이었으며 내지의 일본인이 조선인처럼 노동하는 것을 보고 놀랐다는 사례는 그들이 구조적 강자로서 약자에 대한 그 어떤 의문조차 없었던 것을 의미한다. 히로세 레이코, 130~140면

일본이 추구한 경성의 근대화는 궁극적으로 조선인을 위한 것이 아니었다. 일본인은 문명이고 조선인은 야만이라는 이분법적인 논리로 일제는 조선을 차지하고 조선인들을 억압했다. 혼마치 거리에는 일본식 옷을 입은 일본인은 많았지만 조선인은 한복 대신에 양장을 선호했다. 조선이 자신들의 땅이라고 주장하는 식민지배자의 제국주의적 우월감에 빠져있던 일본인들은 외형적으로도 일본문화를 굳건히 고수하는 자민족 중심주의까지 강했다. 일본인들의 이러한 태도 역시 조선인들의 근대적 욕망을 자극하였다.

2. 이중도시 경성에서의 문화탐닉 종로鐘路와 혼마치本町

일제가 조선을 점령하면서, 경성은 조선인 중심 구역인 종로와 일본인 중심 구역인 혼마치로 분리되었다. 종로는 대표적인 조선

인 거리로 전통과 근대가 공존하는 접경이자 작은 조선이었다. 이곳은 민족운동, 독립운동, 계몽 및 문화운동의 거점이자 야시, 탑골공원, 전차의 길목에서 조선의 각계각층 남녀노소가 어우러지는 장이었다. 그뿐 아니라 학생 6거리로 불린 안동 6거리의 학교들, 종교단체, 언론기관, 극장, 카페 등 종로는 조선인의 문화적 삶을 보여주는 중요한 지표가 되었다.「이일 동안에 서울 구경 골고로 하는 법」, 1929.9 한편 혼마치는 '리틀 도쿄'라 불릴 만큼 도쿄화東京化된 일본인 중심지였다. 화려한 네온사인과 서구적이면서 일본스러운 깔끔한 상점들, 대형 건물들과 백화점이 즐비한 이곳은 조선인들에게 유혹의 거리이자 근대로 향하는 선망의 공간이었다.

경성의 조선인들은 종로라는 공간을 중심으로 생활하며 자신들의 정체성을 유지하려고 했지만 시대의 흐름에 따라 점차 혼마치처럼 변해가는, 전근대와 근대가 공존하는 종로의 모습에 갈등하였다. 이런 현상에는 일본이 "지역 간 위상"의 변화로 "야만의 조선과 문명의 일본을" 대비하면서 문화적 식민 지배를 꾀하려는 전략이 숨어있었다.전우용, 25면 여류화가 나혜석羅蕙錫, 1896~1948은 자신이 서울시장이 된다면 "조선인 시가지도 본정통혼마치－인용자과 같은 전기 시설을 하"나혜석, 1934.7고 싶다고 언급할 정도로, 종로와 혼마치의 지역 간 수준은 현격히 차이가 났다.

1) 조선인의 종로

조선시대 육의전이 있던 운종가雲從街, 사람들이 구름같이 모였다가 구름같이 흩어진다는 의미 종로는 대한제국을 거쳐 식민지기에도 경성의 상업 중심지였다. 종로는 태조太祖 4년1395에 왕의 업적을 기리기 위하여 종루를 세우고 종鐘을 달면서 이름이 붙여진, 조선인에게 상징적인 공간이었다.

경성의 중심에 위치한 종로는 조선인들의 주요 거점이었다. 조선인들이 주도하는 정치·경제·사회·교육·문화 전반이 이곳에서 이루어졌으며, 특히 근대적 교육기관들과 각종 민족문화단체, 대동서림, 한남서림 등의 서점, 종로도서관구 대한제국 군악대 건물, 『동아일보』, 『조선일보』 등 신문사, 『개벽』, 『별건곤』 등 잡지사, 영창서관, 한성도서주식회사 등 출판사, 광문서시, 보성사 등 인쇄소, 기독교청년회관, 천도교당 등 종교기관, 단성사, 조선극장, 우미관 등 극장과 탑골공원 등 문화에 관한 각종 시설이 밀집되어 있었다.

> 문화의 중심. 경성의 문화는 어디가 중심일까. (…중략…) 보전, 법전, 고등, 의전, 고등공업 등의 몇 종 전문학교가 있고, 동아일보사, 조선지광사, 개벽사 등의 언론기관이 있고, 도서관이 있고, 청년회관이 있으며 (…중략…) 경성문화의 중심이 종로 이북의 중앙부에 있다고 할까.
>
> 소춘, 「서울 중심세력의 유동」, 1924.6

촌스럽지만 전통이 있던 조선인 중심지 종로가 근대화의 확산으로 변화하기 시작했다. 가로등이 설치되어 밤에도 환하게 다닐 수 있게 되었고, 초가집이 가득하던 거리에 양옥집이 생겼으며, 조선식 복장 대신 양장을 한 사람들이 거리를 활보하였다.

> 컴컴한 좁은 길은 전등이 낮같이 밝은 넓은 길이 되었고 땅에 닿게 지었든 전방塵房이 없어지고 2, 3층 양옥이 서게 되었고 상투를 틀고 갓 쓴 사람이 다니던 이 거리에 머리 깎고 모자 쓴 사람이 다니게 되었다. 서울이 변하여 '게이죠'가 되었거니 이 거리로 지나가는 사람이 달라졌기로 무엇이 변變이랴. 그러나 아침저녁으로 종을 울리든 보신각만은 말없이 섰고 봉건시대적 생활을 그대로 하는 사람이 아직도 조선사람 사이에는 많은 지 20년, 30년 전에 보신각 모퉁이에 섰던 여리꾼이 여전히 "갓 사료. 망건 사 가료. 바늘이나 실 사 가료"하는 것은 금석今昔을 대조對照하여 감개感慨가 자못 깊은 동시에 희극이라는 것보다 역시 일종一種 비극이다.
>
> 유광렬, 「종로네거리」, 1929.9

종로 한복판을 가로지르는 전차를 타고 조선인들은 종로에 모여들었다. 그들이 찾는 공간은 공원, 극장, 야시, 식당, 당구장, 카페, 백화점으로 점차 확대되었다. 이제 경성에서의 모던 생활은 "종로 네거리라든지 진고개라든지의 포도鋪道, 포장한 길—인용자 위에 또는 카페, 레스토랑, 영화관, 음악회 등의 의자 위에서 영위되는 생활"적라산인, 1930.7을 말할 정도로 종로에 근대문화공간이 즐비하였다. 그러면서도 종로는 여전히 "미술적 간판 밑에 초가마가리오막살이―인용자가 그냥 있고 현대식 양옥에는 상투와 망건을 쓴 긴 수염에 긴 담뱃대를 문 양반兩班들이 있"는 전통과 근대가 공존하는 공간이었다.추호, 1920.4 특히 조선인의 명물 "여름 저녁 종로통 야시에는 참말 사람도 많아서"박태원, 279면 "신구新舊색이 어수선하게 뒤섞여 대립하고 있고, 지나다니는 사람들도 조선의 각종 계급을 망라하"岩本正二, 1937.7였다. 이렇게 종로는 조선인들이 계급과 신분에서 벗어나 모두가 어우러지는 대표적인 조선인 중심지역이면서 조선인의 상징이자 마음의 안식처였다. 1930년대가 되면 종로를 주제로 한 〈종로행진곡〉1930, 〈밤의 서울〉1932, 〈종로 네거리〉1932, 〈종로 사중주〉1933, 〈종로 비가〉1933, 〈종로〉1933, 〈종로의 밤〉1935, 〈가을의 종로〉1935, 〈모던 종로〉1936, 〈종로 안내〉1937 등의 유행가가 쏟아져 나왔다.서울역사박물관, 200면

그러나 1926년 조선총독부가 광화문으로 옮겨오면서 일본인들의 종로 이동이 활발해졌다. 일본인들의 진출로 종로의 풍경이나 상점 종류가 일본인 중심지인 혼마치를 닮아가게 되었다. "종로 네거리 굉대한 건물"에는 "가만히 서만 있어도 삼 층 꼭대기, 사 층 꼭대기로 데려다준다는 '승강기'라는 것"도 설치되었으며, "가족을 인솔하고 백화점 식당으로 가서 점심을 먹는 취미를 가진" 조선인들이 늘어났다.박태원, 33·45·48~49면, <그림 4> 참조 그러나 이러한 종로의 변화에도 경성의 첨단 근대를 경험하고 싶은 조선인들은 여전히 혼마치의 일본인 상점을 선호하였다. 아무리 애를 써도 혼마치가 될 수 없는 것은 종로의 딜레마였다.

〈그림 4〉 백화점 가는 가족(안석영 삽화, 『조선중앙일보』, 1933.9.22)

여기에는 여전히 종로와 혼마치를 조선인과 재조일본인 중심지라는 이분법으로 구분하려는 일제의 이미지 전략이 숨어있었다. 일제는 종로의 위생 시설과 낙후 지역 개발을 늦춤으로써 종로를 불결하고 후진 이미지로 연출하고, 혼마치는 서둘러 깨끗하게 개조하면서 조선인의 열등감을 조장하여 '문명 일본'과 '야만 조선'으로 차별화하는 전략을 고안한 것이다.전우용, 148~149면 일본인에게 종로는 위험하고 무서운 곳으로 인식되어, 일본인들 역시 종로를 멀리하였다.히로세 레이코, 122~123면 일제의 헤게모니hegemony는 문화정책 아래에서도 강력했고, 종로와 혼마치는 지정학적으로나 사회문화적인 당시의 상황 안에서 서로 다르게 자리매김하였다.

2) 재조일본인의 혼마치

남촌이라 하면, 경성의 욱정, 본정 1정목부터 5정목까지를 가리킨 말이니 조선 사람들이 통칭 '진고개'라고 부른다. 이 '진고개'는 이전의 명동, 대룡동, 낙동, 장동, 회동, 필동 등지이며 비가 오면 길이 진흙수렁이 되어 속칭 '진고개泥峴'라는 말이 나게 된 것이다. 서울의 빈민 중에도 최극빈자가 모여 살았고 옛날의 남산골 샌님이라 하면 거의 극빈자의 대표적 이름같이 여기던 것인데 그것이 한번 한국시대에 통감부가 생기고 그를 중심으로 일본 내지인의 상민가가 형성한 이래 삼십여 년 동안에 드디어 금일의 융성을 보게 된 것이다.

유광열, 「대경성의 점경」, 1935.10

모던 경성의 상징인 혼마치는 재조일본인을 중심으로 만들어진 지역으로, 땅이 낮아 비가 오면 물이 빠지지 못하고 진흙 길이 된다고 하여 원래는 진고개라 불리었다. 여기에 일본인들이 거류지를 형성하면서 그들의 중심지이자 신식 상업지역으로 자리 잡게 되었고, 일본인들이 일본식으로 지명을 바꾸어 부르기 시작하였다. 진고개는 1914년 혼마치라는 공식적인 일본식 지명을 확정받았다. 일본인들은 이 지역을 중심으로 행정과 경제 등 경성의 중심이 되는 갖가지 관련 건물과 통치 기관을 짓고, 도시를 재정비하였다.

병자년 조일수호통상조약朝日修好通商條約이 체결된 뒤로 서대문 밖西

大門外에 있던 일본영사관이 지금 왜성대로 옮기게 되며 이것을 중심으로 그 일대를 일본인 거류지로 허하게 되었다. 그것이 고종 21년 갑신甲申, 명치 17년부터이다. (…중략…) 그때는 도성 내에다가 거류지를 허한 것이었지만 그렇게 중대하게 보지 않아서 아무도 이것을 반대한 사람이 없었다. 내 집안, 더군다나 안방 격이 되는 도성 안에다가 남의 식구를 두고야 어찌 그 살림살이에 대한 비밀을 지킬 것인지? 하여간 이같이 하여 현재의 진고개는 완전히 그네들의 천지가 되었던 것이다. (…중략…) 진고개라는 이름은 본정本町으로 변하고 솟을대문 줄행랑이 변하여 이층집, 삼층집으로 변작變作이 되며, 따라 청사초롱 재명등은 천백촉의 전등으로 바뀌고 보니 그야말로 불야성의 별천지로 변하여 버렸다. 지금 그곳을 들어서면 조선을 떠나 일본에 여행이나 온 느낌이 있다.

정수일, 「진고개, 서울맛·서울정조」, 1929.9

상업시설까지 우후죽순 생겨나 혼마치는 경성의 긴자銀座이자 식민지조선에서 '가장 근대적인 곳'으로 발전하게 되었다. 긴자는 당시 도쿄에서도 가장 모던했던 지역으로, 화려한 긴자 거리를 어슬렁어슬렁일본어로 부라부라(ぶらぶら) 돌아다니는 사람들을 긴부라銀ぶら라고 불렀다. 그 외에도 영어 '블랙black'의 일본어 발음인 '부랏쿠ブラック'와 비슷하여, '부라'를 명사화한 산책을 의미하기도 한다. 1921년경 '긴부라'라는 다방이 긴자에 생겼다. 이후 오사카 신사이바시心斎橋를 걷는 신부라, 도톤보리道頓堀의 톤부라, 교토의 시

조四條를 걷는 시조부라, 고베의 모토초元町를 걷는 모토부라 등의 말이 생겨났다.하쓰다 토오루, 273~274면 혼마치를 빈둥빈둥 돌아다니는 사람들에게도 혼부라本ぶら라는 용어를 사용했으며, 소설이나 신문, 잡지, 대중가요에 이 단어가 종종 등장할 만큼 유행어가 되었다. 석영夕影 안석주安碩柱, 1901~1950가 쓴 세태만평 「1930년 여름」『조선일보』, 1930.7.16에서는 '혼부라'당이라며 집단으로 유행하는 진고개의 모습을 풍자하는가 하면, 유행가 〈엉터리 대학생〉김다인 작사, 김송규 작곡, 1939 3절 가사에 "우리 옆집 대학생 붕어 새끼 대학생은 학교는 못가도 혼부라는 한 몫 봐"라는 구절이 있다. 매일 찻집에 가 있는 대학생을 붕어 새끼에 비유하며 학교는 가지 않고 찻집이 많은 혼마치에서 혼부라를 즐긴다고 풍자한다. 재조일본인의 글에도 "경성을 알기 위해서는 도쿄화한 혼부라가 필요"하다고 언급되었다.岩本善併, 1931.7 조선인들이 지리적으로 기피하여 머물지 않던 땅이 일본인들에 의해 번성해 주객전도되어 "경성의 긴자 거리로까지 칭송을 받으며 평당 몇백 엔"藤井龜若 編, 71면의 값비싼 혼마치로 탈바꿈하였고, 모던을 지향하는 조선인들이 어슬렁거리는 아이러니한 명소가 되었다.

> 혼마치 요지는 평당 5백 엔 내지 7백 엔, 남대문 거리는 4백 엔 내지 6백 엔, 황금정 거리는 2백 엔 내지 5백 엔, 조선인 거리인 종로 거리의 요지는 1백 엔 정도라고 들었다.
>
> 소기반조(篠崎半助), 「도시개선과 주택문제」, 1924.1

혼마치는 식민자인 일본인의 중심지였지만 조선인들에게 배척이 아닌 선망의 공간이 되었다. "일본인 환자로서 조선인 의사에게 치료받는 자는 거의 없고, 조선인 환자의 대다수는 일본인 개업의의 치료를 받"신필호, 1929.11 았으며, 중·상류층 조선인들은 일본인이 운영하는 여관을 선호하였다.아카마 기후, 225면 비싼 값이어도 혼마치에 가서 물건을 산다거나 이왕이면 일본제품을 사는 조선인들이 늘어났다. 시골에서 올라온 사람들도 "우리네 상점에도 있지마는 진고개서 사가지고 가야 짜장과연 정말로—인용자 서울 구경을 한 보람이 있고 자랑거리가 된다 하여 시골 사람 독특의 우월감"정수일, 47면을 위해 진고개 구경을 가는 식으로 조선인들은 혼마치와 그 안의 일본을 동경했다.

경성 안에 함께 거주하는 일본인들이 늘어날수록 조선인들은 일본문화에 더욱 노출되었다. 일본으로 유학을 다녀온 젊은 지식층이 대표하는 모던보이와 모던걸들은 조국의 근대화를 열망하며 근대적 이미지의 표상인 일본식 서구문화를 선호했다. 조선인과 일본인이 식민지 안에서 피식민자와 식민자라는 관계를 넘어서 일상생활에서는 서로 부대끼며 이웃으로 살았기 때문에, 이러한 상황이 이중 식민화를 만들어 내었다. 일본인들이 조선을 경험하고 쓴 기행문에서, 경성은 "조선과 일본이 뒤섞인 듯"하여 "여러 가지 기분"다야마 가타이, 「만선의 행락」이 들며, "메이지쵸明治町 뒤편에서 하세가와쵸長谷川町에 걸친 갖가지 다방이나, 모음곡 레코드를 전문으로 틀어주는 찻집은 고상한 조선 청년들로 꽉 차 있"유아사 가쓰에,

〈그림 5〉 혼마치의 명치제과와 빅타 레코드 상점

「심전개발」고, "(경성)역 부근의 큰길을 걷고 있으면, 경성은 내지의 도시와 별반 색다르지 않"사타 이네코, 「조선인상기」다고 하였다. 그러면서도 다른 한편으로는 "경성은 도쿄를 이길 수 없다"데리다 에이, 1938.9거나 조선인들 사이에 일본 신발인 게타下駄가 유행하고 있어, 게타는 일본인 것이니 조선인은 고무신이나 나막신을 신는 것이 어떠냐는 조롱 섞인 시詩를 발표하며 민족적 구분을 분명히 하였다.에구치 스테지로, 1925.10

혼마치 상점가에는 온갖 종류의 근대식 상품을 취급하는 상점들이 골목마다 즐비해 있었는데, 악기를 사고파는 악기사, 일본노

▲ 왼쪽의 상세 사진

〈그림 6〉 혼마치 1정목 입구의 악기사 피아노 간판

래나 유행가를 울려대는 레코드 가게, 서양음악을 들을 수 있는 다방 등에서 경성인들은 일상의 근대식 음악문화를 흡수할 수 있었다. 이미 20세기가 되기도 전부터 경성은 "광통교 남변천 첫 골목 첫 집에서 유성기 처소를 새로 설치" '광고', 『독립신문』, 1899.4.28 하여 노래와 음악 소리를 들을 수 있었다.

〈그림 5〉의 왼쪽에 연주 홀을 가지고 있던 명치제과明治製菓와 오른쪽에 히노마루행진곡日の丸行進曲이라 쓰인 깃발을 걸고 있는 빅타 레코드Victor Record 상점 사이로 일본식 복장을 한 사람들과 양장을 한 사람들이 보인다. 명치제과의 양과자 냄새와 음악상점의 유행가 소리 속에서 사람들은 근대 감각을 자연스럽게 흡수하였다. 〈그림 6〉에서 볼 수 있듯이, 그랜드피아노가 그려진 간판을 높게 단 혼마치 입구에 자리 잡은 악기점의 위용은 모던의 대열에 합류

하고 싶은 조선인에게 근대화된 세련된 장소로 인식되었다.

악기와 음악 관련 용품을 구매할 수 있던 악기점의 그랜드피아노가 그려진 간판과 큰 소리로 레코드를 켜 놓았던 음반 상점의 매혹적인 문구가 적힌 광고는 "도시 이미지"가 되어 경성인들의 음악적 감각을 변화시켰으며 "도시인의 시선을 장악"하여 경성인들의 일상에 음악을 배치시켰다.김진송, 261면

혼마치에는 악기사, 레코드 가게, 카페를 비롯하여 길가에서 바이올린을 연주하며 엔카演歌·艶歌, 연설을 노래로 만든 연설가(演説歌)의 줄임말, 후에 일본적 정서를 담은 대중가요를 지칭를 부르는 엔카시えんかし, 演歌師·艶歌師나 샤미센三味線, 일본 전통 현악기 타는 풍각쟁이까지 쉽게 볼 수 있었고, 음악을 배울 수 있는 교습소도 곳곳에 자리 잡았다. 밤마다 바이올린 소리를 내는 대정관 근처 야지로彌治郎의 바이올린 교습소 '스키노이 미네즈키杉の井峰月'를 비롯하여 대한제국 군악대 지휘자였던 프란츠 에케르트F. Eckert, 1852~1916의 딸 아말리에Amalie Martel, 1876~1969와 자녀 마가레트Marguerite Martel, 1912~1995의 피아노 교습소, 영어교사로 피아노를 가르치는 막심 스티븐슨, 약초정 1정목 89번지 동경음악학교 출신 교사가 바이올린, 피아노, 풍금, 성악, 악리 등을 지도하는 도레미회, 욱정 2정목에서 바이올린을 지도한다는 경성음악강습회 등이 혼마치 주위에서 음악을 가르치고 보급하였다. 이러한 문화를 이질감과 함께 부러움으로 바라보던 조선인들은 매일 혼마치를 드나들며 자신도 모르게 낯선 이異문화가 당연하게 느껴질 정도의 직·간접 경험을 지속하게 되었다.

혼마치 입구 센킨마에鮮銀前, 조선은행 앞 광장이나 혼마치 전차 종점에서 매일 밤 바이올린을 켜는 엔카시들은 화려한 경성의 밤을 장식하였다. 엔카시는 길거리에서 바이올린을 켜며 엔카를 부르며 노래책을 팔던 가수이다. 도쿄에서도 엔카시가 인기를 얻고 있었으며 실력이 좋아 큰 성공을 한 이도 있었다. 대표적인 인물로 가미나가 료게츠神長瞭月, 1888~1976를 꼽을 수 있는데, 그는 밤에 엔카시 일을 하며, 도쿄에서 300명 이상의 제자를 양성할 정도로 실력이 뛰어나 바이올린 교습으로 한 달에 천 엔 가까운 수입을 올렸다.아카마 기후, 202면 엔카시들은 노래와 바이올린 실력이 출중하여 여성들에게 인기가 좋았고, 싼값에 노래책을 사서 대개 10전을 받고 팔았다. 풍각쟁이들은 길거리 집마다 돌아다니며 문 앞에서 노래하거나 샤미센 등을 타면서 적선을 받았다. 일본에서 고제ごぜ, 瞽女라 불리는 떠돌이 여성 시각장애인 예능인들도 조선에 넘어와 활동하였다.

조선인 사이에도 점차 이러한 부류가 등장하였다.

우리 옆방 음악가 신구잡가 음악가
머리는 상고머리 알록달록 주근깨
으스름 가스불에 바요링을 맞추어
(…중략…)
싸구려 싸구려 창가책이 싸구려

창가책이 싸구려

김용환, 〈낙화유수 호텔〉, 1936

김용환金龍煥, 1909~1949의 유행가 가사에는 바이올린을 연주하며 10전짜리 싸구려 노래책을 파는 청년이 등장한다. 음악가라는 호칭이 무색하게 흐릿한 가스불 아래서 "단돈 십전!! 단돈 십전!!"을 외치며 바이올린으로 호객행위를 하는 젊은이의 고달픈 현실이 잘 드러난다.

3) 음악소비도시 경성, 종로와 혼마치 경계의 월경越境

종로의 네거리에 라디오와 스피커에서
오리엔탈 오케스트라의 폭스트로트가 흘러나올 제
추탕집, 두부집, 식당 등 속에서 얼근히 취한 젊은이의 한때
대룽대룽 몇십 전 주머니에 넣고서 진고개로 진고개로

최승일, 「대경성 파노라마」, 1929.5

도시는 도시적 감수성이라는 새로운 감성을 형성하고, 도시인은 그러한 도시의 감성을 체험한다.김진송, 254면 잠재적 도시인인 학생들에게도 새로운 감성이 일어나 "교과서, 참고서는 한 권 없어도 연애소설과 유행 창가 한 권씩은 다 가지고" 있고 "벽에는 행세 거리로 바이올린, 라켓을 걸어두"는 것이 유행할 정도로 '음악 붐'이

〈그림 7〉 근일(近日) 중등학생 모습

일었다.「형형색색의 경성학생상」, 1925.4 바이올린과 라켓, 『러브*LOVE*』라는 책을 들고 여학교 앞을 걸어가는 중등학생의 그림은 당시의 유행하는 학생상을 보여준다.

당시 음악 붐은 악기와 레코드 같은 음악 관련 상품의 소비에 영향을 미쳤다. "경성은 음악의 생산 도시라기보다 소비 도시로서의 존재이다." 경성일보사 편, 1937, 617면 경성에 들어온 재조일본인 사

▲ 빅타 레코드 축음기, 강아지 니퍼

〈그림 8〉 혼마치 악기사

업가들은 '음악소비도시' 경성의 면모를 일찌감치 파악하여 이른 시기부터 경성에 음악상점을 열기 시작하였고, 대중의 구매력은 그들의 예상대로 적중하였다. 혼마치를 중심으로 생겨난 음악상점들의 영향으로 종로에 악기점을 내는 조선인들까지 등장했다. 1934년에 이르러 조선 전체에 520여 개의 악기점이 생길 정도로 악기점의 인기가 급상승하였다. 혼마치에 있던 주요 음악상점의 위치와 판매된 품목은 〈표 1〉과 같다.

〈그림 8〉의 왼쪽은 1912년 4월 일본인과 조선인이 공동 출자하여 만든 직거織居자동차상회의 악기점 모습으로, 이 회사는 자동차뿐 아니라, 사진부, 자동차부, 자전차부, 악기부 등을 가지고 다양한 사업을 병행하였다. 간판 한가운데 빅타 레코드의 마스코트인 개 니퍼Nipper가 유성기에서 흘러나오는 음악을 듣는 장면이 그려져 있다.

〈표 1〉 혼마치 소재 주요 음악상점(1900~1936년)

상점명	위치	판매품목
야마구치(山口) 악기점	본정 2정목 11	피아노, 오르간, 바이올린, 만돌린, 축음기, 레코드, 라켓, 스케이트 등
구기모토(釘本) 악기점 일축 경성출장소	본정 2정목 29	악대부, 손풍금, 운동구 각종
오오츠카(大塚) 악기점	본정 2정목 36	
요네카와(米川) 악기점	본정 1정목 희락관 옆	코토(琴), 샤미센 등
세야마(セヤマ) 악기점 일본악기제조회사 경성지부	본정 1정목 18	피아노, 오르간, 하모니카, 아코디언, 레코드, 음악서, 악보, 운동구 등
아사히(アサヒ) 악기점	본정 1정목 21	오르간, 바이올린, 축음기, 레코드 등
주식회사일본축음기상회	본정 2정목	축음기
스기노(杉野帕來) 악기점	히노데소학교 앞	오르간, 피아노
주우지야(十字屋) 악기점	약초정 37	악기, 운동구 등
선옥 악기점	남대문통 5정목 26	악기
요네무라(米村) 악기점	본정 2정목 18	라디오, 축음기, 악기
이토우(イトウ) 상점	본정 2정목	축음기, 악보, 레코드 등
우라시마야(ウラシマヤ) 본점	본정 2정목 3	악기, 운동구 등
오우기야(扇屋) 악기점	일화생명 빌딩 안	축음기, 레코드 등
시에론축음기상회	본정 1정목 3	
굴정등사당堀井謄寫堂 경성출장소	남대문통 2정목	서천제西川製 피아노, 오르간 판매원
직거(織居) 악기부	남대문통 2정목	축음기, 레코드 등
메이지(明治) 악기점	황금정 2정목	
명○당(明○堂) 악기점	남대문통 5정목	
미츠코시 백화점 악기부	본정 1정목	
사수당(四壽堂) 악기점	본정 4정목	
근○(近○) 악기점	본정 4정목	
삼광사(三光舍) 양악기점	본정 2정목 1	브룬스윅(Brunswick) 축음기
서촌(西村)악기점	영락정 2정목 赤門前	오르간, 피아노, 바이올린 등

〈그림 9〉 혼마치 풍경

혼마치 입구에는 혼마치本町 1정목을 뜻하는 본일本一이 쓰인 철제 아치에 은방울꽃鈴蘭, 영란, すずらん 모양의 조명이 매달려 있고, 경성우체국 뒤로 피아노가 그려진 간판이 우뚝 솟은 세야마セヤマ 악기점이 위치하였다. 안으로 쭉 들어가면 야마구치山口 악기점, 악기도 판매하는 서점 일한서방日韓書房, 음악회가 열리는 홀이 있던 명치제과가 자리 잡았다. 근처 무라키村木 시계점 뒤쪽의 대중목욕탕인 남산탕南山湯; 가와무라 미나토, 113면 2층에는 경성제대에서 비올라 연주를 담당했던 음악학자 이혜구李惠求, 1909~2010가 다니던 바이올린 교습소가 있었고, 그 옆길에 폴리돌 레코드Polydor Record 상점과 구기모토釘本 악기점이 위치하였다.

조선은행朝鮮銀行 앞에서부터 경성우편국京城郵便局을 옆에 끼고 이 진고개를 들여다보고 갈 때에는 좌우로 즐비하게 늘어선 상점은 어느 곳을 물론하고 활기가 있고 풍성풍성하며 진열창陳列窓에는 모두 값진 물건과 찬란한 물품이 사람의 눈을 현혹하며 발길을 끌지 않는 것이 없다.

정수일, 「진고개, 서울맛·서울정조」, 1929.9

혼마치 2정목에 위치한 일한서방은 1906년부터 경성에서 영업을 시작하여 자체 산하부에 편집부, 출판부, 도서잡지부, 문방구부, 악기부, 기계운동구부, 교육품부를 두었다. 일반 도서나 국정교과서뿐 아니라 창가 및 음악 서적을 비롯하여 악기 교구나 운동용품 등 다양한 상품을 취급하였다. 이렇게 음악 관련 상품은 전문 악기점 외에 취미용품이나 오락용품을 취급하는 잡화상점에서도 판매되며 조선인들이 더 가깝고 쉽게 접할 수 있는 근대 매개물로 자리 잡았다.

악기를 운동용품과 함께 취급하는 상점도 많았는데, 이는 음악과 스포츠가 서구식 취미활동의 대명사로 인식되었기 때문이라고 볼 수 있다. 행세行世를 위해 라켓과 바이올린을 벽에 걸어 둔다든지, 나팔바지를 입고 라켓과 바이올린 케이스를 들고 거리를 활보하는 모던보이의 모습은 근대화의 대표적 인간상으로 그려질 만큼 대중에게 큰 매력을 뿜었다. 악기를 다양한 상점에서 함께 파는 영향은 독일에서 일본으로 전해졌다. 독일 역시 장난감 가게나 운동용품점 또는 주로 자전거 가게에서 음악 관련 상품을 팔았는데,

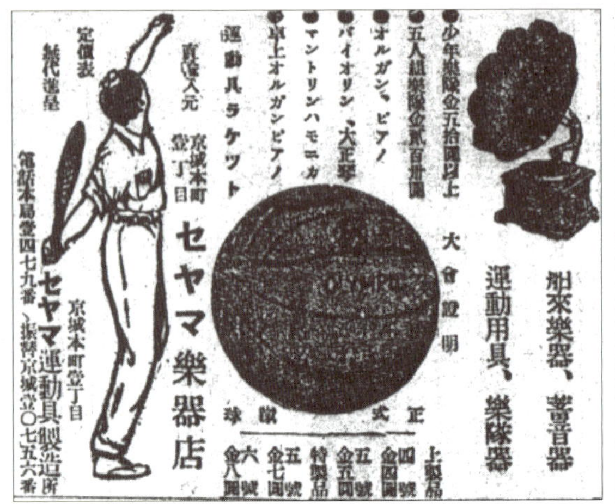

세야마 악기점

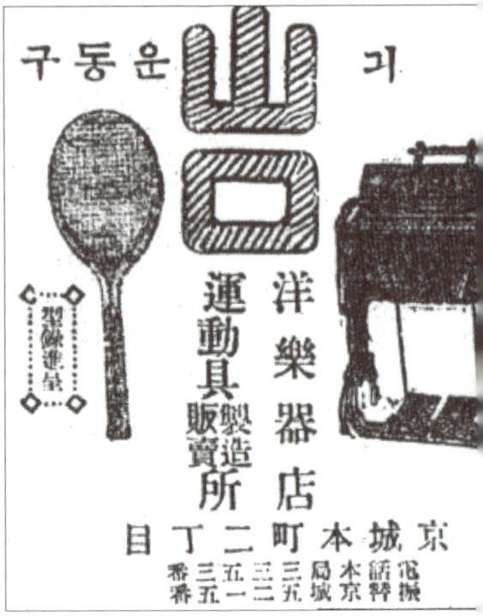

귀 山口 운동구

型錄進呈

洋樂器店
運動具製造販賣所

京城本町二丁目

電話本局三三五三番
振替京城五二一五番

야마구치 악기점

大正十五年六月分 每月壹回發行

서울商會報

第十貳號

全鮮庭球大會使用品

全鮮女子庭球大會選手使用라켓트

全鮮各運動團體一大曙光

蹴球

蹴球靴

朝鮮唯一의大工場特製!

東洋運動界의一大需要機關!

보라!

理想的優良品

運動靴大宣傳提供

牛島洋靴界의一大光明

專門 서울商會

京城府勸農洞百六十番地

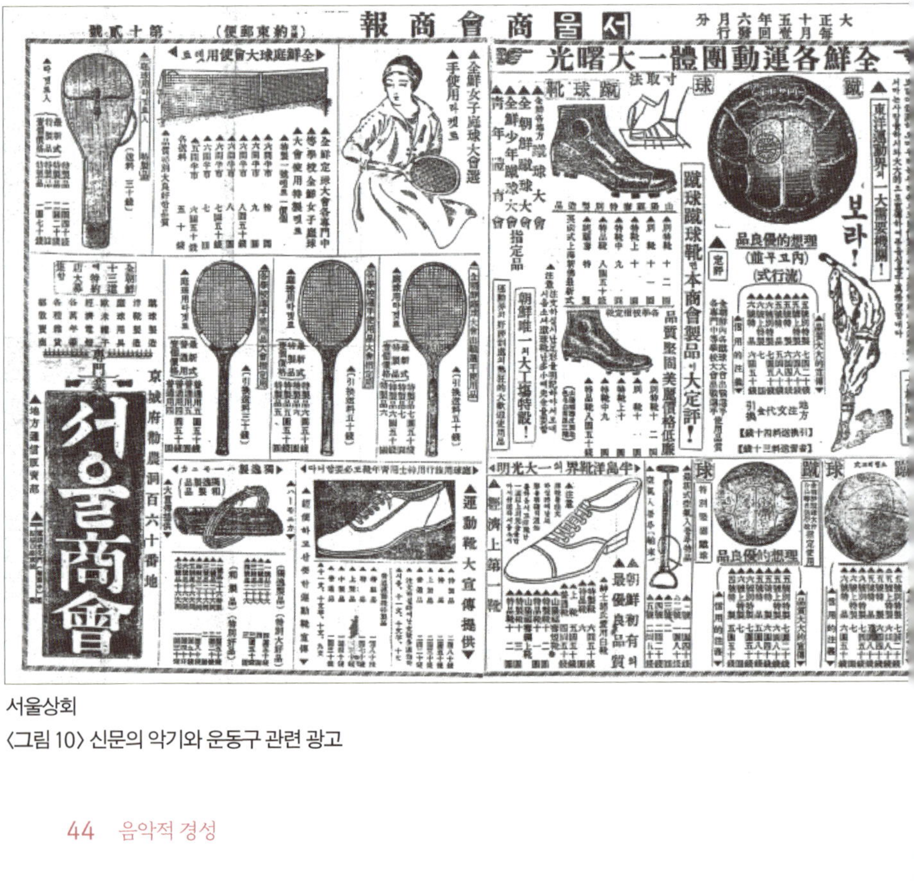

서울상회

〈그림 10〉 신문의 악기와 운동구 관련 광고

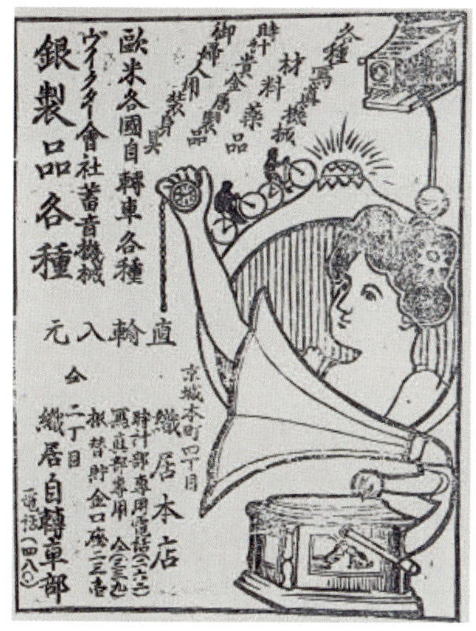

〈그림 11〉 빅타 축음기 광고

이는 여름에 자전거를 판매하다가 자전거 매출이 감소하는 겨울에 음악 상품을 판매하여 매출을 올렸기 때문이다.박용구, 47면

경성에서도 서양악기와 악보, 레코드가 유행에 민감한 모던인들의 취향에 맞춰 공급되었고, 서양악기뿐 아니라 일본악기를 전문으로 취급하는 악기점과 일본악기를 가르치는 교습소까지 등장하여 재조일본인들은 음악적으로 내지와 동일하게 일본화된 환경에서 지낼 수 있었다.

일본은 이미 19세기 중후반부터 서구문화의 일부인 양악을 적극적으로 수용하기 시작했다. 선교사를 통한 수동적 유입 외에도 군악대와 레이진伶人, 궁중음악 연주자의 활동이 양악의 발전을 도모하였다. 음악교육연구기관인 음악취조괘音樂取調掛가 1879년에 만들어져 본격적인 음악 전문교육이 실시되면서 많은 음악가가 배출되었다.

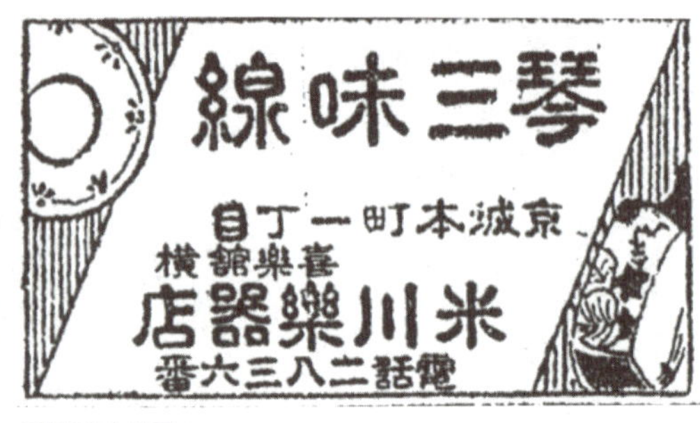

일본악기 상점

교습(指南)　　사쿠하치(尺八) 교재

〈그림 12〉『경성일보』의 일본음악 관련 광고

일본은 특히 독일 음악교육을 선호하였다. 1860년대 작곡가이자 피아니스트로 활동하던 리스트Franz Liszt, 1811~1886를 일본으로 초빙하려고 했으나 리스트가 거액의 돈을 요구하여 계획을 이루지 못했지만, 고등음악학교Musikhochschule 제도를 비롯한 독일 음악교재의 수용은 지속되었다. 해군군악대를 지도한 에케르트, 동경음악학교의 바이올리니스트 융커August Junker, 1870~1944 등 일본에서 활동한 많은 음악가가 독일인이라는 것도 독일음악 수용의 한 맥락으로 볼 수 있을 것이다. 또한 일본 문부성에서는 미국인 교사 메이슨Luther Whiting Mason, 1818~1896의 『음악괘도音樂掛圖』를 기초로 일본 최초의 음악 교과서를 만들었는데, 메이슨은 1860년 미국의 독일 이민 마을인 신시내티Cincinnati에서 독일음악가 호만Christian Heinrich

Hohmann, 1811~1861의 교과서를 그대로 차용하여 『음악괘도』의 원형을 만들었다. 그리고 메이슨이 1880년 일본으로 와서 음악취조괘에서 피아노 교육을 시작할 때도, 독일인 바이엘Ferdinand Beyer, 1803~1836이 만든 교칙본 20권을 수입하였다고 한다. 일본인들의 독일음악 열풍은 1920~1930년대에도 지속되어 독일인 교수를 초빙하거나 독일로 유학을 가는 등 독일의 음악적 영향을 꾸준히 선호하였으며이상만, 1986.2.1, 독일 음악교육에 관한 연구도 계속되었다.

독일음악의 영향을 받은 일본식 서양음악이 식민지조선에 전파됨으로써 '독일 → 일본 → 조선'이라는 연결고리가 형성되었다. 피아니스트 김영환金永煥, 1893~1978이 일본 유학 후 독일로 유학을 가려고 했다거나이유선, 128면 피아니스트 김영의金永義, 1908~1986도 기회가 된다면 독일로 유학을 가고 싶다고 밝혔던 것「교문(校門)을 등지고 나오는 재원(才媛)들(1)」, 『조선일보』, 1929.3.20, 김원복金元福, 1908~2002과 정훈모鄭勳謨, 1909~1978가 일본 유학 시절 각각 독일인 교수 숄츠Paul Scholtz, 1889~1944와 네트케 뢰베Margarette Netke-Löwe, 1889~1971에게 사사했던 것, 채동선蔡東鮮, 1901~1953, 김재훈金載勳, 1903~1951, 계정식桂貞植, 1904~1977, 안병소安炳昭, 1908~1974, 이애내李愛內, 1908~1996 등이 독일로 유학을 다녀온 사례들은 독일음악과 독일 유학에 대한 일본인들의 선망이 조선인들에게도 작용했다고 볼 수 있다. 이렇듯 음악가를 꿈꾸는 조선의 젊은이들이 일본에서 유학하며 독일인 혹은 독일인에게 교육받은 일본인에게 음악을 배우고 돌아와서 음악계의 주요 인물들로 활동했기 때문에 독일음악이 우리 서양음악 수용에 깊은 영향을 준

것은 주지의 사실이다.

일본이 차용한 독일교재가 일본인 음악가들에 의해 전수되어 식민지조선에서도 독일교재로 음악이 교육되었다. 바이올린 교재는 호만의 교재가 주로 사용되었다. 음악교육기관인 조선정악전습소는 호만 4권을 뗀 김인식金仁湜, 1885~1962에게 바이올린 지도를 의뢰했고, 홍난파洪蘭坡, 1897~1941는 1911년 호만 1권을 마친 실력으로 세브란스 의전 강당에서 무반주로 바이올린을 연주했으며, 이혜구는 경성에서 초급 바이올린 교습을 하던 일본인 선생에게 바이올린을 호만 3권까지 배우고 카이저H. E. Kayser, 1815~1888 1권에서 그만두었다.이혜구, 23면 1926년에 창단된 중앙악우회 관현악단은 바이올린 단원으로 입단하기 위해서 호만 3권의 실력을 갖추어야 했다.「무료출연만 하면 음악가는 결국 아사(餓死)」, 『매일신보』, 1926.1.28 현재까지도 우리나라 학생들에게 호만, 카이저, 바이엘 등의 독일 작곡가들이 만든 음악교재가 주로 사용되고 있는 것도 이 시기부터의 영향이며, 음악 서적의 번역과 악보 출판까지도 일본의 영향은 지대했다. 이혜구는 주로 일본에서 사 온 음악 잡지를 읽었고 도쿄에서 발행한 세노오妹尾 악보를 사용했다. 그리고 계정식의 추천으로 오코츠 사부로乙骨三郎의 『서양음악사』1935를 일본에서 주문했고, 노부라 고이치野村吾一의 『명곡감상』과 같은 책을 탐독했다.이혜구, 24·28·50면 이화여전 음악사 수업에도 이 교재가 사용되었다.이화여자대학교 음악연구소, 81면

독자 보통학교 졸업 정도의 학력으로 가능할 음악 서적 이삼 권쯤

소개하여 주십시오. 해미 망교생(海美 望敎生)

기자 음악에 참고서는 대단히 많습니다. 좀 자세히 물어 주십시오. 통론이라면 전변상웅 『음악이론共立社』이 호평이니 읽으시오. (조사부)

「응접실」, 『동아일보』, 1936.5.17

독자 보교 졸업 정도로 초급으로 성악을 배우려는데 어떤 책을 보아야 되겠습니까? 안동 음악생(安東 音樂生)

기자 산전경작山田耕作 『음악독본』일 원 오십 전, 동경 경교구 경교 일본평론사(東京 京橋區 京橋 日本評論社)이 좋을듯 합니다. (조사부)

「응접실」, 『동아일보』, 1936.8.7

언론에서도 일본인이 집필한 음악 서적들을 추천했다. 음악뿐 아니라 다른 분야에서도 일제가 무조건 "서양식이라는 원칙 아래 일본 사회의 실태와는 동떨어진 서구의 교재를 번역한 것"을 우리도 그대로 들여와 사용하였고오구마 에이지, 39면 음악교재에서도 이러한 현상은 그대로 나타났다. 대동음악학원의 피아니스트 김정순金禎洵은 일본에서 배운 음악교재敎則書를 "베껴서 왔는데 좀 틀려서 다시 베껴야"김정순, 1932.4 할 것 같다며 일본에서 자신이 배웠던 책을 귀국 후, 조선 학생을 가르치는 데 활용하였다.

악기도 독일제 악기가 인기였다. 이효석李孝石, 1907~1942의 소설 「화분」에서는 미란과 현마가 해외에서 유학하고 돌아온 천재 소

〈그림 13〉 독일제 악기 광고

녀의 피아노 연주를 들으러 도쿄 공회당 음악회를 다녀온 후 피아노를 배우겠다는 미란이 도쿄의 악기점에서 "조금 낡기는 했으나 베히슈타인Bechstein—인용자 회사의 제작이라는 것이 마음에" 들어 피아노를 구입해 조선으로 보내고, 1920년에 발표된 이일李一, 1892~?의 소설 「피아노의 울림」에서는 김인환이 박마리아에게 "독일 험부르히함부르크(Hamburg)—인용자의 침메르만Zimmermann—인용자 공장에서 제조한" 제일 좋다는 피아노를 사주자 그녀가 약혼을 결심한다. 이러한 독일제의 우월한 이미지는 일본에서 먼저 만들어졌다. 실제로 경성과 일본 대도시의 악기사는 피아노, 오르간, 바이올린, 하모니카 등 독일제 악기를 수입하여 판매한다고 대대적으로 광고했다.

김영환은 1918년에 연희전문 강사로 임용되고 학교에 피아노가 없어 사비로 스타인웨이Steinway 그랜드피아노를 사서 기증하였다.이유선, 134면 독일인 스타인웨이Henry E. Steinway가 독일과 미국에서 운영한 수제 피아노회사 스타인웨이의 그랜드피아노는 가격이 어마어마해 당시 굉장한 재력가들만 소유하고 있었다. 우리나라에 처음 대량의 군악대 악기를 들여온 군악대 지휘자 에케르트도 독

일 침메르만 회사의 악기를 선택하였다.「조선 양악의 몽환적 내력 2」, 1922

혼마치의 악기점들은 조선인들이 음악의 길로 들어서는 데 큰 역할을 하였다. 이혜구는 혼마치에 있는 구기모토 악기점에서 악기를 구매하였고,이혜구, 21~22면 어릴 적 평양에 살던 김영환도 아버지가 경성 진고개의 일본인에게 풍금을 사서 짐꾼 편에 악기를 가져온 기억을 회고했다. 홍난파가 어린 시절 바이올린과 호만 1권을 합쳐 7원 50전에 구입한홍난파, 1939.8 곳도 혼마치의 악기점일 것이다.

악기의 유행은 노소老少와 상관없이 진행되었다. 악기점들은 소년용 바이올린을 저렴한 가격에 구매와 대여를 할 수 있다며 악기의 가격을 노출해 선전하였다. 악기 광고는 점점 증가하여 쉽게 배울 수 있는 기타, 만돌린부터 하모니카를 비롯하여 관악기까지 악기의 종류도 다양해졌으며 일본에 본점을 두고 있는 악기점들까지 경성의 음악시장에 뛰어들었다. 특히 경성은 피아노가 잘 팔려서 1년에 14~15대 정도 팔렸다. 워낙 금액이 높다 보니 잘 사는 가정에서는 500~800원 정도인 피아노를 구매하였는데 독일제 피아노는 이보다도 훨씬 비쌌다.이치이 산시, 1931.1 경성의 음악시장은 재조일본인의 구매력 또한 놓치지 않았다. 음악 관련 광고의 많은 부분이 일본악기의 판매나 교습, 교재 등으로 채워졌다. 조선에서 학교를 다니는 일본 어린이들을 위해 어린아이용 샤미센과 채도 판매하였다.히로세 레이코, 44면

성냥갑 표지에도 악기점 광고가 등장했다. 당시 혼마치의 상

야마구치 악기점

아사히 악기점

〈그림 14〉 성냥갑의 음악상점 광고

업시설을 대표하는 주요 상점의 물품들을 디자인한 성냥갑 광고에 악기점이 포함된 것은 음악문화가 근대의 주요한 콘텐츠였으며 대중의 수요가 많았음을 의미한다. 회중시계와 반지를 취급하는 다카키高木 금은방, 모던 스타일의 모자와 셔츠를 판매하는 미시루야ミシル屋 양품점, 손목시계의 대표상점인 무라키 시계점과 함께 야마구치 악기점과 아사히 악기점의 광고는 경성인의 시선을 사로잡으려 열을 올렸다. 시계점에서는 축음기와 음반을 기계의 일종으로 취급하여 함께 판매하기도 하였다.

악기점들은 판매뿐 아니라 음악 인구의 확산을 위해서도 노력하였다. 화신백화점 악기점은 하모니카 회원을 모집하였고, 접수는 혼마치 일본악기회사에서 한다고 광고했다. 음악 잡지에는 악기, 교칙본, 레코드를 하나로 묶어 각각 30원에 '콜럼비아 기타 세트'나 '콜럼비아 바이올린 세트' 등을 기획 판매한다고 광고했다.'광고', 『음악』, 1937.4.6 월세로 피아노를 들여놓는 가정이 증가하자 피아노를 조

율하고 수리하는 조율사가 등장했고, 중고 피아노를 비롯해 각종 중고 악기를 사고파는 전문 업체도 생겨났다. 정동貞洞 13번지 풍금 공장 안에 있는 일본악기제조회사에서 8년간 연구한 조선 유일의 피아노 조율사 황부춘黃富春과 수송동 36번지 음악사音樂社 등이 대표적이다.'광고', 『음악』, 1934.7 · 1936.2 음악회 등의 고급스러운 행사에 필요한 턱시도를 파는 삼흥三興 양복점부터 음악·무용 사진을 전문으로 하는 박필호朴弼浩, 1903~1981의 연우硏友 사진관구 모던사진관 '광고', 『음악평론』, 1936.4 예술사진 전문 야나키ヤナキ 사진관,'광고', 『음악』, 1936.2.5 음악 매니지먼트 중앙예술사中央藝術社까지 출현했다.'광고', 『음악평론』, 1936.4

조선인들이 근대를 흡수하려 혼마치로 넘어가는 사이 일본인들은 경성을 잠식하기 위해 종로로 이동했다. 청계천을 중심으로 조선인은 북촌, 일본인은 남촌으로 구분되어 있던 경성은 조선총독부가 북촌의 경복궁으로 오면서 그 경계가 무너지고 일본인들이 본격적으로 북쪽으로 다가오기 시작하였다. 북촌의 일본인 상점은 일본인의 소유였지만 경영은 조선인이 하는 경우가 많았다. 일본이나 혼마치에 본점을 둔 악기점들도 점차 종로에 진출하여 상점을 열었다. 그들은 세련된 간판과 진열대로 조선인들의 시선을 끌었고 성능 좋은 축음기로 일본어와 조선어 가사의 유행가를 틀어 조선인들의 귀를 사로잡았다. 혼마치에서 시작된 경성의 음악문화가 종로까지 전이되면서 경성의 온갖 번화가의 악기점마다 경쟁하듯 다양한 노래를 큰 소리로 틀어댔다. 경성의 "악기 가게 대부분은 아무리 음향에 제한을 두어도"야마키 가즈히코, 1930.1 전혀 소리를 줄이려 하

〈표 2〉 종로 소재 주요 음악상점(1900~1936년)

상점명	위치	판매품목
금희(琴喜) 악기점 동인음악출판사	종로 2정목 78	레코드, 축음기, 피아노, 관현악기, 음악서, 실외·실내 운동용구 등
선일(鮮一) 악기점	종로 2정목 100	피아노, 오르간, 레코드, 양악기 등
제기웅(堤機雄) 악기점		
세야마(セヤマ) 악기점 종로지점	종로 2정목 76	축음기, 악기, 운동구 등
야마구치(山口) 악기점 종로지점	종로 2정목 81-1	피아노, 오르간, 하모니카, 레코드 등
삼천리 대리부	견지동 22	축음기, 악보 등
경성악기상점	종로 2정목 청년회관 1층	축음기, 악기, 레코드 등
경성악기상회	인사동 30	
반도 악기점	교남정 17	각종 악기
조선축음기상회	종로 2정목 49	레코드, 축음기, 수풍금, 하모니카 등
조선축음기회사	종로 2정목 24	
영산 악기점	종로 2정목 44-1	
화신백화점 악기부	종로 2정목	
죽남 악기점	인사동 137	화양 각종 악기, 악보
동양 악기점	관훈정 141	축음기, 레코드, 각종 악기

지 않았다. 야마구치 악기사의 종로 진출을 두고 "종로 군소群小 악기상은 이에 비장한 결속, 대항 등 대소상인의 판로 쟁탈전"이 날로 심각해진다는 보도가 날 정도였다. 「대상점(大商店)의 진출(進出)과 소상점(小商店)」, 『동아일보』, 1935.1.24

대부분 혼마치에 집중되어 있던 악기점이 1930년대가 되면 종로에도 눈에 띄게 증가하는데, 특히 축음기와 레코드의 보급은 음악 소비를 직접적으로 증가시키는 원인이 되었다. "저녁때 종로 네거리를 지나노라면 점포 앞에 수십 명씩 몰려서서 축음기와 라디

〈그림 15〉 경성의 음악상점
(오른쪽 위부터 시계방향으로 금희 악기점, 조선축음기상회, 선일 악기점, 일본악기지점)

오를 듣는 군중"「탄정대(彈正臺)」, 1933.9들을 쉽게 마주칠 정도로 종로에서도 음악의 최신 유행을 고스란히 느낄 수 있게 되었다.

> 저녁 무렵 종로거리를 걸어가는 직장여성들의 가벼운 발걸음, 그녀들은 저고리와 스커트를 입고 있다. 또한 한낮에 도로 옆에서 팔베개를 하고 잠을 자고 있는 노인들, 활기에 찬 노점, 원색의 삼베와 야채, 레몬수와 그림책들, 이곳 노점으로 나오는 길에는 사람들이 가득 차 있었다. 그들의 머리 위로 축음기 가게에서 틀어놓은 〈지나의 밤支那の夜〉이라는 노래가 일본어와 조선어로 흘러나온다.
>
> 사타 이네코, 「조선 인상기」

조선어와 일본어 노래가 공존하는 가운데, 조선과 일본의 문화가 뒤섞여 종로와 혼마치의 "경계가 허물어지기 시작"하며 조선인과 일본인의 "경계 넘기"가 자연스럽게 이루어졌다.이한정, 318면

> 종로에 있는 야마구치 악기점, 금희 악기점에서 흘러나오는 〈불효자는 웁니다〉를 들으려고 거리의 군중들과 합창단들이 손에 가사지를 들고 날마다 몰려들었고 야시장이 서는 서울의 종로 네거리 하늘에는 그들의 노래가 메아리쳐갔다.
>
> 반야월, 「나에게도 한 많은 미아리고개」, 『털어놓고 하는 말』 1

조선인들이 일본인의 문화시설을 찾는 횟수가 늘어나자 일본인

들도 조선인 유치를 위해 경쟁했다. 일본인을 위한 혼마치 공연장에서는 증가하는 조선인을 의식하여 조선인 관리들을 초청하기도 하였고, 조선 최초의 상설영화관인 고등연예관은 넘치는 조선인 관객을 위해 일본인 변사를 조선인 변사로 바꾸어 채용했다.

> 종로 방면을 비롯해 조선인 시가지의 상점이 점차 멋지게 되었고 더욱이 화려해지는 것이 현저하게 눈에 띈다. 반대로 본정 거리의 내지인 시가지에도 근래 조선인 상점이 파고들었다. 높은 지대의 주택가에도 조선인의 대저택이 새롭게 들어섰다. 이것은 지방의 대지주 또는 광산 벼락부자 등의 주택인 듯하다. 또한 아파트에 가도, 카페나 음식점에 가도, 영화관에 가도, 조선인의 수가 현저하게 늘어났다.
>
> 석미동방(釋尾東邦), 「3년 만의 경성」, 1943.8

일제는 내선융화의 실천법으로 재조일본인 학생들에게 조선어를 가르치기도 하였다. 조선인이 일본어를 배우는 것만큼 일본인이 조선어를 구사하는 것도 중요하다고 생각했기 때문에 제일고녀같은 재조일본인 중심의 학교에서는 희망자에 한해서 조선어를 학습하였다.히로세 레이코, 92~93면

식민지기가 30년 이상 계속되자 두 민족 사이는 문화시설뿐 아니라 외형적인 면까지도 영향을 미쳤다. 각 민족의 의상이 아닌 양복을 입고 있으면 구별이 불가할 정도였다.

조선인의 안면신경이 현저하게 내지인화 되어 긴장감을 띠고, 양복을 입고 있으면 거의 내지인과 구별이 불가능하다는 점에서 다소 놀랐다. 특히 청소년에 있어 가장 그러해 학교 학생들은 거의 판별이 어려웠다. 남자뿐만 아니라 여자도 20세 전후인 자는 여학교 등을 나와 양복까지 입고 있으면 내지인과 구별이 안 될 만큼 용모가 내지인화 되었음에는 정말 놀랐다. 반대로 내지인인데 조선인화된 용모풍채의 사람도 꽤나 늘었다고 생각된다. 이것은 조선인이 내지인화 되었기 때문에 그런 느낌을 준다고 생각할 수도 있지만, 사실 내지인이 조선인화 되어 가는 것은 아닌가라고 생각되어지는 점도 있다.

석미동방(釋尾東邦), 「3년 만의 경성」, 1943.8

이들을 하나로 묶는 것은 조선식이나 일본식이 아닌 서구식이었다. 내선일체의 연장선으로 조선인과 일본인이 결혼하는 내선상혼相婚이 장려되었을 때도 조선인과 일본인의 민족적 차이는 서양 관습을 채용해서 극복해야 한다는 주장이 제기되기도 했다. 서양식으로 "양식을 먹고 서양음악을 감상하고 아파트의 침대 생활"을 하는 것이 "각각 다른 민족적 특성이 충돌"하지 않고 조선인과 일본인의 일치와 조화를 이룰 수 있다는 것이었다. 사실 여기에는 민족적 특성뿐 아니라 다양한 문제가 가로막고 있었다. 사회적 인식 역시 두 민족 사이 격차가 너무나 커서, 내선상혼만 하더라도 조선인은 "내지인 여성은 결코 상냥하지 않고 냉정하며 제멋대로"일 뿐 아니라, 일본인과 결혼하면 "체면이 서지 않는다는 등의 이유로 반대"했으며, 일본인 역시 "조선인에게 은혜도 모르는 놈, 거짓말쟁이, 거지라는 선입관이 있어서" 현실적으로 매우 골치 아픈 문제였다.현영섭(玄永燮), 1938.4

흰옷을 즐겨 입는 조선인과는 반대로 일본인들은 검은 옷을 즐겨 입었다. 일본에서 검은색이 "문명의 색깔"이었던 연유에는 일본이 개국開國 때부터 감지한 서구의 색은 검은색이었기 때문이다. 처음으로 서양인이 타고 온 흑선黑船, くろふね부터 서양에서 들어온 문명은 기차며 자동차며 죄다 검은색이었다. 일본은 조선도 검게 만들고 싶었다. 조선인에게 백의를 금지하고 일본의 흑의를 입혔다. 그리고 혼마치를 검은색으로 채색하여 일본을 재현하고 조선인에게도 검은 일본을 각인시켰다. 그리고 조선인들도 그러한 일본식 근대화를 기준으로 삼아 경성을 변화시켰다. 그러나 조선인과 일본인 구역에는 언제나 보이지 않는 경계가 존재했다. "작은 구역에 있어서도 민족에 따른 경계선은 제도적인 측면이나 심리적인 측면에서 여전히 존재하고 있었던 것이다."가와무라 미나토, 121면 물과 기름처럼 백의와 흑의는 늘 구분되었다.

제2장

경성의 서양식 음악회

1920년부터 1935년까지

1

야외에서의 음악

2

실내에서의 음악

조선에서 처음으로 근대문화와 도시 경험이 함께 어우러진 서양식 음악회는 1910년대부터 시도되어 1920년대에 급격히 증가하였다. 1920년대는 일제의 문화통치 시기이자 모던의 물결이 일어나고 근대적 경험이 유행하는 시기였다. 우리보다 서양 문물에 익숙한 재조일본인의 수도 급격하게 늘어나 그들의 문화예술 활동은 조선의 근대화 속도에 더욱 박차를 가했다. 경성의 인구는 1924년 조선인 194,239명, 일본인 73,345명, 외국인 3,834명으로 총 271,414명이었고,鮮于全, 1924.6 1928년 조선인 225,833명, 일본인 84,176명, 외국인 4,997명인 총 315,006명으로 5년 만에 빠르게 증가하였다.「경성(京城)의 대관(大觀)」, 1929.9

홍난파는 이 시기 "우리 사회에는 음악회란 것이 일대 유행물" 홍난파, 1925.1.1이었다고 하나 당시 경성은 주체적으로 음악회를 열어 음악을 연주하고 감상할 수 있는 전문적인 음악 홀이 없었기 때문에 대부분의 실내 음악회는 근대식 건물의 다목적 공간인 공공 강당에서 개최되었다. 대표적인 공간을 네 범주로 구분하면, 가장 많은 음악회를 개최한 종로 기독교청년회관과 혼마치 경성공회당, 그리고 천도교당과 예배당 등의 종교시설, 학교와 신문사 강당 등

〈그림 1〉 야외 조선음악 공연

의 공공시설, 호텔과 백화점, 극장과 카페 등의 상업시설로 나눌 수 있다. 음악회는 장소마다 뚜렷한 특징을 가지며 경성인들에게 새로운 형태의 유희로서 근대 공연문화 형성에 기여했다.

1. 야외에서의 음악

1) 서양과 다른 시작

경성의 음악회는 서양의 음악회가 실내에서 시작된 사례와는 달리, 실외에서 시작되었다는 것이 독특하다. 대표적인 야외 공연 공간으로는 대한제국 시기 황실과 각국 공사관, 근대식 공원 등이 있다. 야외 공연은 우리의 전통적인 음악공연의 확장이라 볼 수 있다. 전통음악 공연은 마당 혹은 놀이판 / 소리판이라는 일종의 광장 같은 야외에서 무대와 객석의 구분 없이 함께 즐기는 오락의 형태로 행해졌다. 조선의 유희는 일상과 가까이에서 이루어졌지만, 무대 예술이라는 의미는 부재하여 공연장이라는 개념은 없었다.

개항 후 대한제국 황실과 공사관 등에서 열린 서양식 음악회는 공식적인 국가 행사나 공사관에서의 연회 혹은 외국인들의 사적인 모임에서 열린 군악대 공연이 전부였다. 이러한 초기의 서양식 음악회가 제한된 대중 앞에서 연주되었다는 사실 자체로 이전에는 없던 근대적 개념의 음악회가 탄생했다고 볼 수 있다. 비록 일반 대중에게는 차단된 음악회였지만 이후 음악회가 대중 앞으로 나오는 초석이 되었다.

2) 공원 음악회

대중을 대상으로 개최된 서양식 음악회 역시 야외에서 시작되었다. 조선에는 음악회를 위해 지정된 공간이 없었기 때문에 누구나 모여서 음악을 듣는 음악회 공간으로 공원이 활용되었다. 주로 남산공원, 탑골공원, 장충단공원, 사직단공원 등에서 음악회가 열렸고, 따뜻한 봄에는 벚꽃을 보며 즐기는 관앵음악회, 더운 여름에는 여름밤 더위를 식혀주는 납량納凉음악회 등 도시인의 여가를 만족시키는 타이틀로 음악회를 개최하였다. 공원은 도시인들이 자주 찾는 근대식 휴식 공간으로 주목받았고 특히 탑골공원은 종로 한복판이자 전차의 정류장과 인접하여 근대 음악회의 발상지라 할 수 있을 정도로 대중의 발길을 끌었다. 경성인들이 탑골공원을 선

탑골공원 주악당

남산공원 음악당

〈그림 2〉 탑골공원 주악당과 남산공원 음악당

호한 이유는 경성에 "남산공원도 있고, 장충단공원도 있고, 사직공원도 있고, 또 교외로 나서면 경치 좋은 곳이 허다하지마는 경성 시내로 앉아서는 탑골공원보다 모두 거리가 다소 멀고 또 교외는 돈

없이는 즐길 수 없는 곳이나 탑골공원만은 시가의 중앙에 있어서 산보를 하기 가장 편하고 또 누구나 그 안에 거닐 수 있는 대중적" 인 장소였기 때문이다.高永翰, 1929.9

탑골공원은 경성시가 중앙에 있어서 항상 진애塵埃가 가득하고 기지基地가 협소한 외에 아무 설비가 없어서 저彼 남산, 장충 양 공원에 비하면 아주 보잘 것이 없으나 조선인 중심 지대에 있기 때문에 종로 부근 사람의 유일한 산보지가 되고 또 역사적 유물이 많은 까닭에 내외인의 관람객이 많다. (…중략…) 광무 2년부터 이此 원각탑을 보관하기 위하야 세관에서 관리하고 또又 한성부에서는 인가를 매입하야 내부 토목국 감독으로 영국인 『뿌라운』의 의견을 따라從하여 공원을 설치設하였다.팔각정도 그때 신축 그때에는 매일 공개치 않고 다만 일주일에 2차씩 공개하고 그 땅基地도 지금보다도 협소하였더니 그 후其後 다소 확장하고 매일 공개하였던바 기미년 만세 사건이 그곳에서 일어난 뒤로 그 후문을 봉쇄하였다가 최근에 다시 동개洞開하였다.

고고생(考古生), 「경성(京城)이 가진 명소(名所)와 고적(古蹟)」, 1929.9

탑골공원은 고종 즉위 40주년을 기념하여 현대식 황실 공원으로 조성되었으며 이때는 일반인 출입이 제한되었다. "군악대가 공원 옆으로 옮겨온 뒤에 비로소 공원 한복판에 순조선식 팔각정으로 음악당을 신축하였다."「조선 양악의 몽환적 내력」, 1922 음향판 호리존트horizont를 설치했으나 이후 바로 옆에 호자식 목재음악당을 세웠

〈그림 3〉 군악대원들의 모습

다. 그러나 목재음악당은 낡아서 곧 헐어버리고 1916년 용산 일본군 사령부에 있던 음악당을 탑골공원으로 옮겨와 주악당으로 사용하였다. 공원 옆 서쪽에 군악대 건물이 세워질 만큼 탑골공원은 주요 공연장이었고, 군악대는 조선 양악의 상징이었다.

3·1운동 이후 오후 5시면 뒷문을 잠그던 탑골공원이지만 음악회가 있는 날만은 밤 11시까지 공원의 문을 개방할 정도로 경성인들은 여흥에 적극적이었다.「시민의 납량을 위하야」,『동아일보』, 1921.6.23 조선 유일의 군악대가 군대의 해산과 함께 사라질 위기였지만 이왕직양악대, 경성악대로 명칭을 바꿔가며 그들의 공원 음악회는 지속되었다. 특별한 오락거리가 없던 당시, 매해 여름밤에 열리는 납량음악회는 조선인이나 서양인 모두에게 기다려지는 이벤트였다. 경쾌한 리듬의 신나는 행진곡 연주는 관객들에게 큰 사랑을 받았다. 군악대 연주회는 이혜구, 최동준崔東俊, 김영환과 같은 음악가들에게 음악적 감수성의 원천이었던 어린 시절 기억의 기분 좋은 추억거리였고, 영국『타임즈*The Times*』기자 헐버트Homer Bezaleel Hulbert, 1863~1949나 이탈리아 총영사 로제티Carlo Rossetti가 극찬할 정도로 수준 높은 악대 연주는 에카르트Andre Eckardt, 1884~1974, 뮈텔Gustave Charles Marie Mutel, 1854~1933, 마르텔Emil Martel, 1874~1949 등 조선에 머물던 서양인들이 함께 서양음악을 들으며 고향의 향수를 달래던 서구의 문화이기도 했다.에카르트, 67~68면; 뮈텔, 81~82면

일제가 단장한 남산공원과 장충단공원은 교통과 환경을 정비하여 많은 도시인이 찾았다. 남산공원은 일본이 1897년에 대한제국

정부와 교섭하여 영구 임차권을 받아내 만든 공원으로, 광장의 전망은 매우 뛰어났으며 여기에 세워진 팔각형으로 만들어진 작은 건축물이 음악당이다.<그림 2> 아래 사진 참조 1907년 일본인거류민회에서 음악당, 분수 등의 시설을 도입하고 벚꽃 백여 그루를 심었다. 이것이 경성에 처음 이식된 벚꽃이다. 이후에도 근대식 공원마다 벚나무를 대량식재하여 1919년에는 장충단공원, 1926년에는 사직단공원에 심었다.김해경, 153~157·224면

'남산 밑에 장충단을 짓고 군악대 장단에 받들어 총만 한다'라는 아리랑타령은 지금도 아직까지 속간俗間에 유행한다. 이 장충단은 옛날 남별영 자리로 이태왕 32년 을미 8월 20일 민비피시사변閔妃被弑事變 때에 절사節死한 궁내 대신 이경직李耕稙과 연대장聯隊長 홍계훈洪啓薰을 제사祀하기 위하여 설치設한 것이니 준공하기는 광무 4년 경자 11월이요 비문은 충정공 민영환閔泳煥이 썼書다. 근래에는 공원을 설치하야 운동장 기타 설비가 경성 여러 공원 중 비교적 완비하고 사위四圍의 송림이 울밀할 뿐 아니라 봄에는 신이화개나리, 앵화가 성개盛開하고 또 버들이 좋기로 유명하며 그 오지에는 약수가 있고 전차「버스」가 공원 내까지 직통하는 까닭에 사시四時 산보의 객이 많다.

고고생(考古生), 「경성(京城)이 가진 명소(名所)와 고적(古蹟)」, 1929.9

장충단공원은 고종황제가 장충단을 만들어 매년 봄, 가을로 제사를 지낼 때 군악대가 조곡을 연주했던 곳이었는데, 일제가 벚꽃

〈그림 4〉 장충단공원의 벚꽃 그리고 경성의 벚꽃

을 심고 놀이터와 산책로 등을 만들어 경성인들을 위한 위락시설이자 공원으로 바꾸었다. 공원 음악회 외에도 일제에 의해 격하된 창경원에서 벚꽃을 보고 즐기는 관앵觀櫻 음악대회나 종로 야시의 악대 연주는 경성의 명물이었다.

창경원에도 음악당이 설치되어 벚꽃 인파에게 아악과 양악 연주를 들려주었고 일본인 거주지와 가까웠던 장충단공원에서는 샤미센도 연주되고 음주가무가 허용되어 일본인이 즐겨 찾았다.김해경, 235면 밤벚꽃놀이 야앵은 1921년 남산공원에서 시작되었고 창경원의 야앵은 1924년에 시작되면서 벚꽃놀이가 새로운 도시 오락으로 근대문화를 창출하였다.

경성에서는 작년부터 새롭게 창경원 밤 벚꽃놀이가 개방되어 지극히 민중적인 이李왕조의 태도가 상찬된 것을 비롯해, 나아가 조선신문사 주최 연중행사의 하나가 되었다. 장충단 벚꽃대회도 행해진다. 이

두 개의 나들이 인파는 엄청나서 전 시민은 광분하여 이 기회에 창경원으로, 장충단으로 쇄도한다.

송본휘화(松本輝華), 『경성키네마계 풍문록』 2, 1925.5

공원 음악회는 3·1운동이 있었던 1919년을 제외하고, 해마다 삶에 지친 도시인을 위로하는 것을 목적으로 무료로 개최되었다. 경성인들에게 야외 음악회는 단순한 행사가 아니라 휴식처에서 음악 소양을 쌓는 근대인의 문화공간으로 자리했다. 이러한 야외 음악회는 생소한 서양악기로 신나는 행진곡풍 음악을 연주한다는 것을 제외하고는 굿이나 광대놀음을 즐기던 예전 마당터의 오락 풍습과 별반 다를 것이 없었다. 이후 총독부는 시민 위안이라는 명목으로 야외 음악회 장소를 일본인 중심의 경성 신사神社나 경성부청 앞, 경성역 앞, 조선은행 광장, 미츠코시三越백화점 앞, 용산 방면 등으로 확대하였고, 연주도 일본 육·해군악대 혹은 잠시 인천항에 체류하는 외국 군악대에게 의뢰하거나 일본음악인 사쿠하치 음악회를 개최하면서 문화적 식민주의를 연출하였다.

2. 실내에서의 음악

대한제국 시기에 이르러, 유희를 위한 실내 공간인 협률사協律社, 1902나 광무대光武臺, 1907 등이 만들어져 조선음악이나 기생공연이 주로 행해졌다. 이제까지 밝혀진 바에 따르면, 최초의 양악 음악회는 1907년 4월 27일 오후 9시 애스터 하우스 호텔Astor House Hotel[1]에서 열렸다. 바이올린은 헨리에트 머켄스Henriette Murkens, 피아노는 보나비아 헌트Bonavia Hunt, 그리고 대한재인大韓才人이 참여했다고 알려진 이 음악회는 입장료가 3원이라는 것 외에 주최나 참석자에 대한 정보는 알 수 없다.「대음악회」, 『대한매일신보』, 1907.4.27 조선총독부의 영문 기관지인 『서울프레스*The Seoul Press*』에 나온 이 음악회의 광고에도 '대한재인'에 대해 '지역 아마추어local amateurs'라고만 명시되어 있어 누가 어떤 역할을 하였는지 알 수 없고, 당시 물가와 비교하여 비싼 입장료를 받아, 서양인이 주 고객인 호텔에서 개최된 이 음악회를 대중을 위한 음악회로 보기는 어렵다. 이후 1909년 군악대의 후신인 제실음악대帝室音樂隊가 이곳에서 '고아학교 돕기 음악회'를 개최한 것으로 확인되나, 음악회와 관련된 추가 정보는 부족하다. 그 외에 음악회가 열렸던 실내 공간으로 손탁호텔Sontag(孫鐸) Hotel이나 명동성당 정도가 확인되며 이 역시 사적인 음악회 성향이 강해 대중적인 음악회라 할 수는 없고, 1908년 종로에 기독교

1 신문로에 있던 여관으로, 주로 여흥을 위해 공연을 여는 장소로 활용되었다. 처음으로 돈을 받고 영화를 상영하기도 했으며 상류층 사람들이 드나들었다.(이상만, 1986.3.27) 영국인 엠벌리(W. H. Emberley)가 문을 연 스테이션 호텔을 프랑스인 마르탱(L. Martin)이 인수하면서 애스터 하우스 호텔로 변경되었고 이곳은 새로운 문화공간 역할을 하며 음악회나 결혼식 등 근대문화를 유입하는 통로로 활용되었다. 이토 히로부미(伊藤博文, 1841~1909)의 양녀로 알려진 배정자(裵貞子, 1870~1952)와 박영철(朴榮喆, 1879~1939)이 결혼한 곳으로도 유명하다.

〈그림 5〉 최초의 서양음악회가 열린 애스터 하우스 호텔

청년회관이 건립되면서 이곳에서 점차 대중을 위한 음악회가 열리게 되었다. 1910년대 음악회는 "흔히 야소교회의 주최로 자선 음악회 비스름하게 여는 소인素因 음악회뿐"민태원, 57면이었다. 초기의 음악회는 대부분 기독교 단체와 관련된 음악회로, 개최 횟수도 적었다.

1910년대 후반부터 음악회 붐이 일어나고 전문 양악 음악가들이 배출되면서 본격적으로 음악회가 증가하기 시작하자 제대로 앉아서 음악을 감상할 실내 공간이 필요하게 되었다. 그러나 그럴 만한 장소가 없었던 경성에서는 주로 공적 공간에서 음악회가 이루어졌다. 야외의 무료 오락에서 돈을 지불하고 실내로 들어와 음악회를 경험하는 근대적 자본주의 문화 활동이 시작된 것이다. 1920년대가 되면 경성에 음악회가 활성화되고 근대식 공적 공간이 다양하게 등장한다.

1) 종로 기독교청년회관

종로의 한복판 종로 2정목 9번지에 1908년 건립된 기독교청년회基督敎靑年會의 기독교청년회관은 경성의 대표적인 근대식 건물이었다. 회관의 원래 명칭은 황성皇城기독교청년회관인데, 1913년 '황제의 성' 혹은 '황제의 나라'를 표현한 '황성'이라는 단어 대신 '조선중앙朝鮮中央'을 사용해 조선중앙기독교청년회관으로 명칭을 변경했다. 일제가 대한제국이나 독립을 상징하는 단어를 금지해서 '대한', '황성' 등의 단어를 사용할 수 없었기 때문이다.정진석, 63~64면 기독교청년회는 1903년 청년회를 조직하여 청년이라는 용어와 개념을 처음 사용했다. 이 단어가 큰 인기를 얻어 전국의 여러 사회단체에서 청년이라는 용어를 사용하자 황성기독교청년회에서 이에 불만을 표시한 고시문을 공지할 정도로 조선인에게 청년이라는 새로운 개념은 매력적으로 다가왔다.전택부, 195~196면 회관은 강당, 운동실, 교실, 도서실, 공업실습실, 식당, 목욕장, 사진부, 사무소, 소년부 등의 다양한 최신식 시설을 갖추었으며, 그중 강당은 강연회나 음악회처럼 대중이 모일 수 있는 열린 공간을 마련해 주며 문화 활동의 장을 열었다.서울YMCA, 15면

기독교청년회관 강당은 언제나 강연회, 집회, 음악회 등으로 북새통을 이루었다. 언론인 김을한金乙漢, 1906~1992은 기독교인이 아니지만 학교가 끝나면 매일같이 기독교청년회관에 가서 놀았다고

회고하며 "서구적인 신풍新風이 떠도는 향기로운 분위기"의 기독교청년회관을 추억하였다. 이곳에서 처음으로 서양음악을 듣게 되었다는 그가 기억하는 기독교청년회관은 조선인들에게 새로운 서구문화를 받아들이는 통로이자 그것을 체현하는 공간으로 존재했다.

> 그 시대의 청년회는 신문화의 중개처였으니 아까도 말한 바와 같이 탁구, 농구, 야구, 축구, 기계체조 등의 온갖 운동경기를 맨 처음 소개한 것을 비롯해서 근대식 음악회나 연설회를 시작한 것도 청년회며 실업교육과 영어학교를 최초로 개설한 것도 역시 청년회였던 것이다. 필자 자신이 "바이올린"이나 "피아노"를 처음으로 듣고 "소프라노"나 "테너"의 성악을 듣게 된 것이나 일류 명사들의 연설을 듣고서 감명을 깊게 한 것이나 심지어 지금엔 매일같이 마시는 커피, 차를 비로소 맛보게 된 것도 또한 청년회의 덕분이었음을 생각한다면 청년회의 위치와 업적을 가히 짐작해 알 수 있을 줄 안다.
>
> 김을한, 「한국문화와 YMCA(상)」, 『동아일보』, 1956.2.22

완공 당시 이 회관은 엄청난 화제가 되었는데, 독립운동가 황현黃玹, 1855~1910은 "기독교청년회관이 낙성되었다. (…중략…) 회관이 낙성되자 지붕 높이가 산 같았는데, 종현의 교회당명동성당—인용자과 함께 우뚝 솟아 남북으로 맞섰다. 장안에 가장 커다란 건물이 되었는데, 예부터 공사 관청이나 집 가운데 그만한 건물이 없었

〈그림 6〉 기독교청년회관의 외관

다"황현, 400면며 그 규모에 감탄하였고, 조선총독부 종교과 직원이었던 요시가와 분타로吉川文太郎[2]도 "지금 경성 종로 2정목에 동양 건물 중 힘차고 뛰어나며 굉장한 붉은 벽돌의 회관"요시가와 분타로, 291면이 있다고 소개하는 등 압도적인 서양식 건물의 외형에 놀라움을 표현하였다. 서양인들은 외관은 물론 식민지조선에서의 역할에 대해서도 언급하며 건물의 지리적, 정치적 중요성까지 강조하였다. 기독교청년회관 간사였던 그레그G. A. Gregg는 "청년회관이 우뚝 서게 되었다. 이 웅장한 3층 서구식 벽돌집이 온 시가를 한눈에 내

2 1919년 3·1운동 이후에 조선총독부 종교과에서 일하며 『조선의 종교(朝鮮の宗教)』(1921), 『조선제종교(朝鮮諸宗教)』(1922) 등을 저술하였으며 「조선종교계(朝鮮宗教界) 최근(最近)의 정세(情勢)」(1924)라는 글을 남겼다.

려다보게 되니 이 집이야말로 이 나라의 운명이 달려 있는 집"G. A. Gregg, 1909.9.30이라며 의미심장한 발언을 했으며, 선교사 게일J. S. Gale, 1863~1937도 "이 회관은 도시의 심장부에 서 있고 이 나라의 중심에 자리 잡고 있다. 이곳은 명동성당과 덕수궁을 제외하고 도시에서 가장 중요한 건물"J. S. Gale, pp.238~239이라며 기독교청년회관의 중요성을 강조하였다.

기독교청년회관은 기독교라는 종교적 색채를 띤 건물로 보이지만 종교와 상관없이 조선인 모두에게 개방된 공간이었다. 게일은 기독교청년회관이 "상점들과 관가의 중심 위치에 자리 잡고 있었으며 대지 역시 훌륭하였기 때문에 누구나가 쉽게 찾아올 수 있었다. 무엇보다 고마웠던 것은 여기에 많은 사람들이 찾아든다는 사실이다. (…중략…) 하류층의 자녀들, 상인들의 자제들, 선비나 양반의 자녀들이 모여와 한자리에 앉게 되었으며, 밤마다 더 많은 사람들이 찾아들고 있다"고 적었다.YMCA, 1905.6 이처럼 상하귀천과 남녀노소의 구별이 뚜렷한 전근대적 인식이 만연하던 조선인들에게 기독교청년회관은 모든 사람이 평등한 장소로 인식되었다.

기독교청년회관은 청년회 초기부터 청년 활동의 일환으로 교육과 사회활동, 문화 발전을 적극적으로 지원하였다. 야학 형태로 출발한 초기의 교육 활동은 학관學館을 만들기 이전인 1906년부터 시작되었고, 1907년에는 보통과, 어학과, 공업과, 상업과, 야학과로 구분하여 직업교육과 계몽지식교육을 동시에 제공했다. 1906년 학생모집 광고에 역사, 지리, 화학 등을 비롯하여 운동, 음악 과목이 포함되어 있었고, 1915년 수업 과목에는 국어, 영어, 일어, 음악, 상업, 역사, 지리, 산수 등 일반 교육을 비롯하여 목공, 철공, 사진, 제화, 염색 등의 기술교육까지 포함되었다.서울YMCA, 38면 이곳 출신의 인재들은 민족운동부터 계몽, 사회운동까지 주도하는 인물들로 성장하였다. 대표적인 인물로 독립운동가 임병직林炳稷, 이원순李元淳, 송계백宋繼白, 안재홍安在鴻, 음악가 홍난파洪蘭坡, 이영세李永世, 체육인 김홍식金弘植, 사진작가 민충식閔忠植, 언론인 이관구李寬求, 정치가 정구영鄭求漢, 화가 이상범李象範 등이 있다.전택부, 204~208면

이 당시 교사를 맡았던 홍석후洪錫厚와 박서양朴瑞陽은 둘 다 제중원의학교 출신이자 기독교인으로 일찍이 교회에서 서양음악을 접하여 음악에 관심이 높았다. 둘은 같은 시기에 조선정악전습소를 다니며 음악을 공부하기도 하였다. 특히 박서양은 창가에 능해 당시 신문에 이름을 올릴 만큼 음악에 조예가 깊었고,「특별 대복음회」,『황성신문』, 1909.4.11 승동학교에 음악과를 설치하는 데 기여하였다.박형우, 67~68면 홍석후의 동생 홍난파가 기독교청년회의 중학부와 조선정악전습소를 다닌 것도 형의 영향으로 보인다. 홍석후는 기독교청년회관 건물에 자신의 병원을 개원할 정도로 이 회관과의 관계를 지속하였다. "종로 네거리 고색창연한 거대한 건물, 그것은 중앙기독교청년회관이다. 그 아래층 양복점, 양화점, 서점, 약점, 이발소 등의 쇼윈도가 쭉 늘어있는 중 건물과 제일 대조성 있게 되어있는 여성적인 데코레이션을 찾을 수 있는 사람이면 홍군의 진찰소를 물어볼 필요가 없다."「의사평판기(醫師評判記)(1)」, 1931

기독교청년회관은 음악문화와 밀접하다. 회관은 식민지기 내내 음악가들의 연습실이나 사무실로 이용되었고, 악기 제조소, 악기사 등으로 사용되었으며, 기독교청년회에서도 자체적으로 음악과를 만들고 음악 모임을 결성하여 직접적으로 음악문화에 관여하였다. 1922년경 기독교청년회 소년부에 관현악단이 존재한 것으로 보이고,「소년부 주최의 신춘음악대회」, 『매일신보』, 1922.2.2 경성악대와 중앙악우회 등 연주단체들의 연습실, 서울악우회 같은 음악 단체의 사무실이 있었으며,「경성악대를 위하여」, 『매일신보』, 1921.6.4 악기 제작자 강병필康秉弼이 중국과 일본의 악기 제조공장에서 악기 제조의 실무를 쌓고 돌아와 1925년 기독교청년회관 안에 악기 제조소를 차려 조선악기와 피아노, 풍금 등 각종 악기를 만들었고,「조선악기 제조소 출현」, 『동아일보』, 1925.2.18 1930년대에는 각종 축음기와 레코드, 악기를 판매하는 경성악기상회가 1층에 자리를 잡았다.'광고', 『청색지』, 1938.6 1920년대 기독교청년회는 월 2원의 수업료로 일반인들에게 피아노, 풍금, 바이올린을 가르치는 음악과를 신설하여 피아니스트 박경호朴慶浩, 1898~1979를 중심으로 지도하였으며,「음악과 신설, 중앙청년회서」, 『동아일보』, 1926.1.6 음악구락부에서는 채동선이 시무를 보기도 했다.「악단이문(樂壇異聞)」, 1935.7 1930년에는 회관 안에 있던 기존의 음악연구소를 "대확장시켜 장래의 음악학교를 목표"로 "피아노, 바이올린, 성악, 음악이론, 교육학, 아악 등의 분과"로 나누어 운영하였으며 강사는 현제명玄濟明, 1902~1960, 채동선, 이승학李升學, 1908~?, 홍지유洪志裕, 1913~?, 문학준文學準, 1914~1988, 최성두崔聖斗, 구자옥具滋玉이었다.「종로기독교청년회

음악연구소 대확장!」, 1937.5 여러 교파가 연합으로 세워 조선예수교연합대학CCC, Chosun Christian College이라 불리던 연희전문학교도 기독교청년회관 3층에서 수업을 시작하여 1919년 신촌 신축 교사로 이전할 때까지 이 건물을 사용하였고, 김영환의 지도로 음악부 학생들이 배출되었다.

1910년대 중반에 걸쳐 기독교청년회관은 기존의 건물을 증축하였다. 확장된 기독교청년회관은 경성의 랜드마크로 종로의 발전과 더불어 조선인 중심의 활동이 더욱 활발해지는 공간이 되었다. 이태준李泰俊, 1904~?의 소설에서 1920년대 기독교청년회관의 상황을 파악할 수 있다.

> 청년회관은 야학뿐이 아니었다. 서울서는 제일 큰 대강당이 있어 거의 저녁마다 유명한 어른들의 강연회가 있었다. 송빈이는 강연회가 있는 저녁은 공부에만 착념할 수가 없었다. 대강당에서 우뢰 같은 박수 소리가 울려올 때마다 곧 그리고 뛰어가고 싶었다.
>
> 이태준, 『사상의 월야』

전차의 길목인 기독교청년회관 앞은 매일 밤 각종 공연과 강연 등을 보고 쏟아져 나오는 조선인들로 북적이며 경성의 조선인 문화 중심지로 입지를 굳혀 가게 되었다.

> 청년회관-종로경찰서하고 나란히 서 있는 저 군함같이 큰 양옥집이

중앙기독교청년회관일세. 지금으로부터 25년 전에 미국 사람이 8만 원 기부한 돈에 조선서 모은 돈을 보태어 30만 원 들여 지어 가지고 이 안에 주·야학 학관이 있고 사진, 인쇄, 목공까지 따로따로 전문으로 배우는 기관이 있을 뿐 아니라 한 5~6백 명 수용하는 강당이 있어서 천도교 신교당이나 또 그 기념관이 생기기까지는 경성 민간의 유일한 공회당이었었다네.

일기자, 『이일동안에 서울구경 골고로 하는 법』, 1929.9

이 건물은 서울에서 정중앙이지요. 교통이 가장 편리한 종로 한복판을 차지하여 천도교당이 건축되기 이전기미(己未) 이전까지는 조선 사람의 유일한 집회소요, 가장 크고 넓었던 건물이다. 이 집은 1907년 11월 7일에 정초식定礎式을 행하야 만 1년간 공사로 1908년 12월 1일에 낙성식을 행하였었는데 그 낙성식은 근래 조선에서 공전空前에 성황盛況을 이루어 참석한 내외국 손님이 천여 명에 달하고 지금 이왕 전하께서 황태자로 계실 때에 특히 내림來臨까지 하시었다. 기지基地는 966평, 건평建坪은 1,731평, 공비工費는 그때 돈으로 약 십만 원이라 한다.

「대건물(大建物) 구경(기이(其二)) 중앙기독청년회(中央基督敎靑年會) (경성(京城) 종로(鍾路))」, 1931.4

기독교청년회관은 1907년 그 안에 설립된 상동청년학원 중학부에 김인식을 음악선생으로 고용해 음악을 지도하였고,「우리문화 <16> 음악 양악의 개척자」, 1973.1.6 이 청년학원에서 주최한 1911년의 음악회는 기독교청년회관에서 행해진 초기 음악회 중의 하나이다.「청년학원 연주회 성황」,『매일신보』, 1911.3.16 이후 김인식이 김형준金亨俊, 1885~?, 홍난파 등과 만든 경성찬양대京城讚揚隊는 1910년대 기독교청년회관이 음악회장의 기능으로 출발하는 데 일조하였다. 많은 사람이 모일 수 있는 큰 강당이 없던 경성에서 1920년대에 천도교당과 경성공회당이 생길 때까지 1910년대의 기독교청년회관은 갖가지 음악회를 포용하였고, 피아니스트 오오쿠라 스에코小倉末子, 1891~1944의 음악회나 이와자키 히로시岩崎寛와 오오바 유노스케大場勇之助의 바이올린 연주 등 일본인 음악가들의 공연도 개최되었다. 일본인 음악가의 공연이 이곳에서 이루어질 수 있었던 것은 1910년대까지의 음악회가 누구나 찾아오는 공공음악회보다 아직은 선택된 자들의 모임이나 기독교 중심의 음악회였기 때문이었다. 1920년대에 이르러 음악회가 대중에게 폭발적으로 인기를 얻으며 개최 횟수가 증가하면서 기독교청년회관은 경성에서 가장 중요한 음악회장으로 급부상하였고 일본인 연주자들은 자취를 감추었다.

1920년부터 1935년까지 16년간 기독교청년회관에서는 약 196차례의 음악회가 열렸고, 음악회 붐이 일어난 1920년대에 중점적으로 개최되었다.<부록 1> 참조 1921년 경성공회당과 천도교당이 문을 열고 공연장이 분산되어 기독교청년회관의 음악회가 약간 주춤하는 경향을 보이지만 1920년대 중반이 되면 음악회 개최 횟수가 최고조에 이르는 것을 확인할 수 있다. 반면, 경성공회당의 음악회가 증가하는 1920년대 후반이 되면 기독교청년회관의 음악회가 차츰 줄어드는 모습을 보이더니 1930년대에 이르러 급격하게 감소하는 양상을 확인할 수 있다.

〈표 1〉 기독교청년회관의 음악회 연도별 개최 횟수 　　　　연도 기준 : 1900년대

年	20	21	22	23	24	25	26	27	28	29	30	31	32	33	34	35
數	20	14	15	19	25	25	23	14	15	10	4	2	5	4	0	1

기독교청년회관의 음악회는 대체로 조선인을 대상으로 하는 경향이 짙었으며 크게 두 가지 양상으로 구분되었다. 음악회는 음악공연을 목적으로 하는 음악회와 강연회, 모임 등 다른 목적을 가지고 개최되는 음악회로 나눌 수 있는데, 독주회, 독창회, 연주회라고 명시하여 그 제목에서 음악회의 내용을 알 수 있기도 했고, 명시된 주최나 출연진들의 정보로 음악회의 목적을 알 수도 있었다. 예를 들어, 음악무도대회, 음악강연회, 음악간친회, 문예강연회, 기념음악회 등의 이름으로 개최된 공연은 그 목적이 순수하게 심미적 음악 감상이 아닌 것을 알 수 있었고, 모금을 위한 구제음악회, 위안음악회 등의 이름으로 개최되기도 하였다. 음악회라는 명칭을 갖고 개최되었던 이러한 다양한 공연 모임은 음악이 당시 경성인들의 일상과 점층적으로 관계를 맺기 시작했음을 보여준다.

음악회는 보통 저녁 7시에서 8시 사이에 시작되어 10시에서 11시 사이에 끝났다. 전차는 보통 새벽 5시부터 자정이 넘은 0시 30분까지 운행하였기 때문에 사람들은 밤늦게 음악회가 끝나도 교통편을 걱정하지 않아도 되었다.김영근, 106면 입장료는 1원에서 2원

〈그림 7〉 기독교청년회관의 코리아재즈밴드 공연 모습

이 가장 많았으며, 대부분의 음악회는 학생 할인이 있었다. 1920년 6월 9일에 열린 경성악대 원찬음악대회 광고에는 학교 정모正帽를 쓰고 오거나 트레머리를 하고 오는 사람들에게 학생권을 발행한다고 명시하고 있어 학생 할인의 요건을 알 수 있다. 그러나 음악회 개최가 공지되었어도 여러 가지 사정으로 취소, 연기, 금지, 중지되는 경우 허다했다. 이러한 이유는 전기 공급이 안 되어, 많은 비가 내려서, 연주자의 교통편에 문제가 생겨서, 총독부의 허가를 못 받아서 등등 당시 열악한 사회적 현실을 반영하듯 다양하게 나타난다. 곽정선郭正善의 첼로 공연은 "비로 말미암아 악기를 나를 수가 없어 출연을 중지"하였다.「수해구제음악회」,『동아일보』, 1925.7.21

불충분한 기록으로 인하여 출연진의 명단을 전체적으로 파악하기는 어렵지만, 언론을 통해 초기 음악회는 전문음악가와 비전문가가 함께 출연하는 '학예 발표회' 수준의 음악회가 주를 이루었으며 후반으로 갈수록 점차 비전문가의 출연이 감소하는 것을 확인할 수 있다. 당시 전문음악가가 출연하는 음악회라도 조선인 음악가, 재조외국인 음악가, 해외연주가, 음악 단체, 학생단체들로 다양한 그룹이 참여했다. 경성에서 활동하던 음악가들은 여러 음악회에 번갈아 가며 출연하였고, 대표적인 양악 전문음악가로 홍난파, 최호영崔虎永, 1900~1939, 박경호, 안병소, 안기영安基永, 1900~1980, 고봉경高鳳京, 1906~미상, 김영환, 백명곤白命坤, 1905~?, 한기주韓琦柱, 1898?~?, 윤심덕尹心德, 1897~1926, 이인선李寅善, 1906~1960, 독고선獨孤璇, 김재호金載鎬, 임배세林培世, 1897~1999, 박태원朴泰元, 1897~1921, 김원복, 김형준, 윤기성尹基誠, 계정식, 홍재유洪載裕 등이 있었다. 조선음악을 하는 이동백李東伯, 1867~1949, 김계선金桂善, 1891~1943, 고익상高益相, 박춘제朴春載, 1883~1950 등이 서양식 음악회에 양악 음악가들과 함께 출연하는 일도 잦았다. 외국인 출연진은 대부분 선교사나 선교사의 가족인 경우가 많았는데 단독으로 공연하기보다는 조선인 음악가의 공연에 찬조 출연하거나 합동 공연하는 형식이었다. 감리교 신학교장 빌링스B.W.Billings 박사를 비롯하여 꼴문Gorman, 룻스Lutz, 부스Boots, 콕Cocke,

아펜젤러Apenzeller, 후스Huss, 스투데니Studeny 등의 이름이 홍보물에 자주 보인다. 해외연주가로는 유겸자柳兼子, 야나기 가네코, 1892~1984, 흑인 성악단, 일본하모니카음악단 등이 내한 공연을 하였다. 연주단체는 경성악대, 중앙악우회, 연악회, 코리아재즈밴드 등이 있었고 학생단체는 이전합창단, 보전현악대, 배재악대, 근화코러스, 조선정악전습소, 해삼위학생음악단, 동경음악학교 음악단, 하와이학생음악단, 동지사同志社대학 여자합창대 등이 있었다.

주최자로는 조선음악협회, 조선가요협회, 경성악대, 연악회 등의 음악 단체나 조선학생회, 서울청년회, 근우회, 의화소년회 등의 학생 및 청년들의 사회계몽단체, 안국동교회 내 시온회, 남녀학생 기독교청년회협회, 예수교연합회, 엡워스Epworth 청년회 등 기독교 관련 단체들이 많았다.

눈에 띄는 점은 베토벤Ludwig van Beethoven, 1770~1827 탄생 기념음악회나 레코드 음악회, 마티네matinée콘서트, 시청회, 작곡 감상회와 같은 새로운 형태의 음악공연 시도했다는 것인데, 그럼에도 불구하고 조선인 중심의 음악회는 전문음악인 위주의 음악회라기보다 아마추어 발표회 형태가 대부분을 차지하며, 순수하게 음악을 듣는 것이 목적이 아닌 다른 기대효과를 목적으로 하는 공연이 위주로 보인다. 조선인 중심의 음악회는 심미적 기능보다 사회적 기능이 더 컸다고 판단되는데, 음악평론가 김관金管, 생몰년 미상도 음악회가 "사회의 좋은 오락용구로서 어리광 노릇을 하"김관, 1935.5는 도시 경험의 목적이 앞섰다고 논평하였다.

1920년대 조선인 중심 음악회장에서 일본인으로 유일하게 유겸자가 독창회를 열었는데 이는 매우 의례적인 경우였다. 그녀의 음악회는 민예 운동가인 남편 유종렬柳宗悅, 야나기 무네요시, 1889~1961의 조선민속미술관 설립모금을 지원하기 위하여 개최됐으며, 조선인이 만든 신생 신문사 『동아일보』가 주최하고 조선의 엘리트라 할 수 있는 『폐허廢墟』 동인들의 적극적인 협조로 이루어졌다. 언론을 통해 야나기 가네코라는 일본식 이름 대신 유겸자라는 한자 이름을 사용하였고, 일본인이지만 조선 예술을 사랑하고 조선을 위해 일하는 예술가 부부로 홍보하여 후원과 광고도 엄청났다. 민태원閔泰瑗, 1894~1935은 『폐허』에 유겸자의 내경內京 음악회를 소설화하여 단편소설 「음악회」1921를 발표하기도 했다. 일본의 음악학자 후지이 코키藤井浩基는 이 음악회를 일본인이 조선의 음악문화에 본격적으로 관여하기 시작한 중요한 발판으로 보면서 이를 계기로 조선음악계에 일본인의 적극적인 참여를 이끌었다고 평가하였다.藤井浩基, 260쪽

조선을 찾은 학생음악단으로 러시아의 상트 페테르부르크Saint Petersburg 음악원 학생들과 블라디보스토크Vladivostok 원동遠東 대학현 극동국립대학교 학생들을 중심으로 음악이나 무용에 재능 있는 학생들을 모아 만든 해삼위海參崴, 블라디보스토크 학생음악단이 있었다. 해삼위가 러시아의 지방 도시였지만, 학생들의 음악·무용 수준은 경성보다 훌륭했으며, 교포들의 어려운 상황을 알리고자 조선에 공연을 온 이들을 향한 조선인들의 관심과 인기는 폭발적이었다.박용구, 77~81면 홍난파도 이들의 전국 순회공연으로 인해 젊은이들의 음악열이

굉장히 높아졌다고 할 만큼 이 공연은 대단한 흥행이었다.홍난파, 1940.5.21 학생음악단이 인기를 얻자, 해삼위동포연예단도 공연을 위해 식민지조선에 왔다. 1921년 1차 연예단은 조택원趙澤元, 1907~1976의 스승인 시몬 박본명 박세면(朴世冕)을 단장으로 11명의 학생이 방문하였고 다음 해인 1922년 전문가 21명의 공연단을 만들어 4월에 내한하여 8월 중순까지 전국의 34개 이상의 도시에서 40회 이상 공연을 하였다.박용구, 86면 이렇게 해외에 거주하는 우리 민족의 후손들이 음악회를 개최하면 조선인들은 음악회를 찾아 그들을 격려하고 위안하였다. 음악회장이 민족의 결집을 강화하는 장소로도 작동하였다.

〈그림 8〉 1920년대 유겸자 음악회

홍난파는 1924년 한 해의 음악공연을 회고하면서 "작년도 총계를 보면 칠팔 양 월을 제하고도 십 개월간에 경성에 열린 음악회 수가 내외국인을 합하여 삼십 회란 큰 수를 넘었"홍난파, 1925.1.1다고 기록한다. 필자가 정리한 부록의 기독교청년회관과 경성공회당의 음

경성공회당 외관

경성공회당 내부

〈그림 9〉 경성공회당 외관과 내부 모습

악회 목록을 보아도 1924년에는 기독교청년회관 25회, 경성공회당 7회, 총 32회의 공연이 개최되어 홍난파가 말하는 공연이 주로 기독교청년회관 공연을 언급하는 것이라고 봐도 무방할 것이다. "경성 안에서 더구나 십 인을 넘지 못하는 악가樂家 중에서 매월 평균 삼 회의 음악회가 있"을 만큼 소수의 음악가가 음악회마다 자주 출연했고, 그마저도 "십의 팔, 구는 모두 음악계에 하등의 관련이 없는 단체의 영리적이나 수단적 흥행"에 의해 개최되어 "어느 사회의 경영에도 음악회, 어떤 강습소 경비 보충에도 음악회, 무슨 회에서도 음악회 ……. 강습회나 토론회가 고물이 되어가는 대신으로 걸핏하면 언필칭 음악회라 하"는 것이 유행하였다.홍난파, 1924.7.7 · 1925.1.1

2) 혼마치 경성공회당

경성공회당은 1920년에 완공된 경성상공회의소 2층에 있는 강당으로, 장곡천정長谷川町에 위치하여 혼마치와 근접했다. 장곡천정이라는 지명은 제2대 조선 총독이었던 하세가와 요시미치長谷川好道, 1850~1924의 이름을 따서 명명됐다. 따라서 장곡천 거리에 있던 경성공회당은 장곡천정공회당 또는 하세가와공회당이라고도 불렸다. 건물 지하에는 경성식당, 맞은편에는 조선호텔이 있었고, 경성역과 일본인 중심지의 거리도 가까워 이곳에서 재조일본인을 비롯하여 경성을 드나드는 외국인을 위한 행사가 빈번히 열렸다. 또한 이곳은 경성에서 조선인과 일본인 양측이 모두 사용하는 유일한 공회당으로서, 다양한 공연과 행사, 모임이 있었다. 이 건물은 당시 경성에서 건축사무소를 경영하며 식민지조선의 주요 건물들을 설계한 나카무라 요시헤이中村與資平, 1880~1963가 맡았으며, 외부가 벽돌로 이루어진 르네상스식 건축물로 지어졌다. 1919년 3월 6일 공사를 시작하여 1920년 7월 10일 낙성식을 개최하였다.「경성공회당의 낙성식」, 『동아일보』, 1920.7.12

경성상공회의소는 1915년에 상공인의 발전과 산업발전을 목표로 하는 동시에 조선 상공업계의 통제를 위해 조선인과 일본인이 함께 만든 상인단체였다. 그러나 조선인에게 경성상공회의소의 진입은 쉽지 않았다. 일본인 중심지에 있다는 지리적 위용은 배제하더라도, 경성상공회의소에서 조선인 상공인을 제외한 일본인 상공인 중심의 비밀회의가 진행되고,황병주, 293~294면 이후 조선인 상공단체가 따로 만들어진 것은 경성상공회의소가 일본인을 중심으로 한 단체였음을 짐작할 수 있게 한다.목수현, 255면

기독교청년회관의 객석은 일렬로 여러 명이 나란히 앉던 나무 벤치였던 반면, 경성공회당의 좌석은 한 사람씩 앉는 등藤의자여서 기독교청년회관에 비해 관람자에게 독립된 공간을 제공했다. 등의자가 일본의 또 다른 식민지인 대만과 관련 있다는 점에서 그들이 이러한 공적 장소를 일본인이 지배하는 주요 공간으로 다시 한번 촉각적, 시각적 각인을 시켜주는 역할을 하였다고 볼 수 있다. 강당의 크기는 대략 140여 평이며, 김영환은 약 500석 정도로 기억하고,이유선, 134면 이혜구는 약 300석 정도로 기록한 것을 보아,이혜구, 27면 현재 연세대학교 신촌캠퍼스에 있는 390석의 금호아트홀과

비교했을 때 비슷한 크기로, 실내악 연주에 적합한 규모였던 것으로 생각된다. 경성공회당은 개관할 때부터 입장료를 받지 않는 연예회는 주간 20원, 야간 40원, 입장료를 받는 연예회는 주간 25원, 야간 50원으로 대관료를 책정했다.

당시 경성에는 음악회 전용 공간이 없었던 까닭에 경성공회당은 음악회장의 역할을 충실히 이행했다. 김영환이 하이페츠Jascha Heifetz, 1901~1987의 독주회를 성사시켰을 때, 장소는 "하나뿐인 장곡천정공회당으로 정했"이유선, 134면고, 일본인 음악가와 서양인 음악가의 공연은 거의 경성공회당에서 개최되었다. 김영환의 회고에 따르면 이곳의 관객 역시 대부분 일본인과 외국인이었다고 한다.김영환, 109면

경성공회당에서는 1920년부터 1935년까지 16년간 총 약 193회의 공연이 열렸다.<부록 2> 참조 전체적인 개최 횟수는 기독교청년회관에서 개최된 음악회와 비슷하다. 그러나 경성공회당의 음악회는 1920년대 중반부터 꾸준히 증가하여 1930년대에도 큰 변동 없이 음악회가 지속되었다는 사실을 알 수 있다. 기독교청년회관의 음악회가 1930년대 급격히 감소하는 모습과는 완연히 다른 차이를 확인할 수 있다. 이것은 경성공회당이 개관 이래 꾸준하게 음악회장의 역할을 수행했음을 보여준다.

〈표 2〉 경성공회당의 음악회 연도별 개최 횟수 연도 기준 : 1900년대

年	20	21	22	23	24	25	26	27	28	29	30	31	32	33	34	35
數	2	8	5	12	7	7	12	16	15	16	9	13	18	19	20	14

〈그림 10〉 경성공회당에서 열린 크로이쳐 음악회 티켓

경성공회당 음악회에는 조선인, 일본인, 서양인 각국의 음악가가 골고루 참여하였다. 크라이슬러Fritz Kreisler, 1875~1962, 하이페츠, 짐발리스트Efrem Zimbalist, 1889~1985 등 세계적인 음악가들의 음악회는 그들이 아시아 순회 연주를 위해 일본과 중국에서 음악회를 개최할 때 조선을 경유하면서 열리는 경우가 대부분이었다. 일본인 음악가들은 경성에 오면 당연히 일본인 중심지인 이곳에서 음악회를 개최하였고, 1920년대 후반으로 갈수록 해외로 유학을 다녀온 조선인 음악가들도 경성공회당에서 종종 음악회를 개최하였다.

음악회는 기독교청년회관과 비슷하게 저녁 7시에서 8시에 시작된 경우가 많았다. 경성공회당의 음악회는 전문음악가들의 출연이 많아 기독교청년회관의 음악회에 비해 상대적으로 음악적 수준이 높았음에도 불구하고 입장료는 기독교청년회관과 큰 차이가 없었다. 경성공회당의 음악회 입장료는 일본 화폐단위인 엔화로 표시되는 경우가 간혹 있었는데, 식민지조선의 1원과 일본의 1

엔은 등가等價였기 때문에, 입장료는 1원, 2원 혹은 1엔, 2엔으로 표시되기도 하였다.아카마 기후, 180면

출연자로는 전문음악가가 압도적이었다. 위에서 언급한 음악가들 외에도 에드워드 존슨Edward Johnson, 1878~1959, 앙리 질 마쇼Henri Gil-Marchex, 1894~1970, 자크 티보Jacques Thibaud, 1880~1953, 레오니드 크로이처Leonid Kreutzer, 1884~1953 등의 독주회가 개최되었고, 유겸자, 야마다 코사쿠山田耕筰, 1886~1965, 후지와라 요시에藤原義江, 1898~1976, 미우라 다마키三浦環, 1884~1946 등 일본에서도 손꼽히는 음악가들이 경성공회당을 찾았다. 계정식, 김문보金文輔, 1900~?, 김재훈, 안익태安益泰, 1906~1965, 현제명, 채동선, 홍난파, 고봉경, 안병소, 전형철全鎣喆, 박경호, 정훈모, 곽정순郭正淳, 1910~?, 윤극영, 김해金海, 김영길金永吉, 1909~1985 등 조선과 일본에서 활약하는 조선인 음악가들의 개인 음악회도 경성공회당에서 활발하게 진행되었다. 음악부의 활동이 두드러지는 연희전문, 이화전문, 숭실전문, 경성제대, 경성보육학교, 중앙보육학교, 숙명여고, 서양인학교 등의 학교 단체 음악회나 조선음악가협회, 중앙악우회, 경성관현악단 등의 연주단체 음악회 외에 해외학생음악단, 기독교단체 음악회도 여기에서 개최되었다.

주최자를 보면 일본인 중심의 국제친화회, 경성메소디스트methodist교회 성악단, 경성일보사, 오사카 조일朝日신문사, 경성음악동호회, 경성기독교청년회, 경성악우회 등과 조선인 중심의 중앙보육학교, 경성보육학교, 연희전문, 이화여전, 진명여고, 숙명여고, 이화여고보, 동아일보사, 조선중앙일보사 등, 서양인 중심의 서양

짐발리스트　　　　하이페츠

〈그림 11〉 경성공회당에서 연주한 해외 유명연주자들

인학교, 구세군, 기독교 단체 등이 있었다. 일본 측은 주로 신문사나 경성에 주재한 기독교 단체의 활동이 많았고, 조선 측은 학교나 신문사가 중심이 되었다. 그 외에 야마구치 악기점이나 일본축음기회사 등 음악 관련 상점에서도 음악회를 주최하였다.

〈그림 11〉을 보면, 『경성일보』는 해외 유명 음악가의 공연을 사진과 함께 대서특필하였다. 관객의 대부분도 일본 의상을 입고 있다. 조선인들이 주로 보는 『동아일보』나 『매일신보』에서는 같은 내용을 이렇게까지 크게 보도하지 않았다. 해외 유명 음악가들의 공연은 재조일본인들에게 더 큰 관심을 받았다. 그러나 크라이슬러의 공연을 본 메리 테일러Mary Linley Taylor, 1889~1982[3]의 회고를 보면,

3 금광 기술자였던 앨버트 테일러(Albert Taylor, 1875~1948)의 부인으로, 1917년 6월 인도에서 결혼하고 1917년 9월 경성으로 왔다. 남편 앨버트 테일러는 1919년 2월 미연합통신(UPA : United Press of America) 특파원으로 임명되었고, 아들 브루스(Bruce)를 낳을 때 간호사가 침대 밑에 숨겨둔 3·1독립선언서를 발견하여 제암리학살사건 등과 함께 세상에 알렸다. 이 부부가 1923년에

"프리츠 크라이슬러가 거기서조선호텔—인용자 빌린 바이올린으로 연습을 하고 있었다. 날씨가 너무 덥고 습해서 조율도 할 수 없었을 뿐더러, 그 귀한 자기 바이올린을 그런 환경에 내놓고 싶지 않았던 것"메리 린리 테일러, 312면이라고 적고 있다. 이는 서양인인 메리 테일러나 크라이슬러의 관점에서는 서로 이해할 수 있는 동양에 대한 태도였다. 재조일본인들은 자신들이 조선인보다 음악적 수준이 높다고 생각할지언정 서양인 음악가에게는 청중이 조선인이나 일본인이나 그저 똑같은 동양인이었다.

홍난파는 기독교청년회관에서 주최한 연주회 평을 쓰면서 연주가 안 좋았던 이유로 "제일로 장소가 음악연주에 부적한 관계"라고 하며, "경성에는 아직까지 적당한 연주당이 없기도 하지마는 지금 형편으로 보아서는 공회당만한 곳도 없을 것 같다. 음성의 관계나 조명 여하는 고사하고라도 (이것이 제일 중요한 문제이지마는) 첫째 종용從容한 공회당이 없다는 말"홍난파, 1931.1이라며 경성공회당이 경성에서 가장 내세울 만한 음악회장이라는 사실을 언급하였다. 그러나 단지 경성공화당의 외형적 조건이 기독교청년회관과 달랐다고만 결론 내기에는 무언가 석연치 않다. 경성에서 열리는 음악회가 음악회장이라는 공간을 통해 일본인 / 조선인, 고급 / 저급의 이분법적 잣대로 나뉘었기 때문이다. 이것은 음악회마저도 일본인이 중심이 되고 조선인이 주변부가 되는 상황인 것이다. 음악문화

지어 살던 종로구 행촌동의 딜쿠샤(Dilkusha)는 현재 서울시에 의해 복원 후 개방되었다.

까지 지배국과 식민지 간의 도식이 그려졌다.

3) 종교시설과 공공시설

(1) 천도교당

천도교는 1860년을 포덕布德 원년元年으로 하여 새로운 문화 교체를 목표로 발생한 종교이다. '한울님'의 계시로 도의 이름은 '천도天道', 학문으로는 '동학東學'이라 하였다. 천도교를 창도한 대신사大神師 수운 최제우水雲 崔濟愚, 1824~1864부터 최시형崔時亨, 1827~1898, 손병희孫秉熙, 1861~1922 등이 교주를 지냈다. '사람이 곧 한울'이라는 천도교의 핵심 사상인 인내천人乃天 사상은 인간의 자유와 평등을 최우선으로 하는 근대적 인간 주체사상으로, 교인들은 민중 중심의 민족신문화창조를 위해 노력하며 사회개혁운동에 심혈을 기울였다. 이들은 갑오동학혁명운동1894, 갑진개화혁신운동1904을 비롯하여 3·1독립운동1919과 이후 항일운동, 6·10만세운동1926에 이르기까지 전全민족적 시위운동을 계획하며 민족운동을 펼쳤다.

당시 조선 종교 중 가장 많은 신도 수를 자랑하던엘라수 와그너, 170면 천도교의 문화운동은 대단히 열정적이었다. 천도교는 고려대학교 전신인 보성전문학교普成專門學校, 동덕여자대학교의 전신인 동덕여자의숙同德女子義塾을 비롯하여 31개의 학교의 운영에 직·간접적으로 관여하였고, 야학과 강습소 등을 설립하여 계몽운동과 학교 교육을 실시했으며, 박문사博文社, 창신사彰新社, 보성사普成社 등의 인쇄소를 운영하여 3·1운동에 사용한 독립선언서를 직접 인쇄하였고,

일간신문 『만세보萬歲報』, 월간지 『천도교회월보天道敎會月報』, 『신인간新人間』, 『개벽開闢』, 『어린이』, 『조선농민朝鮮農民』, 『부인婦人』, 『신여성新女性』, 『자수自修대학강의』, 『별건곤別乾坤』, 『혜성慧星』, 『학생學生』, 『새벗』, 『제일선第一線』, 『신경제新經濟』 등을 발행하였다. 문화운동의 일환인 천도교 청년당의 청년운동을 필두로 농민운동, 노동부의 노동운동, 천도교 내수단內修團의 여성운동, 어린이운동까지 천교도는 각 부문별로 주도적인 문화운동을 펼쳐나갔다. 천도교중앙총부, 179~207면

> 종리원은 교회와 청년당의 사무소인데 천도교 청년당을 비롯하여 소년연합회, 학생회 본부, 사월회 본부, 내수단 본부, 조선농민사 본부 등 전조선적 기관의 총본영이 7, 8이나 들어앉아서 여기서 모든 계획을 해내고 있으며 이 집안에서 매월 발행되는 잡지만 6, 7종이 있어 매월 6만여 부를 내보내고 있으니 참말 거룩한 기관고機關庫라 할 집이라네.
>
> 일기자, 『이일동안에 서울구경 골고로 하는 법』, 1929.9

천도교는 1920년대에 두 개의 문화공간을 지어 경성의 문화 발전에 공헌하였다. 먼저 건축된 천도교중앙대교당은 손병희에 의해 건립이 추진되었다. 1918년에 공사를 시작하여 원래는 1920년 4월에 낙성할 계획이었으나 3·1운동으로 지체된 공사를 1920년 2월부터 다시 진행해 1920년 12월에 준공하였고 1921년부터 사용

하였다. 공사비는 교인들이 10원씩 성금을 내어 약 30만 원을 모아 보탰다. 중앙대교당의 설계는 경성상공회의소를 설계한 나카무라 요시헤이가 맡았고 시공은 중국화상총회장 장시영張時英이 담당했다. 130평의 규모는 2천여 명 정도를 수용할 수 있다고 하는데, 아마도 의자를 두지 않고 마룻바닥에 앉는 형태였기 때문에 가능한 인원이었을 것이고, 강당 내부에는 기둥을 두지 않아 어디에 앉아도 연단을 잘 볼 수 있었다.

> 천도교당-공원파고다-인용자 윗 골목으로 북으로 4~5정丁 올라가면 굉장히 넓은 마당에 굉장히 높고 큰 양옥건축이 세 채나 있는 곳. 여기가 천도교중앙교당이요 중앙종리원이요 또 기념관일세. 경성 안에서 조선 사람의 힘으로만 지은 집 중에 제일 큰 건물이니 결국 조선에서 제일 큰 집이 아닌가. 350여 만의 도인道人을 가진 교단教團이라 참말 굉장한 건물일세. 교당 하나에만 26만 원을 들여서 기미년에 지었는데 중간 기둥 하나 없이 벌판曠野같이 넓은 집에 2천여 명을 편안히 들여앉히니 굉장하지 않은가. 또 이 교당 앞 높은 다락은 5층 누각이나 되는데 저기 올라가서 유리창을 열어 놓고 내려다보면 경성 일원一圓이 바둑판같이 조그맣게 내려다보인다네.
>
> 일기자, 『이일동안에 서울구경 골고로 하는 법』, 1929.9

이후 대신사 수운 최제우의 탄생 100주년을 기념하여 1924년에 건축한 대신사출세백년기념관이하 수운기념관은 연건평 160평의 1

〈그림 12〉 천도교당의 내부

천 명 이상을 수용하는 규모로, 바닥에 앉는 기념관과 달리 의자를 놓았으며, 정치, 종교와 상관없이 어떠한 단체든 제한을 두지 않고 무료로 개방하였다.

> 이 앞에 길가에 지은 기념관은 이 교회 교조 수운선생의 백 년 기념 때 기념사업으로 일반 사회에서 무슨 일이든지 쓰도록 지은 집인데 상하층 의자에 1,400명을 수용하고 연단이 넓어서 강연, 음악은 물론이요 연극, 유도, 권투까지 활동사진 영사까지 할 수 있게 설비가 빠진 것이 없어서 어느 대회고 어느 총회까지 조선 사람 측의 사회적 논의는 거의 모두 이 집에서 열리네그려.
>
> 일기자, 『이일동안에 서울구경 골고로 하는 법』, 1929.9

천도교 중앙대교당과 수운기념관은 집회, 강연회, 음악회, 무용발표회, 실내운동회 등 강당이 필요한 사회활동에 적극적으로 장소를 제공하였다.

천도교는 음악 부문에도 영향을 주었다. 특히 천도교가 어린이운동을 주요 사업으로 하여 동요의 발전에 크게 이바지한 것은 중요한 업적이다. 천도교는 어린이를 인격체로 존중하고자 '어린이'라는 용어를 탄생시키고 『어린이』 잡지를 만들어 보급하였다. 동덕여고보에서 음악을 가르치던 정순철鄭順哲, 鄭淳哲, 1901~?과 방정환方定煥, 1899~1931 등의 어린이운동 선구자들은 어린이들의 정서에 맞는 어린이 노래를 만들어 유행가밖에 부를 노래가 없던 어린이들에게 동요를 통하여 계몽의식과 어린이다움을 고취하려 노력하였다. 정순철 작곡, 방정환 작사의 노래는 〈늙은 잠자리〉, 〈눈〉, 〈나뭇잎 배〉, 〈여름비〉 등이 있으며, 이들이 주도한 『어린이』 잡지에 여러 작사가와 작곡가들이 만든 많은 동요가 수록되어 있다. 이들은 도쿄에서 같은 시기 유학하면서 손진태孫晉泰, 1900~?, 진장섭秦長燮, 1904~?, 윤극영尹克榮, 1903~1988 등과 함께 '색동회'를 조직하여 어린이운동에 더욱 힘썼다.

천도교의 시일식예배나 미사 같은 의식에서 부르던 천덕송天德頌은 천도교의 경전 내용을 가사로 하여 만든 노래로, 기독교의 찬송가나 불교의 찬불가처럼 천도교인들이 함께 부르는 노래이다. 초기 천덕송은 총 30개의 노래로 이루어져 있다. 천덕송은 1906년에 가사집으로만 발행되었고, 1910년대에 숫자보로 만들어졌으며, 1931년에 오선보 악보로 재발행 되었다. 1941년에 이르면 그 시기 가장 주목받던 음악가 홍난파, 현제명, 안기영安基永, 1900~1980이 천덕송의 새로운 가사에 맞추어 노래를 작곡하였다.

천도교의 고등교육전문기관인 종학원宗學院에서는 예과와 속성과 교과목에 모두 음악을 포함하였다. 1920년 4월에 설립된 천도교청년회에는 음악부를 두었고, 1922년에 조직된 천도교여자청년회의 여성들은 음악부 강습에 참여해 성악, 풍금, 바이올린을 배웠다.조규태, 195~196 · 207~208면

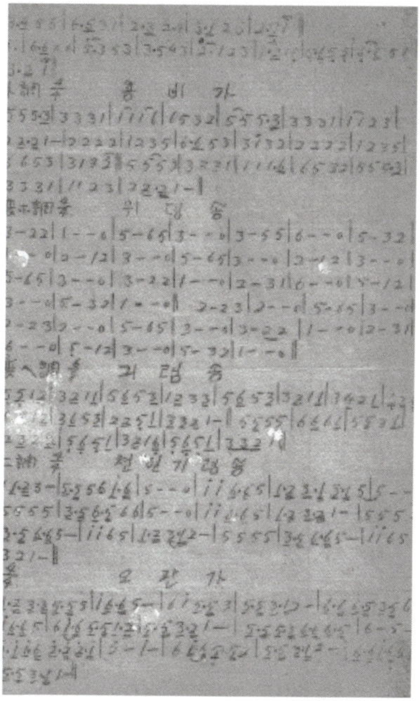

〈그림 13〉
1910년대로 추정되는 천덕송의 숫자보

천도교당에서 개최된 음악회는 기독교청년회관과 마찬가지로 대체로 조선인을 중심으로 이루어졌고, 1930년대는 음악회장으로서의 기능이 축소된 것으로 보인다.<부록 3> 참조 천도교당의 음악회는 전문음악인의 음악회보다 발표회 형식의 대중을 위한 오락 기능이 주요 목적이었다. 그리고 조선인을 중심으로 하는 대부분의 집회는 강연회와 여흥—음악, 무도, 연극 등—이 함께 이루어졌는데, 강연회는 천도교당에서 주로 열렸던 반면, 식후 순서는 기독교청년회관에서 열린 경우가 많아, 기독교청년회관에 비해 음악회의 개최 횟수가 적었다. 전문적인 음악회보다는 어린이 관련 행

사나 동요대회 등이 주로 열려 동요나 동극, 동화를 자주 다루었고, 주최도 어린이 잡지를 주관하는 어린이사社나 별나라사社 혹은 청년회나 노동단체들로 확인된다. 천도교당의 음악회는 개최 횟수가 많지는 않았지만, 조선인을 하나의 공간으로 모아 노래를 통해 애국심을 고취시키고 모든 연령에 음악을 보급하였다. 조선인들에게 천도교당은 민족의 화합과 결속의 공간으로 각인되었다.

(2) 예배당

기독교는 조선에 양악이 전파되는 중요한 통로 중 하나였다. 기독교에서 음악은 예배를 위해 필수불가결한 요소로, 기독교의 음악회는 넓은 의미에서 예배의 확장이라 할 수 있다. 예배당의 선교사들은 음악을 전공하지 않았어도, 어느 정도 음악적 소양을 갖추고 있어 풍금을 치거나 찬송가를 부르며 음악을 전파했다. 이에 영향을 받은 기독교인 중에서 음악가들이 대거 탄생하여 조선의 음악문화에 핵심적인 역할을 하였다.

식민지조선의 예배당은 종교적 신념이 있지 않아도, 신문화의 통로이자 남녀 교류의 장으로 호기심에 찾아가는 사람들이 많았다. "어느 예배당에 어느 평판 있는 미인 여학생이 예배당 보러 다니기 때문에 그 뒤를 쫓아다니는 얄궂은 젊은 신사, 장난꾼이 중학생, 전문학생들이 들이밀리어 예배당이 툭 터질 만큼 만장의 성황"YYY, 1926.12이었다. 예배당마다 음악회가 열려, 주요 예배당은 새로운 문화공간으로 인식되기도 하였다.

인사동 137번지에 있는 승동예배당은 현재의 승동교회로, 1893년 북장로교 선교사 무어Samuel F. Moore, 1860~1906의 예배당에서 시작되었다. 사회에서 소외당하던 천민을 대상으로 전도하여 백정교회라 불리기도 하였다. 이 교회 초대 장로였던 백정 박성춘朴晟春, 1862~1933의 아들이 기독교청년회관에서 음악을 가르쳤던 의사 박서양이다. 승동예배당은 구세군의 군악 연주에 구세군가를 부르며 예배를 드렸다.

쑥 들어서니 높은 돌층대 위아래는 붉은 줄에 구세군 휘장을 모자와 목에 딱딱 붙인 조선사람, 서양사람 뒤섞여 야단이다. 어찌 보면 용장한 군영에 들어선 듯한 생각도 나는데, 다시 보면 거룩한 하느님의 성덕을 찬송하는 데는 살풍경이 너무 심한 것도 같았다. (…중략…) 특별 구세군가 한 권을 얻어 들고 아래층으로 들어가니 (…중략…) 예배가 시작되며 군악이 울리고 서양사람이 사회하고 조선 사람이 통역하고 찬송가를 부른다는 것이 어째 의논이 귀일치를 아니했던지 처음에 20장을 부르다가 틀렸다고 섭섭하다고 하여 22장으로 옮겨갔다.

YYY, 『성서 안들고 예배당순례』, 1926.12

정동예배당은 현재의 정동제일감리교회로, 1885년 감리교 선교사 아펜젤러H. G. Appenzeller, 1858~1902가 세웠다. 초기에는 벧엘예배당Bethel Chapel으로 불렸다. 풍금에 맞춰 찬송가를 부르는 예배 시간에는 "한편에 남자, 한편에 여자, 그런데 여자 편에는 이화학교의

修業證書
朴逸星
昭和四年叁月貳拾貳日生
右者本園에서一箇年間
保育을修了ᄒᆞ얏기玆에
此를證ᄒᆞᆷ
昭和拾壹年叁月拾九日
中央幼稚園長富樂奇
第拾叁回
第叁九四號

〈그림 14〉 중앙유치원 졸업장

학생이 대부분인 듯"YYY, 1926.12하다고 하니 남녀가 위치를 나누어 따로 착석하였으며, 교회 옆에 배재학당과 이화학당이 있어서 학생 신도가 많았던 것 같다. 이곳에서 활동한 초기 음악가들이 조선의 양악 수용에도 큰 공헌을 하였다.

> 성경 찬송가를 옆에 끼고 청년, 남학생, 여학생들이 하나씩 둘씩 교당 문을 향하여 들어간다. (…중략…) 풍금이 울리자 붉은 목도리에 머리 따 늘인 여학생들의 찬미 소리가 아랑한 것이나하며 아무리 하여도 시끄럽고 착란스러운 세상물결이나 사회바람이 이곳 안에는 침입을 아니 하고 따로 떨어져 있는 세상과 같이만 보였다.
>
> YYY, 『성서 안들고 예배당순례』, 1926.12

종로의 중앙예배당은 아펜젤러가 정동예배당에 이어 1890년에 세운 교회이다. 한옥에서 예배를 드리기 시작하였으며, 종로교회로 불리기도 하였다. 1916년에 만들어진 교회 안의 중앙유치원은 후에 중앙보육학교가 되었다.

1936년소화 11년 중앙유치원 졸업장에는 바이올린, 북, 심벌즈, 라켓 등 다양한 서구식 표징이 들어있다. 선교사의 지도로 서양식 유아교육을 받은 유치원생들에게 이 증서는 서구로 나아가는 꿈을 꾸게 하였을 것이다. 예배 때 찬송가 반주로 피아노가 사용되었다.

> 조그만 대문에 중앙유치원, 종로여학교 문패가 달려있는 그 안이 바로 중앙예배당이다. 아무 배경도, 아무 배치도 없이 조그만 문 안으로 머리를 숙이고 들어가면 바로 유치원 겸 예배당으로 쓰는 그 집이다. (…중략…) 피아노 높았다 낮았다 하는 곡조에 맞추어 찬송가 한 장으로 폐회를 하고 또다시 엡윗 청년회의 무슨 회가 열릴 모양이다.
>
> YYY, 『성서 안들고 예배당순례』, 1926.12

경성의 여러 교회에서 음악회가 열렸는데, 예배당 음악회는 다른 공연장에 비해 비교적 입장료가 저렴했다. 음악회가 자주 열리던 경성의 예배당으로는 조선인이 많이 다니는 구세군, 연동교회당, 묘동예배당, 수표교예배당, 동대문예배당, 자교예배당, 태화여자관 등과 일본기독교인을 중심으로 하는 경성기독교청년회관, 경성메소디스트교회, 중앙회중기독교회 등이 있으며 이곳에서 경성의 음악문화가 만들어졌다.<부록 4> 참조 박태원朴泰遠, 1909~1986의 이야기처럼 "마침 지나는 수표교예배당 안에서 풍금 소리가 들리는" 박태원, 344면 경성의 모습은 예배당의 음악 소리가 도처에 자리 잡게 되었다는 것을 의미한다.

예배당 음악회에서 주목할 점은 일본 기독교인들의 음악 활동이다. 경성의 혼마치 주위에 여러 일본인 기독교 단체가 있었는데, 경성에서 일본인 음악가나 서양인 음악가의 음악회를 주최할 때 이 단체들의 이름이 종종 눈에 띈다. 이들은 외국인 선교사 그룹과는 별도로 일본의 기독교단을 중심으로 따로 조직되어, 경성 안에서 그들만의 음악문화를 구축하였다. 그중 남산에 있던 경성메소디스트교회는 재조일본인 음악계에서 가장 큰 영향력을 행사한 것으로 보인다. 1904년 5월 22일, 남산에 문을 연 이 교회는 일본인 목사를 위시하여 성도가 500명이 넘었다. 이 교회는 음악가를 초청하거나 직접 음악회를 개최하는 등 다른 종교집단에 비해 양악에 많은 관심을 기울였다.藤井龜若, 83면 특히 감리교 선교사 스미스Smith, スミス 박사는 시카고대학 문과 출신으로 음악을 배운 적이 있으며, 1913년부터 경성에 정착하여 경성에서 음악을 좋아하는 외국인들이 모여 만든 합창단의 수장 역할을 하였다. 그는 '일본적으로 과시할 만한 음악가'靑澤窕路, 1922.11로 독창회를 여는 등 성악가로도 활동하며 경성의 여러 음악회에 출연하였고, 강연회도 자주 열었으며, 「가정과 음악家庭と音樂」 등 음악과 관련된 글도 남겼다. 짐발리스트의 경성 공연 때, 짐발리스트에게 홍난파를 소개해 주었

〈그림 15〉 모리스홀 앞 단체사진

〈그림 16〉 김문보 독창회가 열린 모리스홀

고, 일본인 음악가들이 경성에서 음악회를 할 때 조력하며, 조일朝日 음악계의 소통이나 화합에 관여하였다.

(3) **학교**

식민지조선의 학교 교육에서 음악은 창가唱歌라는 하나의 교과목으로 중요한 역할을 하였다. 학교 강당에서 열리는 음악회는 규모가 작고 관객의 입장에 제한이 있었지만 학생들의 사기진작을 목적으로 주로 학예회나 음악 발표회 등의 형식으로 개최되었고, 외국인학교 모리스 홀이나 이화여전 강당은 전문음악가들의 소규모 공연에 활용되기도 하였다. 특히 정동에 외국인 선교사들이 세운 학교가 모여 있었기 때문에 정동은 서양 음악문화 형성에 중요한 지역이었다.

모리스 홀

정동 17번지에 위치한 서울외국인학교The Seoul Foreign School는 굴뚝이 있는 빨간 벽돌로 지어진 지하 1층, 지상 2층의 건물이었다.

「육국 청년을 교육하는 국제적 서양인 학교」, 1932.4 모리스 홀Morris Hall은 2층에 위치하였으며 1924년 만들어졌다. 홀이 크지 않아 개인 발표 음악회나 시연회, 감상회 등으로 애용되었고, 다양한 국적의 남녀노소 청중들이 참여하였다. 기독교인 사업가 모리스James H. Morris, 1871~1942가 기증하여 그의 이름을 따서 모리스 홀이라 불렀다. 모리스는 캐나다 출생의 미국시민권자로 1899년 경성에 와서 한성전기회사 부설 전차 관련 업무를 맡았다. 그외 광산업, 자동차 수입 및 램프 판매업 등을 하였고, 1924년 외국인을 대상으로 하는 연합교회 서울유니온교회Seoul Union Church와 서울외국인학교의 예배 및 행사를 위한 모리스홀을 기증하고 1938년 미국으로 돌아갔다. 특히 사진광이었던 모리스는 유니버셜 필름의 배급업을 하면서, 직접 조선의 모습을 담은 영상을 남기기도 하였다.

> 먼저 이층으로 올라갔다. 거기에는 약 백여 명을 수용할 만하게 넓은 홀이 있었고 그리고 목제 의자를 가득 펼쳐놓았다. 정면에는 강단講壇 같은 높고 넓은 대臺를 하여 놓았는데 들은 즉 여기서 '크리스마스'의 성탄제聖誕祭도 거행하며 또는 부활제復活祭도 거행하여 학생과 일반 외국인의 집회 장소로 쓴다고 한다.
>
> 「육국 청년(六國 靑年)을 교육(教育)하는 국제적 서양인 학교(國際的 西洋人 學校)」, 1932.4

모리스 홀이 있던 서울외국인학교는 1894년 개교되었고, 6개국의 학생 대부분이 각국 총영사의 자제나 외국회사 특파원의 자제들이었다. 외국인학교답게 서양음악 클럽이라 할 수 있는 음악부가 있었고 25종류의 악기를 갖춘 오케스트라도 조직될 만큼 학교 측에서 음악에 상당한 관심과 열정이 있었다.

모리스 홀의 음악회는 외국인학교 음악회와 전문음악가의 독창, 독주, 실내악 연주, 학생음악경연대회 무대로 사용되었다.<부록 5> 참조 전문음악가들을 초대하여 음악회를 개최하는 등의 높은 수준을 볼 때, 청중의 대부분이 이미 음악회 경험이 있는 외국인이었을 가능성에 무게를 둘 수 있다. 또한 외국인학교의 학생과 학부모, 근처 공사관의 외국인 부부 등의 유사 그룹peer group을 청중으로 원하는 연주자라면 모리스 홀을 음악회장으로 선호했을 수 있다고 본다.

이화여전

이화여전은 여성을 위한 최초의 음악전문교육기관으로 전문 여성 음악가를 배출하며 초기 음악발전에 공헌하였다. 이화여전의 선교사들 중 음악에 조예가 깊은 선생들은 경성의 음악회를 비롯한 식민지조선의 음악회에 출연하며 서양음악을 중심으로 하는 음악회가 조선에 제대로 뿌리내릴 수 있도록 조력하였다.

이화여전은 1920년대에 신축한 음악관에 16개의 연습실과 5대의 피아노, 8대의 오르간을 들여 음악교육을 할 수 있는 근대식 공간을 마련했다. 조선을 방문한 일본인 작가 시마키 겐사쿠島木健作, 1902~1945는 이화여전 음악관의 시설에 관해 다음과 같이 설명했다.

> 이화전문학교 건물의 아름다움과 훌륭한 음악당에 대해서는 여러 사람들에게 들은 바가 있다. (…중략…) 아름다운 화강암을 사용하면서 돌과 돌을 잇는 콘크리트 선이 검고, 멀리서 보면 거북이 등과 같은 모양이었다. (…중략…) 내부도 살펴보았다. 가사과, 문과, 음악과, 교실 등은 깨끗하고 아담하게 설비가 잘 되어 있었다. (…중략…) 음악과에는 피아노를 한 대씩 들여놓은 자습실이 몇 군데나 있으며 건반을 두드리는 소리가 곳곳에서 들렸다.
>
> 시마키 겐사쿠, 「경성」

이화여전 강당에서는 음악과 교육과정인 '공개연주'를 비롯한 졸업음악회, 직원음악회, 그리고 박경호, 김영의 등 이화와 관련된 음악가들의 공연이 주를 이루었다. 졸업 연주회는 초대권이 있어야 입장이 가능하다는 기사가 있어, 여학생만 있던 여학교의 특수성을 엿볼 수 있다.<부록 6> 참조

학교 강당

근대식 학교가 증가하면서 학교행사를 위한 강당도 늘어났다.<부록 7> 참조 유능한 음악 전공 교사가 있는 진명여학교, 숙명여학교, 근화여학교, 제일고녀 등의 학교나 배재학교, 경신학교처럼 선교사가 만든 학교에는 합창부나 밴드부가 창단되었으며 학교 내

김영환과 숙명 학생들

경기고등여학교 음악부

루비 선교사의 피아노 레슨을 받는 배화 여학생

근화여학교의 음악 수업

호수돈여학교 합창단

〈그림 17〉 각 여학교의 음악활동

음악부가 설치되어 있어 정기적으로 학교 강당에서 음악회가 열렸다. 여학교 음악회가 남학교 음악회에 비해 많이 개최된 것은 여학생들이 음악을 더 선호할뿐더러 여학교도 음악교육에 시간 배당을 늘리는 등 열정이 있었기 때문이다.

남학교는 학교마다 밴드부가 있지만 보통 운동회, 졸업식 등 주로 학교 행사 때 활용하였다. 각종 청년단체에서 음악회를 주최할 때는 마포보통학교나 효창공립보통학교 등 학교 강당을 대여하여 개최하였다.

음악회 인기에 부응하여, 학교마다 발표회 형식의 음악회를 열었는데, 배재고보는 강당을 신축할 때 음향까지 신경 써 가며 대중 모임의 장소로 손색이 없길 바랐다. "조선 최초의 벽돌집이던 낡은 강당을 재작년에 헐어버리고" 새로 신축한 배재고보 강당은 단순한 실내 공간이 아닌, 음향이며 무대장치까지 고려한 종합 예술 공간으로 건축되었다.

이 건물은 조선에서는 물론이요 동양에서 드물게 보는 음향 반응이며 무대장치 및 의자에 이르기까지 내부 기구에 가장 완비하여 근대 종합식으로 자랑거리라 한다. 건물은 오백 평의 철근 콘크리트 벽돌 2층으로 화재를 완전히 막고 큰 복도가 네 개가 있어 위험을 면하여 있고 좌석은 일천 이백 명 분에 무대가 정면 사십육 척으로 이백 명의 등단이 넉넉하므로 전부 오백 명을 수용하게 되어있다. 강당의 특이한 것은 대만에서 나는 특종의 '쎌로텍스'를 사용하여 음향의 반응을 백퍼센트로 흡수하였고, 무대에는 빽을 '호리존트'로 하고, 또 이동식 천정으로 조명과 우설雨雪의 장치를 할 수 있게 되었고, 무대복판에는 우물까지 있다. 이리 하여 음악과 강연, 연극 등 모임에는 더 볼 나위가 없다고 한다.

「현대 건축의 정화 뽑아 배재 대강당 낙성」, 『동아일보』, 1933.6.3

(4) 신문사

1920년대는 일제의 문화정치라는 식민정책 아래 민간신문사가 등장하였다. 언론의 제약이 많은 식민지 환경에서 신문사는 객관적인 보도를 요구하기 어려웠다. 그러나 신문 기사는 사회·정치·경제는 물론 문화까지도 아울러야 하는 소통 창구이기 때문에 신문사에서 주최하거나 신문사 강당에서 열리는 음악회도 우리 음악문화에 빼놓을 수 없는 한 부분이었다. 대표적인 민간신문으로는 『동아일보』나 『조선일보』가 있었지만, 조선총독부는 3개의 언어로 된 기관지를 만들어 언론계를 장악하였다. 조선총독부 기관지라 할 수 있는 『경성일보京城日報』, 『매일신보每日新報』, 『서울프레스*The Seoul Press*』는 기존에 있던 신문사들을 통폐합하여 각각 일본어, 조선어, 영어신문으로 발간하였다.

경성일보사는 창간 후에 대화정大和町 1정목현 중구 필동 43번지에 있다가 1914년 현재 서울시청 자리의 신청사로 이전하였다. 1915년 화재로 1916년 재건축을 하여 1923년 말까지 그 자리에 있다가 경성부에 자리를 넘겨주고 1924년 신문사 사옥을 태평로현 프레스센터 자리로 이전하여, 지하 1층, 지상 4층의 건물로 신축하였다. 경성일보사 4층 누상에 있던 강당은 "일 천명 이상을 수용하는 광대한 방"으로 "무대를 장치하여 마치 소규모의 극장"처럼 꾸며놓아「本社新築落成宴」, 1924.6.15 음악회, 강연회, 미술전람회 등 다양한 문화공연을 개최하였다. 이곳은 내청각來靑閣 또는 헤럴드Herald 강당이라고 불렸는데, 내청각이라는 이름은 『경성일보』 감독이자 일본 『국민신문國民新聞』 사장이었던 도쿠도미 소호德富蘇峰, 1863~1957가 "남산이나 북악 양 방면의 산에서도 보여" 중국 송나라 문필가이자 정치인인 왕안석王安石, 1021~1086의 「서호음선생벽書湖陰先生壁」 중 양쪽 산은 대문 젖히고 푸른 기운 보내온다는 뜻의 시구 '양산배달송청내兩山排闥送靑來'에서 따서 지었다. 강당 내부 객석은 위, 아래 두 군데로 나뉘어 위층에는 주로 여학생과 부인들이, 아래층에는 소학생, 학부형, 일반 관중이 자리를 잡았다.박세영, 1932.7

『경성일보』는 총독부의 문화정치를 통한 음악 관련 사업을 대행하는 형태로 전개되어藤井浩基, 261면 자매지인 두 신문과 공동주최로 많은 음악회를 개최하였다. 경성의 신문사들은 인적 교류가 활발하여 민간지와 총독부 기간지인 『매일신보』 간의 이동이 잦았다. "매일신보가 실시한 첫 기자 채용시험에 합격"한 홍난파와 유지영柳志永은 『조선문단』에 〈자장가〉를 발표하는 등 각종 지면을 공유하였고, 이들의 행보는 작은 영향일지라도 음악문화에 영향을 미쳤다. 『경성일보』는 신문사 고문으로 있던 음악가 김영환과도 도움을 주고받으며 음악회를 추진하였고, 경성의 조일 중진 음악가들을 모아 경성일보사 회의실에서 경성의 음악계를 위한 대

〈그림 18〉 내청각에서의 하모니카 밴드 연주회

담회를 열기도 하였다. 『경성일보』 주최의 음악회가 대부분 경성공회당이나 내청각에서 열렸던 반면, 『동아일보』 주최 음악회는 기독교청년회관에서 주로 열렸고, 조선일보사 강당조보 강당에서는 주로 조선음악과 관련된 공연을 위주로 하고 있어 신문사가 주최하는 음악회마다 각각의 특징을 보인다. 김관이 조선일보사에서 주최한 음악회의 "연주평을 『동아』에 가지고 가니까 이것은 『조선』 주최이니까 실리기가 어렵"「조선악단 회고와 전망 좌담회」, 1935.4다고 거절당한 만큼 신문사의 음악회 주최는 신문사의 이름을 걸고 개최하는 중요한 문화사업이었다.

내청각에서의 공연은 조선인과 일본인, 서양인 모두가 참여했다.<부록 8> 참조 공연 횟수가 많은 것은 아니었지만 건물이 신축된 이후 꾸준히 음악회장으로 대관되었다. 전문음악가의 공연 외에 발표회나 학예회 형식의 음악회도 개최되었고, 대관 조건은 까다롭지 않았으나 별나라사가 내청각에서 기념행사를 열 때 많은 검열 후에 공연했다는 기록은 주최에 대한 사전 조사나 공연 내용의 제약이 존재했음을 의미한다. 분명한 것은 신문사의 다양한 역할이 음악문화에 한 축을 담당했다는 것이다.

4) 상업시설

상업시설에서의 음악회는 공간의 실내장식부터 돋보였다. 호텔과 백화점의 최고급 설비와 세련된 유럽풍의 인테리어는 대중에게 서양과 만나는 곳이자 신세계로 향하는 길이라는 판타지를 경험하게 해 주었기에 인기가 있었다. 극장과 카페의 실내장식은 호텔이나 백화점처럼 호화스럽지는 않았지만, 극장은 화면과 음악을 동시에 접할 수 있는 공간으로 활용되었으며, 카페는 개별 박스Box 개념의 인테리어까지 더해져 서양음악을 공유하는 서구적 공간에 구획이 나누어진 사적 공간의 은밀함과 편안함, 안락함을 더해주며 경성의 도시인들에게 인기를 끌었다.

(1) 조선호텔과 '로즈가든'

조선호텔은 저녁마다 조선호텔 실내악단의 음악회가 열렸고 이왕직양악대나 경성악대의 주악이 정기적으로 호텔의 후원後園 로즈가든에서 연주되었다. 특히 조선호텔 실내악단은 경성 음악계에서 빼놓을 수 없는 실력 있는 음악가들로 구성되어, 서양음악 파

〈그림 19〉
조선호텔 외관

〈그림 20〉
조선호텔 로비

〈그림 21〉
조선호텔
프랑스 식당 팜코트

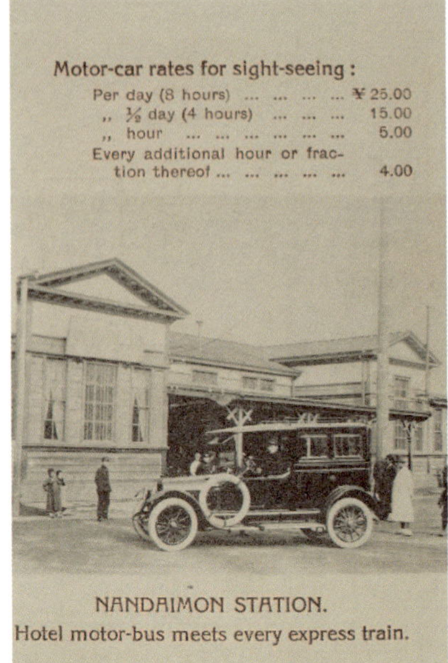

Motor-car rates for sight-seeing :
Per day (8 hours) ... ... ¥ 25.00
,, ½ day (4 hours) 15.00
,, hour 5.00
Every additional hour or frac-
tion thereof 4.00
NANDAIMON STATION.
Hotel motor-bus meets every express train.

〈그림 22〉 조선호텔 자동차 서비스 광고

급에 중요한 역할을 담당했다.

조선호텔은 원래 교통수단의 발달로 외국인의 이동이 증가하자 조선총독부 철도국에서 철도 호텔로서 건설한 것으로, 1913년에 공사를 시작하여 1914년 9월에 지하 1층, 지상 4층으로 지어 총독부에서 운영하던 건물이다. 호텔은 '제국의 이상'을 반영하듯 철저하게 서양식이었다. 숙박은 유럽식과 미국식으로 구분유럽식은 객실만 제공, 미국식은 객실 대여 및 식사 제공하고, 투숙객에게 양복을 입을 시 반드시 구두를 신어달라는 요청을 하거나, 호텔에 순환 자동차 2대를 마련하여 경성역과 호텔 간 배웅 및 경성 시내 관광 서비스를 제공하는 등 세세한 부분까지 신경을 써 "유럽 일류의 여관에 비교하여도 손색이 없을 정도"였다. 객실마다 "전화도 있고, 전용 욕실을 마련하고, 여름에는 선풍기로 시원한 바람을, 겨울에는 난방으로 봄을 느끼게 하여" 동양 제일의 "국제적 사교 클럽"을 지향하였다.藤井龜若, 89면

귀보실貴賓室 4칸, 특별실 10칸, 상등실 27칸, 보통실 13칸, 합계 54칸의 객실로 숙박 인원 백 명을 수용할 수 있다. 그 외에도 음악실, 대식

당, 독서실, 끽연실, 바 등도 갖추고 있다.

「경성 조선호텔 개업」, 1914.11

특히 경성역이 가깝고 음악회장인 경성공회당이 바로 맞은편에 있는 최고의 입지 조건이라 해외에서 온 음악가들의 만족도가 높았다. 제반 시설도 서양식으로 외국인들이 사용하기에 비교적 편리하였으며, 프랑스식 요리가 맛있다고 정평이 나서 경성역 식당과 함께 맛집으로 유명했다.京城府教育會, 35면 1924년에 개업한 프랑스 식당 팜 코트Palm Court의 인기 메뉴는 양파 수프와 커피였다. 호텔 식당에는 홍차, 샌드위치, 과자, 아이스크림을 1원에 판매하여 소모임이나 간단하게 차를 마시는 손님들을 위한 티타임 메뉴를 마련하였다.

화려한 실내장식의 조선호텔 아래층 콘서트홀은 연주장소로 사용되었다. 당시 호텔마다 음악회를 할 수 있는 콘서트홀이나 음악실을 두는 것이 유행이었다. 일본 도쿄의 국제대호텔도 2천 명 규모의 대형 홀을 비롯하여 음악실, 댄스홀 등을 건설 당시 계획하였다.「國際大ホテル計畫」, 40면

7월 말 비 내리는 어느 저녁. ××호텔조선호텔로 추정-인용자 연예장에서 외국의 유명한 바이올린 연주가의 독주회가 열렸다. 비가 많이 내렸지만 세계적이라 불리는 그 음악가의 명성에 이끌린 청중들이 줄을 이었다. 자동차를 타고 온 사람들이 많아서 비 따위는 아무 상관 없는 것처

럼 익숙한 모습으로 연주회장으로 올라간다.

정도희(丁匋希), 『연주회』, 1928.11

호텔 음악회에 오는 관객의 경제적 여유를 보여주듯 "자동차를 타고 온 사람들이 많"았으며 신발을 벗고 입장하였다. 일등석 표는 "화이트 티켓"으로 그것을 접수처에 내고 입장하면 "상인방上引枋과 같은 형태로 벽이 내려와 있고 거기에 선풍기가 설치되어 있"는 연주회장 안은 천장이 낮아 더운 여름날 부채 "펄럭펄럭 거"리는 소리와 선풍기의 소음, 사람들의 속삭임이 가득했다.정도희, 1928.11 겨울의 추위 때문에 문을 작게 만들어 여름에 바람이 통하지 않아 매우 더웠다.이유선, 132면 조선호텔 홍보 책자를 통해, 평면도를 확인할 수 있는데 회전문인 주 출입구로 호텔에 입장하면 로비를 지나 가장 안쪽에 위치한 콘서트홀로 다다른다.

유진오兪鎭午, 1906~1987의 소설 『화상보』에서는 베를린음악원에서 유학을 마치고 '동양의 꾀꼬리'라는 별명처럼 화려한 경력으로 돌아온 소프라노 경아도 경성역에서 대기하던 조선호텔의 '크라이슬러'를 타고 호텔로 이동한다.

조선호텔의 후원後園에는 "동양 풍취를 느끼게 하"는 정원이 있었는데,藤井龜若 편, 89면 벨기에 영사관[4] 뜰에 심겨 있던 장미를 조선호텔로 옮겨 심고 장미원薔薇園이라 이름 붙였다. 여기에 금붕어가

4 욱정 2정목에 있었고 구주전쟁 당시 매각하였다. 경성메소디스트교회 앞 요코하마생명보험회사 지점 자리였다.

〈그림 23〉 조선호텔 콘서트홀

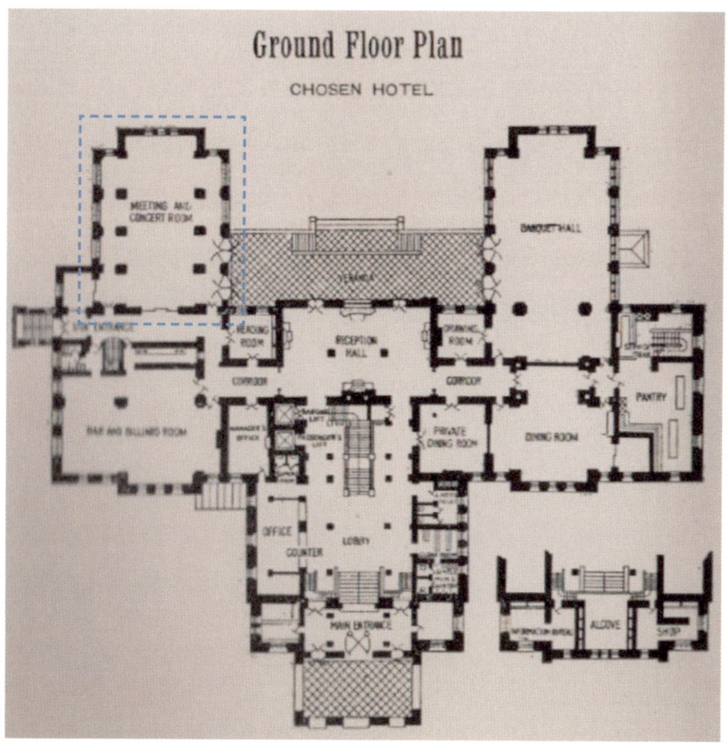

〈그림 24〉 조선호텔 평면도

노니는 분수대도 만들어놓고, 이십여 가지의 장미꽃 나무가 만개할 때마다 음악회와 활동 사진전을 열고 30전짜리 다과권을 팔기도 하며 아이스크림과 간단한 요리를 판매하였다.「녹음을 등지고 말하는 사진(七)」, 『동아일보』, 1925.6.25 외 장미원이라는 이름은 어느 순간 로즈 가든 rose garden으로 변하여 로즈 가든에서 "같이 의자에 앉았고, 같이 음악을 듣고, 같이 아이스크림을 먹고, 같이 금강산의 절경을 바라보"이태준, 165면는 식의 서구적 데이트를 원하는 젊은 남녀의 데이트 코스로도 각광을 받았다.[5]

송빈이는 우미관으로 갈까 단성사로 갈까 하는 은주를 데리고 조선호텔로 온 것이다. 전에 윤수 아저씨를 따라 한번 와본 것이 있는 로오즈 가아든으로였다. 호텔 후원에는 여러 가지 장미가 밭으로 피었는데, 오십 전만 내고 들어오면 꽃구경은 물론이요 이왕직악대의 음악연주도 있고, 아이스크림도 주고 나중에는 활동사진으로 금강산 구경까지 하는 것이었다.

이태준, 『사상의 월야』

'로-스 까든'을 열게 되었는데 이것은 저녁 7시부터 11시까지 보통 요리는 물론이요 아이스크림, 맥주, 시도론, 레모나드 등의 청량음료로부터 커피, 홍차, 과자, 과실의 종류까지 주문에 응하며 또 일반 놀러오

5 이러한 근대적 도시 체험이 성공하자 같은 철도호텔인 부산 스테이션호텔에서도 루프 가든을 개장하여 동일한 상품을 판매하였다.

〈그림 25〉 조선호텔 로즈가든의 데이트 장면을 그린 이태준의 소설 삽화,
『매일신보』, 1941.5.16

〈그림 26〉 조선호텔 정원

〈그림 27〉 피아노 연주자 스투데니

는 이를 위하여 저녁마다 호텔 '오케스트라' 음악이 있고 수요, 토요의 이틀 저녁은 야외 활동사진도 영사한다더라.

「공개(公開)한 장미원(薔薇園)」, 『매일신보』, 1918.6.16

호텔이 완공된 초반부터 호텔의 음악은 재조일본인 음악가들이 주로 맡았다. 바이올린의 이와자키 히로시를 비롯하여, 시미즈 미키조清水幹三, 나카노 히데치카中野秀愛 등이 연주자로 활약하였고 그 외 플루트의 김재호와 첼로의 모토스가 노부미츠本官伸光,[6] 바이올린의 독일인 요셉 후스Joseph Huss와 피아노와 성악의 체코슬로바키아인 요셉 스투데니Joseph B. Studeny가 있었다. 이들을 중심으로 후에 13명의 음악가가 모여 경성필하모니를 창단하였다. 사무소는 혼마치 1정목 일본악기회사에 두고, 최호영, 김재호, 안성교安聖敎, 모토스가 노부미츠, 나카노 히데치카, 시미즈 미키조, 박태철朴泰喆, 윤기항尹基恒, 윤악순尹樂淳, 유종철劉鐘哲, 현경섭玄慶燮, 김준영金駿泳, 이건호李建鎬가 단원으로 활동하였다.「경성필하모니창립」, 1937.2

김재호와 모토스가는 경성제대 관현악단 음악회에도 자주 찬조

6 자료마다 本官伸夫 혹은 本官伸光으로 나온다. 동일인으로 추정되며, 경성제대 관현악연주 프로그램 명단에 本官伸光으로 나와 이 이름으로 통일한다.

출연하였는데, 이들이 연주한 서곡 〈시인과 농부Dichter und Bauer〉와 〈무도에의 권유Aufforderung zum Tanz〉 첼로 독주, 〈카르멘 모음곡Carmen Suite〉 플루트 독주는 경성제대 관현악단 단원이 기억에 남는 훌륭한 연주라고 기록할 정도로 출중하였다.경성제국대학 편, 377면 김재호는 조선호텔에서 연주하기 전에 군악대에서 활동하였고, 모토스가에 대한 개인정보는 알려진 바가 없다. 다만 방송국 직원이었던 이혜구가 외부 활동을 할 때 방송국 직원은 다른 활동이 금지되었기 때문에 자신은 이대산李大山이라는 가명을 사용했고 모토스가는 소가야스나리蘇我康成라는 가명을 사용했다는 기록이 있어이혜구, 41면 모토스가도 방송국 직원이었을 수 있다는 추측을 해 본다.

후스와 스투데니는 제1차 세계대전 때 독일 조차지租借地인 중국 칭다오青島 교주만膠州灣에 독일군으로 와있던 중 영일英日동맹 연합군으로 참전한 일본군의 포로로 일본을 경유하여 조선에 오게 되었으며,홍난파, 1940.5.21 1930년대 말까지 경성에서 활발하게 연주 활동과 음악 교습을 하였다. 후스는 경성제대 예과에서 독일어 수업도 담당하였고,이충우, 74면 바이올리니스트 안병소의 선생이기도 했다. 스투데니는 정동에서 강습소를 운영하였다. 당시 조선의 상황에서 유럽 출신의 이 두 사람의 실력은 매우 출중했을 것이며, 항상 같이 다니면서 연주할 정도로 서로 의지한 것으로 생각된다. 이들은 경성의 음악계를 이야기할 때 빼놓을 수 없는 중요한 인물들로 평가받았다.

일본인들의 이주가 활발했던 조선이나 중국 대련大連은 새로운 터전을 일구고 싶은 일본인들에게 희망의 땅이었다. 경성의 조선 호텔이나 대련의 야마토호텔같이 고급스럽고 호화롭게 서양식 분위기를 추구하는 시설에서 서양음악은 필수 요소였으므로 보수나 생활 여건 등 여러 조건에서 본토를 떠나야만 하는 일본인 음악가들에게 이 시설들은 매력적인 직장이었다.

조선호텔은 개업 후 경성의 유지자들을 위한 연주회를 개최하여 그들만의 음악회를 마련해주었다. 1916년 12월 19일 8시 조선호텔에서 개최된 오오쿠라 스에코 피아노 연주회에는 "3백이나 되는 의자"에 "금수錦繡로 몸을 감은 신사 숙녀가 가득"했고 음악회장은 "연합국기로 장식되고 한층 높은 무대에는 찬란한 금병풍 앞에 독일제의 피아노가 놓였으며 여러 곳에서 기증한 화환이 늘어 놓여" 있었다. 독일과 미국에서 유학하고 동경음악학교 강사로 소개된 오오쿠라의 음악회 입장료는 3원과 2원으로 매우 큰 액수였다. 다음 날 기독교청년회관에서 열린 같은 음악회의 입장료는 1원 50전, 1원, 50전이었다.「소창 양의 연주」,『매일신보』, 1916.12.13;「청중을 취케 하는 미묘한 음률」,『매일신보』, 1916.12.21

그밖에 1923년 10월에 계정식 독주회가 있었고, 1925년 2월 28일 프랑스 피아니스트 앙리 질 마쇼의 독주회와 1927년 5월 3일 키타인 형제의 바이올린·피아노 연주가 경성기독교청년회 주최로 개최되었다. 경성기독교청년회가 일본인 중심의 기독교 단체인 만큼 일본인을 위한 음악회를 주로 개최했을 것으로 예측할 수 있다. 조선호텔 외에 경성 제국호텔에도 전속 악단이 있어 4~5명의 악사가 식사 전후나 모임 등에서 경음악을 연주하였다는 것은경성제국대학 편, 377면 경성 안 여러 호텔이 서양음악을 활용하여 호텔의 고급스러운 이미지를 한층 높이려 했으며 경성인들 역시 서양음악을 들으며 식사나 모임을 할 수 있었다는 자체가 그들의 청각이 점점 서구화되어갔다는 것을 의미한다.

(2) 백화점

근대에 등장한 대표적인 상업시설인 백화점은 구경과 볼거리라는 새로운 도시문화를 실내 공간으로 들어오게 하는 데 큰 역할을 하였다. 도시인이 백화점을 찾는 이유는 단순히 물건만을 사는 것이 아니라 거리에서 하던 도시 구경을 실내 공간에서 한눈에 하는 근대문화의 축소판을 경험하기 위해서였다. 그리하여 백화점은 여러 가지 상품이 거래되는 상점이라는 목적만큼이나 쾌적한 공간, 세련된 실내 유원지, 수준 높은 고급문화 체험 등의 이미지를 내포하게 되었다.

백화점은 '별천지' 이미지를 연출하면서 일상생활과는 차별화된 장소로 기능하였다. 이러한 전략을 성공시킨 인물이 프랑스 봉 마르쉐Le Bon Marche의 경영자 부시코Aristide Boucicaut, 1810~1877였다. 그는 오페라 극장에서 이미지를 딴 최초의 백화점을 1852년에 세웠다. 봉 마르쉐는 백화점 실내에 최신 설비를 도입하여 최고급으로 꾸몄고, 홀, 극장, 정원 등과 같은 공간을 두어 음악회, 영화 상영, 전람회, 전시회, 강연회 등의 행사를 열었다. 백화점의 문화전략은 새로운 문화의 경험을 통한 소비 촉진이라는 경영 목표에서 비롯되었지만, 도시인들에게 이러한 문화행사는 유행을 선도하는 즐거운 도시 경험으로 인식되었고, 백화점은 폐점 이후에도 공간 활용을 극대화하여 무도회, 음악 교실, 회화 교실을 개최하거나 갤러리, 휴게실, 독서실과 같은 서비스 시설을 만들어 고객을 유치하였다.진노 유키, 53면

이러한 서구의 백화점 시스템을 고스란히 차용한 일본백화점들은 악기와 음악공간을 두면서 고급스러운 이미지를 한층 격상시켰다. 일본의 백화점마다 피아노를 두고 연주 홀을 만들었으며 백화점 소속의 음악대까지 창설하였다. 도쿄 미츠코시三越 백화점은 백화점의 특징으로 '휴게실의 피아노'를 꼽았으며, 1914년 옥상정원에 주악당奏樂堂을, 1927년에 136석의 미츠코시 홀을 만들었다. 교토 다이마루大丸 백화점도 1912년 건물을 신축하면서 옥상에 음악실을 지었다. 도쿄의 시로키야白木屋, 토큐(東急) 백화점 전신 백화점과 마쓰자카야松坂屋 백화점도 각각 1911년 대형 홀을 만들었다. 미츠코시 백화점에서는 1906년부터 서양음악 연주회를 시작했다. 그곳에 가면 무료로 서양음악을 들을 수 있어 인기가 대단했다. 미츠코시 백화점의 소년음악대는 1909년 첫 연주 이후 백화점 외부에서도 연주할 정도로 실력이 발전하였고, 시라키야 소녀음악대1911, 나고야 마쓰자카야 소년음악대1911, 교토 다이마루 소년음악대1912, 오사카 다카지마야高島屋 밴드1923 등 연이어 백화점 소속 음악대가 창설되었다. 도시인들은 점차 "백화점이 문화를 만들어 내는 걸 당연한 것으로 이해"하게 되었다.하쓰다 토오루, 164~167 · 175~176 · 195~197면

일본의 백화점들은 식민지조선의 대도시마다 지점을 속속 개업하며 일본식 백화점의 형태를 그대로 이어갔다. 혼마치를 근대적 상업지구로 만드는 데 일조한 미츠코시, 조지아丁子屋, 미나카이三中井, 히라다平田와 같은 백화점들은 상품을 파는 것뿐 아니라 경성의 도시문화를 창출하였다. 판매품도 생필품보다는 금은金銀 제품, 화장품, 나전칠기, 엽차기番茶器 등 문화적 생활을 영위하게 하는 물품이 대다수였으며부산근대역사관, 170~172면, 식당과 홀, 옥상정원을 비롯한 백화점의 내부 모습은 이상적인 삶을 실현할 수 있을 것 같은 부푼 꿈을 심어주었다.

경성 미츠코시 백화점은 히비 오스케日比翁助, 1860~1931가 혼마치에 출장소를 개업한 것을 시초로, 1916년 50평짜리 2층 건물을 200평짜리 3층 건물로 증축하였다. 1929년 미츠코시 경성출장소로 승격되었고 경성부청이 이전하면서 그 자리에 1930년 10월 2,300여 평의 지하 1층, 지상 4층 건물로 신축되었다.가와무라 미나토, 97면 미나카이 백화점은 1939년 12월 백화점에 인접한 부지에 경일문화예술극장이라는 건물을 건축하여 백화점 매장과 연계하여 사용하였다. 현재 명동 롯데 영플라자 자리에 위치하였던 조지아 백화점은 3층에 대형 강당, 4층에 소형 강당을 두었고, 박흥식朴興植, 1903~1994이 만든 종로 화신 백화점에도 처음에는 동관 4층에, 1932년 전관 완성 후에는 6층에 대형 홀을 마련하였다. 화신 백화점의 6층 그랜드홀은 1940년 더 큰 규모로 확대 개편하였다. 이렇게 경성의 백화점들 역시 문화적 기능을 수행하였고, 이것이 새로운 라이프스타일이라

〈그림 28〉 경성 미츠코시 백화점의 홀(좌)과 화신 백화점의 홀(우)

〈그림 29〉 경성 미츠코시 백화점 음악판매부

〈표 3〉 경성 5대 백화점의 규모와 홀

	규모 (증 · 개축 후)	종업원	홀	식당
미츠코시(三越)	지하 1층, 지상 5층	466명	400석	350석
미나카이(三中井)	지하 1층, 지상 7층	550명	200석	100석
조지아(丁子屋)	지하 1층, 지상 5층	414명	4층의 1/3	400석
히라다(平田)	지상 2층 (일부 3층)	200명	없음	없음
화신(和信)	지하 1층, 지상 7층	623명	500석	100석

는 것을 안내하며 그에 따른 소비로 연결 지으려는 의도를 가지고 행해졌다. 이처럼 식민지조선의 백화점은 부르주아 문화생활을 대중에게 보급하는 데 일조했다.

〈표 3〉을 보면 경성의 5대 백화점 중 가장 작은 규모의 히라다 백화점만 제외하고 모두 백화점에 홀을 두었다. 증·개축 후 홀의 규모는 식당과 비슷하거나 식당보다 2배, 많게는 5배 정도 큰 규모로 만들어, 백화점에서 많은 신경을 썼다.

미츠코시 백화점 홀은 내지의 영향답게 일본풍으로 실내를 장식하였다. 화신 백화점 홀은 화재 후 신축한 건물의 6층 그랜드홀로, 당시 트랜드를 반영하여 신관 개점 홍보 엽서에 백화점 전경과 함께 식당과 홀 사진을 넣어 부대시설을 강조했다.서울역사박물관, 100면

백화점이 중요하게 생각한 것은 홀만이 아니었다. 백화점마다 악기점, 축음기·레코드 판매점도 두었다. 미츠코시 백화점 신관 4층에는 홀과 나란히 악기점을 두었고, 화신백화점 동관 3층에는 양악기, 축음기, 레코드 판매점을 두었다. 졸업 및 입학 시즌의 미나카이 백화점 학용품 판매전에는 교복, 모자, 문구용품을 비롯하여 만년필, 잉크스탠드와 피아노, 오르간 같은 악기가 등장하고, 조지아 백화점의 신관 개점 광고지에는 악기매장이 미술공예매장, 안경매장과 함께 4층에 신설되었다고 안내한다.서울역사박물관, 23·37면

〈그림 29〉는 미츠코시 백화점의 음악부 판매점의 모습이다. 축음기 판매점을 가운데 두고 양쪽으로 양악기점과 일본악기점이 있다. 사진의 좌측 하단에 피아노 건반이 눈에 띈다. 각종 레코드

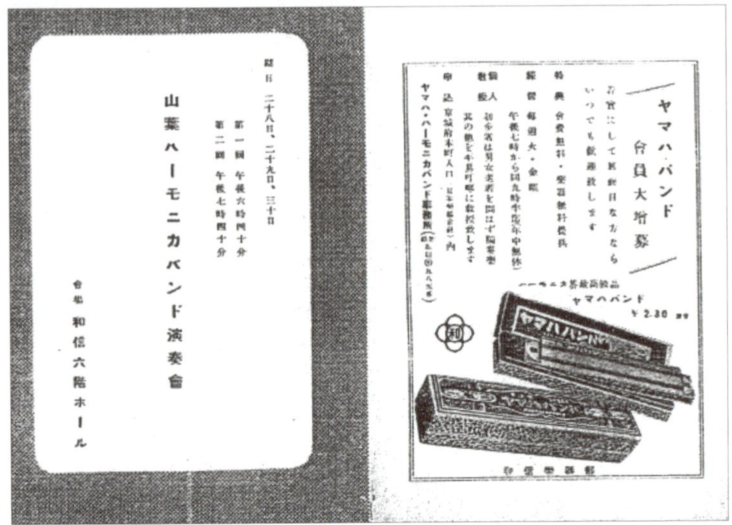

〈그림 30〉 백화점 음악회의 광고 포스터

를 진열한 악기부는 집까지 레코드를 빠르게 배달해주었다.

> 엘만, 하이페츠, 크라이슬러, 짐발리스트 할것없이 세계에서 이름난 바이올린잡이가 넣은 소리판은 물론 심포니 오케스트라는 길을 맞추어 쌓아놓았고 최근 미국서 발매하는 재즈 레코드까지도 미츠코시로 전화만 하면 삼십분이 못되어 굴러들었다.
>
> 심훈, 『불사조』

오른편의 일본악기점은 백화점 구매 고객의 상당수가 일본인 고객이었음을 암시한다. 주로 일본인 고객이 축음기와 양악기, 일본악기를 모두 구매할 의사가 있었기 때문이다.

경성인들의 동선은 백화점을 중심으로 재구성되었다. 백화점은 랜드마크가 되었고, 살 게 없는 방문객일지라도 백화점의 멋진 자태 속으로 들어가면 그 자체만으로 근대인이 되었다. 게다가 백화점의 거대한 홀은 음악회, 미술전, 무용발표, 영화 상영 등 각종 행사가 즐비한 무료 유람장이 되어주었다.하쓰다 토오루, 258면 박태원의 소설 『여인성장』에서도 철수와 숙경은 개인전을 보기 위해 조지아 백화점 5층 갤러리 전람회장으로 향했다.박태원, 『여인성장』, 259·266면 음악을 들으며 미술을 감상하고 백화점 식당에서 서양 음식을 먹은 후 층마다 진열된 유행 상품을 구경하는 것이 도시인의 유람코스였다. 백화점은 이렇게 도시인의 삶을 구체적으로 제시해 주었다. 도시인에게 백화점에서 파는 상품은 딱히 필요하지 않아도 사고 싶은 욕망이 되어버렸다. 백화점에서 파는 유행품을 사야 서구문화에 잘 적응하는 상류층이 될 것 같았다. 사회적 계급을 보여주는 과시형 소비가 백화점에서 판매하는 피아노, 축음기, 레코드와 함께 음악문화에도 나타났다. 백화점이 소비하는 즐거움을 알게 해 준 것이다.

화신 백화점 악기점에서는 판매만 하지 않았다. 하모니카 회원 모집 광고를 내어 회원 특전으로 회비 무료, 악기 무료 제공에 매주 화요일과 금요일마다 저녁 7시부터 9시 반까지 연습할 수 있고, 초보자는 개인교수도 받을 수 있었다. 이처럼 백화점은 음악에 막연한 동경을 하던 도시인에게 악기를 배울 수 있는 음악문화를 일상에서 실현시켜 주었다.

화신 백화점 6층 홀에서 열린 〈그림 30〉의 야마하山葉 하모니카

밴드 연주회 프로그램에는 화신남녀합창단和信男女合唱團이 〈화신점가和信店歌〉를 합창하는 순서가 있다. 부시코가 직원들을 대상으로 합창단과 오케스트라를, 일본의 백화점들이 자체 음악단을 만든 것처럼, 화신 백화점에서도 남녀 혼성합창단을 창단하여 운영했다. 이들이 합창한 백화점 노래는 개점 초기부터 매주 조회 시간에 전 직원이 불렀다. 이후 전국에 지점이 증가하자 〈화신점가〉와는 별개로 〈화신연쇄점가和信連鎖店歌〉를 만들어 불렀다. 화신 백화점의 문화활동은 회사 잡지 발행, 농구부, 정구부, 탁구부 등의 운동부, 사내 체육대회 등 다양했으며 〈화신운동가和信運動歌〉까지 배포하였다. 조선 최고의 백화점이 되고자 기숙사, 식사 등 봉 마르쉐 못지않은 직원 복지 서비스를 실시한 화신 백화점은 직원들이 하나로 뭉칠 수 있도록 노래를 활용하여 그들의 자긍심과 애사심을 더욱 고취시켰고, 백화점 점원에 대한 일반인의 인식까지도 개선시켰다. 봉 마르쉐에 입사하고 싶은 젊은이가 늘어났듯이 젊은 남녀들은 백화점에 취직하고 싶었다. 조선 여학생들의 장래 희망에 '데파트 걸'도 자주 등장하였다.和信, 11~12면 외

백화점 음악회는 중요한 문화행사 중 하나였다. 문화행사에 참여한 방문객이 백화점 매출에도 영향을 주었기 때문이다. 나아가 음악회장의 청중을 잠재적 고객으로 생각하여, 부민관과 같은 공연장에서 열린 음악회 포스터에 백화점 광고를 실기도 하였다. 백화점 경품행사의 증정 품목으로는 조선인들이 갖고 싶어 했던 인기상품 축음기가 자주 등장했다. 양복, 커피세트, 시계, 샤프펜슬 등 서구식

경품들 사이에서 축음기는 언제나 상위권 상품으로 그 위용을 과시하였다. “레코드가 울고 그랜드피아노가 흑요석같이 빛나”는 경성의 한 백화점 음악실에서 젊은 남녀가 슈베르트의 소야곡 레코드를 고르는 광경이나,「백화점 풍경」, 1937.4 하릴없이 백화점 “위아래 층을 한 바퀴 돌고 오는 것”박태원, 312면은 경성인에게 점점 자연스러운 모습이 되어갔다.

이처럼 백화점에서 문화와 관련된 물품을 취급하는 것은 “새로운 시대에 어울리는 생활을 하지 않으면 안 된다고 생각하는 사람들이나, 그러한 생활을 줄곧 동경하면서도 어떻게 생활해야 좋을지 구체적인 방법을 알 수 없는 사람들이 이해할 수 있게 구체적인 형태로 새로운 가정생활의 방식을 제시하는 일”을 하는 것이었다.하쓰다 토오루, 192면 백화점이 도시문화의 창출을 돕고 유행을 생산하면서 서양문화 향유의 길잡이가 되었다면, 같은 맥락에서 서양음악 수용의 안내자 역할도 하였다고 볼 수 있다.

(3) 극장

근대문화에 막 접어든 도시인에게 극장은 극의 상연뿐 아니라 음악회의 무대로도 손색이 없었다. 극장의 기능은 음악회장과 비슷하여, 정해진 공간에서 요금을 내고 감상하는 근대적 체제였다. 그래서인지 초기의 극장은 무대 공간을 활용하여 음악회장과 같은 역할을 수행하였고, 재조일본인들은 경성공회당이 건립되기 이전부터 일본인 중심의 극장을 음악회장으로 애용하고 있었다. 조선인 중심의 극장이라 일컬어지는 단성사, 우미관, 조선극장도 유희를 즐기려는 시민들로 날마다 북새통을 이뤘다.조용만, 85~87면 홍난파가 처음으로 음악회를 기획한 곳이 단성사였다. 김영환, 홍난파, 최동준, 김형준, 경성악대 등 조선의 내놓으라 하는 대표적인 음악가들이 총출연하였다. 홍난파는 자신이 도쿄에서 경험한 마티네 음악회를 200원이라는 거액을 투자하여 벤치마킹했으나 시기상조였는지 관객은 7명뿐이었고 이로 인해 큰 손해를 입었다.김양환, 95~97면 단성사, 우미관, 조선극장에서 근무하는 악사, 변사, 영사기사들이 조직한 삼우회에서도 극장 음악회를 열었다.이순진, 170면 조선인에게 극장은 관객을 만나는 무대이자 공연장으로 인식되었다.

> 단성사에서 열린 대정권번의 연주회에는 만국기가 펄럭이고 많은 사람들이 모였다. 입장료는 1원이나 50전이었는데 싼 가격은 아니었지만 명기들의 춤과 노래를 듣기 위해서는 아깝다고 생각하지 않았다.
>
> 신일선, 「명월관」, 『털어놓고 하는 말』 1

극장 공연이 인기를 얻자 이윤 추구를 목적으로 하는 극장들은 주요 장르였던 조선음악뿐 아니라 서양음악을 위주로 한 음악회를 개최하고, 극장의 시설은 물론 연주나 화면, 변사 등의 질적인 부분까지 신경을 쓰기 시작하였다. 극장은 악대를 적극 이용하여 소리로 사람들을 끌어모았다. 악대의 음악은 극장의 명물이 될 정도로 장안의 화제였다.

은주 어머니는 윤수 아저씨더러 송빈이를 우미관 구경이나 시켜 주라고 하셨다. 구경이란 말에 은주는 먼저 나서며 앞을 섰다. 배다리로 나와 광교 큰길을 건너 샛길로 관철동에 들어서니 벌써 군악소리가 들리기 시작한다. 무슨 곡조인지 몰라도 잰 걸음을 걷는데 신이 나게 맞는다. 가까이 가보니 전등을 구슬 꿰듯 해 여러 줄을 늘였고, 이층 노대露臺에서는 눈이 불거진 사람, 볼이 불룩한 사람, 배가 내민 사람들이 새로 닦은 놋그릇 같은 악기를 메고, 들고, 흥겨운 몸짓을 하며 불고 있다.

이태준, 『사상의 월야』

"프로그램이 바뀌는 날에는 이른바 '마찌마와리', 즉 악대를 앞세우고 거리를 돌면서 전단을 나눠주는 거리선전을"이순진, 61면 하는 등 극장 악대는 자동차를 타고 시내를 순회하며 연주하면서 선전대 역할을 하였고, 극장 노대露臺에 나와서 행인들의 시선을 사로잡았다. 광고뿐 아니라 극이 상연될 때도 음악의 종류와 질이 상연물의 성패를 좌우할 정도로 음악은 무성영화시대의 빼놓을 수 없는 중요한 요소였다. 그래서 극장주들은 연주 악단에 많은 공을 들였다.

경성의 유명 극장들은 극장 소속의 관현악단을 가지고 있었다. 단성사에서는 악대의 대표 격인 경성악대의 지휘자 백우용白禹鏞, 1883~1930을 초빙하고 현악기도 새로 구비하여 광고를 내었으며,「단성사에 반주음악 확충」,『동아일보』, 1927.6.3 7명의 단원이 활동하였다.「필름·팬의 영분(フィルム·ファンの領分)」, 1922.10 조선극장도 최신식 3층 건물에 엘리베

이터를 놓고 "전에 있던 악대 외에 오륙 명을 더 두어가지고 십여 명 일단의 『오케스트라타』를 꾸미어" 놓았다고 선전하였다.「조극내용확대(朝劇內容擴大)」, 『동아일보』, 1927.8.9 이들은 '품위 있는 오케스트라단'으로 경성방송국에 출연할 정도의 실력이었다. 단성사 악단은 DS 혹은 TS 관현단, 조선극장 악단은 CS 관현단, 우미관 악단은 UM 관현단으로 출연하였다.

> 경성 키네마계도 아무튼 변해왔다. 그 옛날 피아노라는 것이 없어서 소란스러운 악대가 큰북이나 나팔을 마구 불어댔었지만, 현재는 각 관 모두 품위 있는 오케스트라단을 조직하고 있다. (…중략…) 옛날 경성에서는 음악부는 분명 악대의 '둥둥, 동동'이었지만…….
>
> 마쓰모토 데루카(松本輝華), 「경성키네마계 풍문록1」, 1925.4

극장의 규모는 단성사와 우미관이 비슷하였다. 1912년에 만들어진 우미관은 2층 건물에 "청년회관 대강당은 어림도 없게 넓"이태준, 138면어 수용인원은 천여 명 정도였으며, 경성인에게 "우미관이 어디냐구만 물으시면 누구든지 아르켜 드릴"박태원, 381면 익숙한 공간이었다.

일본인들이 자주 찾는 상설관은 일본인 음악가들이 음악을 담당하였다. 대정관의 우타가와 순요歌川春葉는 악보 관련 일까지 맡아서 했고, 1921년 황금관 오케스트라는 매우 수준이 높았다. 중앙관의 악사로는 악장 시마다 히로시島田弘, 부원 노무라 미쓰코野

村光子, 시마무라 가나메島村要, 야스타 기요시安田淸, 가마노 사부로鎌野三郎, 유키 이치로結城一郎, 기누가와 쓰토무衣川務, 야나기가와 마사키치柳川正吉 등이 있었고, 희락관은 음악담당자를 새로 영입하였으며, 중앙관은 다나카 아사도리田中朝島가 음악을 맡았다. 다나카 아사도리나 희락관의 악장 시라이 소잔白石蘇山, 대정관의 악장 무라야 비스이村谷美翠는 뛰어난 바이올린 솜씨로 유명하였다. 몇 달 후 다나카 아사도리는 황금관으로 자리를 옮겼으며, 대정관의 음악도 우타가와 순요가 만주로 가고 오사카 아사히좌朝日座에서 온 다카사카高坂가 책임자로 오는 등 음악가들이 일자리를 찾기 위해 여러 도시로 이동하거나 경성 안에서 이직하는 일이 빈번하였다. 특히 재조일본인들 사이에서 도쿄의 지진으로 상설관이 거의 다 타버려 직업을 잃은 유능한 변사나 악기 연주가를 일본에서 데려오자는 의견이 나왔고, 영화관계자 마쓰모토 데루카松本輝華도 "대지진을 만나 다시 동경에서 경성으로 도망"왔다고 하는 것을 보아 조선은 일본인들이 쉽게 일자리를 찾아다닐 수 있었던 일본의 한 지역으로 여겨졌다.『일본어잡지로 보는 식민지 영화』I·II 참조

극장 연주가 음악가들에게 인기가 있었던 이유는 이흥렬李興烈, 1909~1980의 일화를 보면 짐작할 수 있다. 일본 도쿄에서 유학할 때 도쿄의 한 극장에서 연주 아르바이트를 한 이흥렬은 "영화관은 영화를 개봉하는 첫날에만 고생을 하면 그 영화가 끝나는 대개 1주일은 같은 곡을 연주하기 때문에 좀 기술이 부족하더라도" 눈치껏 극장 연주 아르바이트가 가능했다고 한다.이흥렬, 130면

1921년 경성극장에서 4일간 열린 활극영화대회는 조선을 대표하는 이왕직악대의 후신인 경성악대가 연주를 맡았다. 조선공론사가 창간 10주년 기념사업의 하나로 개최한 이 행사는 "조선을 대표하는 각 상설관 변사들"을 섭외한 사상 "초유의 사건"으로 빗길에도 "밤낮 할 것 없이 만원"을 이룰 만큼 성행하였는데,松本與一郎, 1921.11 이렇게 큰 행사를 조선의 악대에게 맡긴 것은 경성악대의 실력이 자타공인 인정받는 실력으로, 경성의 상설관에서 연주하던 일본인 악대의 수준과 비교했을 때 전혀 뒤떨어지지 않았던 것을 짐작할 수 있다.

(4) **카페**

1923년 최초의 다방 후타미二見가 메이지초明治町에 개업하고 얼마 후 혼마치에 금강산金剛山과 명치제과 등이 생겼다. 이후 개업하는 낙랑파라, 에리사, 트로이카 등이 클래식 음악을 감상하는 공간으로 유명해진 다방이며 혼마치에 위치하지만 주인은 대부분 문화 활동을 하던 조선인 지식층이었다는 것이 큰 특징이다. 값싼 음료 한 잔에 오랜 시간 있을 수 있으며, 때로는 미술 감상이나 음악 감상까지 겸할 수 있으니 카페의 인기는 엄청났다. 차 한 잔 시키고 하루 종일 벽을 등지고 앉아 음악만 듣고 있는 사람을 일컫는 '벽화壁畵'라는 말도 등장했다.이혜구, 51면

15전의 아이스커피 한 잔 주문하면 가게가 닫을 때까지 몇 시간이

〈그림 31〉 낙랑파라 내부(사진의 오른쪽 하얀판에는 조선음악 레코드 콘서트라고 쓰여져 있다)

> 고 앉아 있을 수 있는 대중적인 도시의 휴식처이다. 그리고 또 이곳은 편리한 사교장이기도 하다. 조출한 유화 개인전을 여는 때도 있고, 레코드 콘서트를 하는 때도 있다.
>
> 암본정이(岩本正二), 『여름밤의 경성 무풍대를 가다』, 1937.7

조선인 화가 이순석李順石, 1905~1986이 운영하는 카페 낙랑파라樂浪 parlour는 장곡천정에 위치하며, 1층은 카페, 2층은 자신의 아틀리에로 꾸몄다. 1층의 카페는 서구적인 인테리어로 작곡가 슈베르트Franz Schubert, 1797~1828나 독일 여배우 디트리히Marlene Dietrich, 1901~1992 같은 예술가 사진을 걸어두었고, 화가, 음악가, 문인 등 예술가들의 아지트 역할을 하였다.박옥화, 1933.10 이곳은 조선인뿐만 아니라 일

〈그림 32〉 명치제과 스테이지 광고 도판

본인도 많이 찾았는데 명곡 연주회나 예술 회합이 종종 열렸다. 낙랑파라에서는 매주 금요일 빅타 레코드의 신곡 연주가 있고 가끔 미술전람회도 열렸으며,「끽다점 평판기」, 1934.5 1932년 “시성詩聖 괴테” 서거 백년제, 안석영이 시나리오를 쓴 영화 〈춘풍〉감독 박기채(朴基采), 1935축하회, 화가 구본웅具本雄, 1906~1952의 개인전, 경성제대 만돌린 연주회와 같은 문학인의 모임, 출판회, 음악회, 전시회 등이 개최되는 각종 예술행사의 상징적인 공간이었다.「끽다점 연애풍경」, 1936.12

일본인이 운영하는 명치제과는 혼마치의 과자점으로 간식과 음료를 팔며 음악을 향유할 수 있는 대표적 공간이었다. 명치제과는 충무로 2가 63-1에 지어진 3층짜리 건물로, 1930년 4월부터 9월에 걸쳐 지어졌으며 10월 1일 개점하였다. 전면 부분을 모두 창으로 처리한 세련되고 모던한 양식으로, 도쿄의 모리야마森格之助 사무소에서 설계하였다.윤인석, 143면 명치제과는 건축과 설비에 18만원을 투자하여 식기와 설비에서 경성 최고라는 수식어를 드러내었고, 제과회사지만 과자를 파는 것이 목적이 아니라 문화가 있는 찻

집에 비중을 두었다. 제과점에서 파는 밀크초콜릿, 양과자, 케이크 등 서양식 디저트는 서양음악과 잘 어울렸다. 약 100년이 지난 현재, 커피전문점 스타벅스Starbucks가 '공간을 판다'는 모토로 세계 각지에서 성업 중이듯, 당시 혼마치의 다방들이 이러한 도시문화의 선두 주자 역할을 하였다. 특히 음악을 듣기만 하는 다른 다방과는 달리 명치제과는 직접 음악회를 개최할 수 있는 홀을 매장 3층에 두었다는 사실이 이채롭다. 명치제과는 신문에 홍보 광고를 낼 때도 스테이지stage가 있다는 것을 명시하였다.'명치제과 광고', 『동아일보』, 1930.9.30

명과明菓라고도 불리던 명치제과는 "10전으로 맛있는 커피를 즐길 수 있었다. 보통은 15전, 일류점은 20전 정도였다"가와무라 미나토, 17면 는 것을 보아 저렴한 가격으로 커피와 차를 즐길 수 있는 순수한 다방으로 누구나 쉽게 방문할 수 있었다. 이곳은 경성에서 열리는 음악회의 주요 입장권 판매소 역할도 하였고, 연습실로도 사용되었다. 경성제대 만돌린부는 주 2회 명치제과 3층 홀에서 연습하였다.경성제국대학 학우회, 1931, 123면 1932년 11월 23일 〈성대 만돌린부 행진곡〉을 작곡한 만돌린 부원 다카하시高橋功의 작품발표 연주회가 이곳에서 열렸으며,경성제국대학 학우회, 1932, 160면 1933년 6월 14일 홍난파, 홍성유洪盛裕, 1908~1936, 이영세李永世, 1911~1988 세 명의 바이올린 연주자로 결성된 난파 트리오도 여기서 공연하였다. 다과비 35전이 적혀있는 것을 보아 간단한 음식을 곁들여 편하게 즐기는 살롱 음악회를 추구했던 것 같다. 그밖에 김관이 직접 해설하는 레코드 명곡

감상회 등이 열렸다. 카페에서의 음악회는 청중들과 가까이 소통하는 음악회로 음악문화의 진입 장벽을 낮추었다.

경성에서 열린 대부분의 음악회는 종로의 기독교청년회관과 혼마치의 경성공회당에 집중되어 있었고, 지정학적으로 조선인 중심지와 재조일본인 중심지로 나뉘어 있었으므로, 이 두 공간의 음악회를 비교하면 종로와 혼마치 음악회의 특징과 차이를 감지할 수 있다.

종로의 기독교청년회관 음악회는 초기에 매우 활발한 활동을 보이지만 1920년대 후반으로 갈수록 급격히 감소하는 모습을 보여, 종로에서 열린 음악회의 인기가 시들해졌음을 확인할 수 있다. 반대로 혼마치의 경성공회당 음악회는 공회당이 설립된 1920년부터 차차 음악회가 열리기 시작하더니 1920년대 중반부터 10년간 큰 변화 없이 꾸준히 개최되는 모습을 보인다. 이러한 특징과 차이는 피식민자 / 식민자, 조선인 / 재조일본인, 종로 / 혼마치 등 이분법적으로 명백히 구분되는 경성의 모습과 밀접하게 연관되어 있다.

제3장

이중도시 경성의 음악회 특징과 음악적 경성의 면모

1

조선인의 문화_종로의 음악회

2

재조일본인, 그들만의 문화_혼마치의 음악회

식민지배자인 일본인과 피식민자인 조선인의 근대에 대한 사고 차이는 음악문화가 형성되는 음악회 현장을 크게 두 범주로 구분했으며, 이 이중성은 음악적 근대도시 경성의 면모에 고스란히 반영되었다.

경성의 음악회는 공연장이 있는 지역에 따라 조선인과 재조일본인 거주 지역으로 철저하게 구분되었다. 종로의 공연장은 조선인들의 공간으로 서구식 공연의 시작 단계에 있었으며, 일본인들의 거주지인 혼마치에서는 전문음악인들이 참여하는 격 높은 공연들이 기획되었다. 종로에는 기독교청년회관, 천도교당을 비롯해 조선인들이 중심이 되는 예배당, 학교, 극장이 분포되어 있어, 그 건물들의 강당이 음악회장으로 사용되었다. 반면에, 혼마치에는 경성공회당, 내청각, 조선호텔처럼 조선인과 재조일본인이 혼재하는 공간도 있었지만, 경성기독교청년회관, 경성메소디스트교회 등 오로지 일본인을 위한 공간도 입지立地하였다.

1. 조선인의 문화 종로의 음악회

조선인을 위주로 개최되었던 종로의 음악회는 당시의 사회문화적, 그리고 지정학적으로 근대화와 식민화라는 두 가지 상황을 바탕으로 발전되었다. 사회문화적 측면에서 조선인에게 음악회는 근대인의 필수적인 도시 경험의 하나였다. 전통적인 조선의 음악문화와 달리, 청중들은 실내 공간에서 음악회라는 이문화異文化를 접하였고 음악가들은 신문화의 선구자로서 음악회문화를 이끌며 정착시켰다. 지정학적 측면에서 종로의 음악회는 식민지라는 특수한 상황에서 식민자의 통제를 위한 피식민자의 민족 공간이자, 일본식 서구문화를 식민지에 뿌리내리는 공간으로서 기능하였다.

1) 음악회를 통한 조선인의 근대적 도시 경험

대중문화를 주도하는 대중은 유사한 생활 패턴을 공유하며 평범한 일상에서 벗어나기 위해 문화라는 특별함을 추구하는 경향이 있다.존 스토리, 27면 경성의 대중들은 극장과 음악회를 다니며, 소설이나 잡지를 읽고, 백화점을 구경하고, 공원과 동·식물원으로 산책을 다니며 근대도시를 경험했다.

음악회는 고가의 입장료를 지불해야 했기에 중상류층 도시인 위주의 문화생활이었다. 도시의 급격한 변화로 인해 도시 빈민이 산재한 경성에서 서구식 음악회는 누구에게나 열려 있어도 누구나 갈 수 있는 곳은 아니었다. 음악은 자본주의 이데올로기를 대변하는 매개체 중 하나였으며, 음악을 소비하는 대중은 음악회를 다님으로써 새로운 권력의 일부가 되어 음악회를 통해 자신의 계급과 지위를 확인하였다.차지원, 158면; 자크 아탈리 재인용 당시 새로운 질서를 원했던 경성의 도시인들은 앞다투어 음악회에 참석하였고, 그들은 엘리트, 교양인, 지식인, 문화인이라는 칭호와 더불어 우월감까지 선사 받았다. 그러면서 음악회에 가지 못하는 대중과도 차별되기를 원했다. 그러나 음악회에 다니는 경성인들 중에 정작 서양음악을 이해하고 수월하게 감상할 대중이 얼마나 되었을까. 초기의 음악회 풍경을 담고 있는 기록들에서, 음악회 레퍼토리나 악기의 수준을 통해 음악을 잘 모르는 사람들도 쉽게 즐길 수 있었던 장기자랑 같은 초기 근대 음악회의 모습을 찾아볼 수 있다.

그때1915년에서 1920년경—인용자의 음악회란 음악전문가들의 예술적 연주회나 연구발표회가 아니라 서양선교사들을 중심으로 한 어릿광대들의 소기素技에 지나지 못했던 것이니 그러므로 해서 그 당시의 프로그램을 회상해 본다면 찬송가 독창이나 유행소곡과 아울러 하모니카 독주나 명적明笛, 만돌린, 심지어 이삼십 전의 완구악기인 감자甘蔗, 사탕수수—인용자 등 까지가 당당히 등단했다.

홍난파, 「조선문화 이십년(27)—음악편(1)」, 『동아일보』, 1940.5.19

성악이나 기악이나 제법 전문한 사람은 별로 없었고, 예배당 찬양대원들이 중견 악사들로 독창에, 합창에, 피아노에, 풍금에, 바이올린

> 은 물론 코넷, 플루트, 하모니카, 요꼬후에橫笛, 대금과 비슷한 일본 악기—인용자까지 등장하였다. 곡조는 모두 단순한 것들로 순서는 삼십 가지가 으레 넘었다.
>
> 이태준, 『사상의 월야』

"1920년대가 될 때까지도 예배당이든 술집이나 기생집이든 찬송가가 유행하였"「현하 악단(現下 樂壇)을 돌아보면서」, 1926.1 기에 음악회 곡목은 찬송가나 유행가가 주요 레퍼토리였고, 위에서 언급된 악기 외에 톱도 등장했다. 톱을 그어 소리를 내는 톱 연주를 악기 연주라 할 수 없지만 안대선W. J. Anderson, 1890~1960이나 황재경黃材景, 1906~1984의 톱 연주는 조선인 중심 음악회에서 종종 공연되었다. 초기의 음악가는 "음악을 전문공구專門功究하는 인人은 아니요, 흔이는 부업으로써 다소간 이 방면에 소양과 취미를 남보다 더 가졌"홍난파, 1925.4던 사람들이었고, 음악을 생업으로 하는 음악가들도 자신의 전공 분야가 아니어도 자신이 할 수 있는 모든 장기를 선보이며 청중들을 즐겁게 해 주었다. 김형준은 작사·작곡, 성악, 나팔까지 섭렵했으며, 김영환은 피아노, 바이올린, 작곡을 겸했다. 박용구는 이를 분업화의 문제로 지적하였지만박용구, 115면 당시 소수였던 음악가들이 현실적으로 음악계를 지탱해 나가기 위한 도전과 노력이기도 했다.

근대 유행물인 음악회는 사교의 공간으로도 이용되었다. 현진건玄鎭健, 1900~1943의 소설 「까막잡기」1924를 보면, 전문학교에 다니는 상춘은 학수에게 여학교 주최로 열리는 청년회관 춘기 대음악회에 가기를 권한다. 음악을 모르니 가지 않겠다는 학수에게 상춘은 하이칼라 여학생은 다 올 것이니 여학생 구경이라도 가자며 일등표까지 사주고 데려간다. 이 소설 속 음악회는 남학생이 여학생을 만나기 위한 공간으로 그려진다. 현진건의 또 다른 소설 「B사감과 러브레터」1925에서도 여학생에게 기숙사로 남학생의 편지가 오면, 사감은 "학교에서 주최한 음악회"에서 만났냐며 문초하였다. 경성인들에게 음악회란 남녀가 만날 수 있는 공개적인 연애 장소로 인식되었다.

> 거기음악회장-인용자에는 아낙네도 있고, 부인도 있고, 처녀도 있고, 중학생도 있고, 영양令孃도 있고, 전문학생도 있고, 신사도 있고, 노동자勞動者도 있다. 어떤 안경 쓴 양복쟁이는 입구에서부터 활발活潑한 안구眼球의 운동을 개시開始하면서 부인석婦人席이 어느 편에 있는가를 발견하려고 노력하는 것을 볼 것이다. 그리고 어느 자리에 앉으려고 자리를 찾을 때에 부인석 근처近處에는 도저到底히 앉을 만한 빈자리가 하나도 없는 것을 볼 것이다. 여기서 음악회에 가는 것은 음악 들으러 가는 것이 아니라는 것을 체험體驗할 것이다.
>
> 「음악회」, 1926.9

이성을 만나기 위해서가 아니어도 놀거리가 없던 대중들에게 가무歌舞가 허용되는 음악회는 청중도 온몸으로 즐길 수 있는 분위기였기 때문에, 연극이나 영화처럼 수동적인 자세를 취하는 문화 생활에 반해, 음악회는 남녀가 같이 노래하고 춤추고 노는 쾌락이자 여흥이나 오락 격으로 인식되었다. 그래서 "일 원이나 이 원의 고가의 입장료를 선선히 내는 청중들"은 비싼 가격임에도 불구하고 "일석一夕의 유흥기분으로 이것에 만족"홍난파, 1940.5.19하며 음악회를 다녔다.

실내 공간으로 들어온 지 얼마 되지 않은 낯선 음악회에서 정형화된 음악회 예절은 없었다. 경성인들은 '조선식 수용'으로 변형된 음악회를 경험하였다. 조선인을 중심으로 하는 음악회 공간에서는 음악무도대회가 자주 열렸다. 깃발이 펄럭이는 실내장식이며 무대 아래에서 손을 잡고 춤을 추는 장면은 우리가 생각하는 음악회의 모습과 다르다. 음악회장 안에서 관객은 여전히 야외에서 유희를 즐기던 때처럼, 음악은 배경음악처럼 생각하고 개인의 흥을 위해 행동하였다. "어린 아기가 빽-빽-하고 울 때에 '아이고 요 녀석아!'하고 엉덩이를 찰싹찰싹 때리는 부인네"「보는 대로 듣는 대로 생각나는 대로」, 『동아일보』, 1926.9.26부터 "아무 이유도 없이 고함을 벽력 치듯 하고 마루를 구르며", "사회자나 연주자에게 욕설"박경호, 1928.3.7을 하는 사람들도 있었다. 자기들끼리 잡담을 하거나 연주자에게 말을 걸며 소리를 지르고 아무 때나 박수치거나 담배를 피우면서 돌아다니는 일이 비일비재하였다. 러시아의 슬라뱐스카야 합창단 공연 광고 기사에서 주최 측은 청중들에게 곡이 끝났을 때만 박수 치는 것과 금연을 요구하였지만 이후 음악회 평을 보면, 담배를 피우는 사람이 많았고 소리 지르는 사람까지 있었다고 한다.「청추(淸秋) 악단의 일대경이 미성절창의 노농(勞農)합창단」, 『동아일보』, 1927.9.23; 「장외까지 창일한 관중 미묘한 선율에 심취」, 『동아일보』, 1927.9.25

〈그림 1〉 홍난파, 김영환 듀엣

기독교청년회관에서 열린 음악회에서 김영환이 연주 전 피아노 의자에서 기도하는 자세를 하고 있었는데, 2층 객석에서 빨리 시작하라며 재촉하였다. 이에 김영환은 청중석을 노려보았고 청중은 연주자가 노려본다며 고함을 쳤다. 김영환은 홧김에 연주도 하지 않은 채 퇴장하였고 청중들은 입장료를 환불하라며 소리쳤다. 김영환은 이날 느낀 수치감과 모욕감으로 이후 음악회에 거의 출연하지 않았다고 한다.이혜구, 24~25면

이러한 현상은 비단 음악회만의 문제가 아니었다. 문화 전반에서 조선인들의 거친 군중심리에 대한 비판이 쏟아져 나왔다. 공연이 마음에 들지 않는다고 야지やじ 혹은 야유를 보내는 행동이 유행하여 각종 강연회, 음악회, 극장 등 모든 실내 공간에서 흔히 벌어졌다. 시내 상영관은 "일부 학생 관객들이 너무나 야유를 많이 보내 급기야는 중지할 수밖에 없는 상황"이 되었고 이를 목격한 일본인은 "이것이 조선인"이라며 조선인의 관람 태도에 대해 민족적 비판까지 서슴지 않았다.松本輝華, 1923.2

근일에 참으로 일종의 악풍이 유행되는 것 같습니다. 강연회나 음악회나 기타 어느 공중의 좌석을 불문하고 소위 '야지'라는 것이 있습니다. (…중략…) 연주자의 연주가 끝나면 박수치는 한편에서는 "쉬! 쉬!" 하는 소리가 들립니다. (…중략…) 이러한 불가해의 괴풍이 유행이 되더니 어린 학생들은 잘해도 "쉬!" 못해도 "쉬!" 으레 악곡의 종곡綜曲과 같이 붙어 다니게 되었습니다 그려.

홍난파, 「악단의 뒤에서 음악회를 주최하는 제씨에게(속)」, 『동아일보』, 1924.7.21

홍난파도 조선인들의 관람 태도에 불만을 품고 청중들을 비난하였다. 박경호 역시 청중뿐 아니라 음악회의 진행에도 문제가 있었던 당시의 음악회 풍경을 비판하였다.

박수가 일어난다! '재청이다! 또 해라! 그만 두어라! 쉬! 쉬! 으아! 으아!' 소리가 벽력같다. 이층에서는 마루를 구른다. 먼지가 일어난다. 사진사가 막네 숨마그네슘-인용자을 피워 연기가 자옥하다. 이야말로 포화砲火를 상교相交하는 전쟁의 일一 장면인 듯하다. 순서를 바꾼다는 광고가 연방 있다. 이 모양으로 음악회는 끝났다. 사회하던 분은 아주 대성황이라고 희색이 만면하야 분주히 돌아다닌다.

박경호, 「빈빈한 음악회에 대하야(2)」, 『동아일보』, 1926.12.4

당시 조롱이나 훼방을 뜻하는 '야지'라는 행동이 조선인들 사이에서 유행하였다. 한 서양인도 음악회에 출연했다가 조선인들의 야지를 받고 더 이상 조선인 음악회에 출연할 수 없다고 했다.홍난파, 『동아일보』, 1924.7.21 "야지꾼과 비신사적 행동을 하는 자는 거의 다 공짜 입장자"박경호, 『동아일보』, 1926.12.6라거나 돈을 "주고 들어가는 이 역시 가련하"박경호, 『동아일보』, 1926.12.4다는 말까지 돌았다.

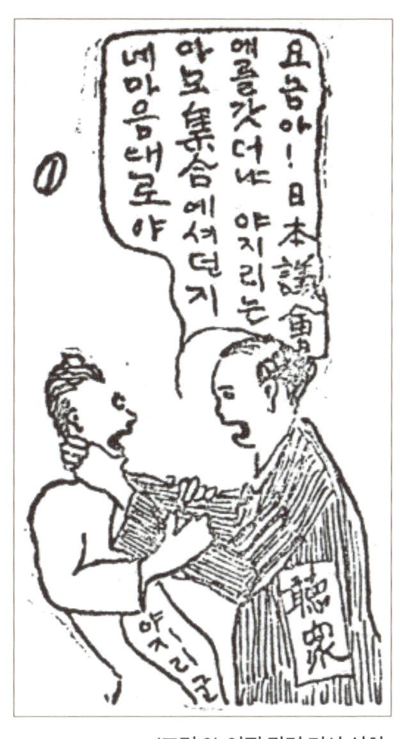

〈그림 2〉 야지 관련 기사 삽화, 잡지 『동명』, 1923.2

음악회의 분위기가 이렇게 흘러가자 음악가들은 청중의 태도를 비난하며 음악회 예절을 요구하였다. 음악가들은 음악을 모르는 대중을 "음맹환자音盲患者"홍난파, 1931.3 혹은 "악맹樂盲"이라고까지 칭하며, "음악문화의 '가갸거겨'를 가르쳐"야 한다거나 음악회에서의 예의 없는 행동에 대해 "광태狂態"라는 강한 어조로 비꼬았다.박경호, 『동아일보』, 1928.3.7~8; 1935.4.24 이러한 현상은 재조일본인 음악가들에게도 나타나, 음악을 잘 모르는 사람들이 점차 음악회를 찾지 않게 되자 "불순물이 제거된 형태"가 됐다면서 음악회의 "건전한 발달은 이제부터라고" 이야기하였다.「음악을 말하는 모임(音樂を語る會) (2)」, 『동아일보』, 1930.9.17 초기의 공공 오락 기능을 하던 음악회는 점차 음악회 예절을 요구하며 '조용한 대중'을 원했다. 더 이상 음악회는 누구나 즐길 수 있는 편안한 공간이

아니라, 대중의 소리를 차단함으로써 긴장감으로 가득 찬 경건한 장소로 탈바꿈하는 과정을 통해, 서구화되고 '격식' 있는 근대문화로 변화하고 있었다.

사실 조선의 대중에게 서양음악이 아무리 근대화를 타고 들어왔다고 해도 많은 사람의 기호에 맞추기는 어려웠다. 일부 엘리트 계층에서 서양음악이 인기 있고 유행했다 하더라도 대다수 조선인에게는 여전히 조선음악이 편하고 익숙했다. 서양음악을 불편해하는 대중도 많았다. 서양 어법으로 쓰인 음악, 외국어 가사와 생경한 악기 사용, 서양의 에티켓을 갖고 듣는 음악이 조선인에게 쉬웠을 리 없다. 낯선 이문화가 생소하고 어렵지 않다면 그것이 더 이상한 일이다.

대중이 음악회에 가는 가장 큰 목적은 즐기기 위해서였다. 음악회에서 오락적 기능이 상실되면 대중과의 거리가 생길 수밖에 없다. 대중들은 마치 교양수업이나 강연을 듣는 것처럼 딱딱한 서양음악의 예절 속에서 불편함을 느끼고 오히려 반감을 갖기도 했다. 경성의 음악가들이 음악회의 격을 앞세워 대중의 이문화 수용 방법을 무차별적으로 비판한 것은 문화적 차이가 큰 대중에게 가혹한 처사였다.

낯선 문화를 받아들이고 적응해가던 대중들이라도 비싼 돈을 내고 가는 음악회가 매번 똑같은 연주자와 똑같은 곡목의 반복이니 싫증이 났다. 거기다 음악가들의 예술가적 우월감과 오만한 태도는 대중들의 이런 심리를 더욱 자극했다. 소설가 유진오가 다방의 지식인들이 멍하니 교양과 고민 있는 '체'하며 시간을 보낸다고 비난했듯이, 예술가의 태도는 대중과의 거리를 만들었다.

이것은 일본인도 마찬가지였다. 일본음악보다 서양음악을 향한 무조건적 찬양이 대세였고, 이를 비판하는 목소리도 거세었다. 비판하는 사람들은 "의미도 모른 체 서양음악을 흉내 내어 연주하거나 듣거나 하면서도, 정작 자국의 음악을 연주하는 데에는 전혀 돈을 투자하지 않"거나 "일본의 전통음악을 마치 불건전한 음악으로 취급"한다며 "일본인은 자국의 음악을 제멋대로 비하하고 서양음악을 존중하는 나쁜 습관이 있"고 이것은 "필요 이상의 겉치레"라 지적하였다.北村花汀, 1914.9

음악가들은 이러한 분위기 속에서 어떠한 방법으로든 실추된 양악의 이미지를 향상하고자 하였고, 주도적으로 양악의 경계를 만들어 양악의 위치를 고취하는 일에 신경 썼다. 또한 서양음악이 생소하고 어색해서 어렵지만, 그 정도는 받아들일 수 있어야 고급스러운 사람이 될 수 있다는 구도를 만들어 내었다.

음악가들은 우선 신문이나 잡지 등 저널리즘의 힘을 이용하여 서양음악을 찬양했다. 하이든Franz Joseph Haydn, 1732~1809이나 모차르트Wolfgang Amadeus Mozart, 1756~1791, 베토벤 같은 유명 작곡가들의 생애와 그들의 작품 설명을 매체에 자주 실어 그들의 위대함을 극찬하였다. 그뿐 아니라 조선인들에게 서양음악을 듣는 법이나 서양음악 레코드를 고르는 법, 서양음악의 본산지인 해외 여행기나 유학 생활기 등을 반복적으로 알려줌으로써 조선인들에게 서양과 서양음악에 대한 가치를 인식시키고 환상을 심어주었다. 홍난파는 잡지에 서양음악에 관한 글을 실으면서 "음악을 듣기 싫어하는 이는 애당초에 읽지도 말라"고 부제副題로 못 박았다.홍난파, 1931.3 음악가들의 이러한 글들은 독자들에게 서양음악을 소개하는 것에 그치지 않고 음악문화의 고급화라는 장벽을 만드는 데 사용되었다.

또한 음악가들은 인기 상승이던 유행가의 위상을 하락시켰다. 근대 초기에 유행가를 취입하거나 유행가 반주를 하고 음반 회사에서 일하던 음악가들조차 유행가는 나쁜 노래라는 인식을 대중에게 심어주기 바빴다. 초기에는 윤심덕, 채규엽蔡奎燁, 1906~1949, 홍난파 등 서양음악 전문가들이 유행가를 녹음하고 재즈밴드를 만들어 활동하였다. 최호영, 홍난파, 현제명 등은 음반 회사에서 일하기도 했으며 홍난파의 경우 나소운羅素雲이라는 예명으로 빅타 레코드 전속 작곡가로 활동하였다. 그랬던 그들이 유행가에 "야비하고 속악한 음악"현제명, 1933.2이라며 몸에 나쁜 "사카린"김관, 1931.4이나 "떠들썩한 잡소리"「사상가, 문예가의 음악관」, 1939.4의 이미지를 덮어씌우고, 반면 서양음악은 "깊고 고상한 음악"김정순, 1932.4이라는 이미지를 만들었다. 그러자 소위 인텔리라 할 수 있는 문예평론가 민병휘閔丙徽, 생몰년 미상조차도 현재 악단樂壇에 대한 불만으로 "너무 '노블'한 것이 불만"이라며 조금 더 대중적일 필요가 있다고 지적하였다.「사상가, 문예가의 음악관」, 1939.4

그러나 음악가들은 현실적으로 양악이 대중적인 취미로 향유되기 어렵다는 것을 깨닫고 소수만을 위한 고급화 전략으로 서양음악의 향유 계층을 지정하였다. 서양음악을 듣는 것이 상류층문화를 상징하는 것으로 인식시키기 위해 음악가들은 자신들의 독특한 점을 부각하고 사회적으로 낮은 계층의 "풍속과 견주어 우월한 자신들의 풍속을 강조"노르베르트 엘리아스, 154면하였다. 양악은 점차 '생소, 어색→어려움→고급'이라는 인식이 굳혀지게 되었고, 서양음악을 향유하는 사람은 특별하다는 차별화가 성공하게 되었다. 이러한 음악가들의 태도는 서구의 문화만을 교양 있고 세련되고 개화된 문명의 표상으로 여겼기 때문에, 우리 민족의 문화적 특성이나 전통적 관습, 기질, 의식 등은 배제한 채, 무조건 서구를 기준으로 규정하는 문제를 갖고 있었다.

> 새로운 것은 늘 상층 부르주아들에게 우선 열려 있었으며, 이들을 중심으로 이를 재생산하고 소비하는 새로운 구조가 이른바 '문화계'를 장악하게 되고 이는 필연적으로 문화예술의 엘리트화와 함께 사회로부터 고립되어 단절된 '계'를 형성하게 되었다.
>
> 김진송, 『서울에 딴스홀을 허하라』

음악가들의 이러한 독단적인 행동은 자신들만의 아비투스Habitus를 형성하고 단절된 음악'계'를 구성하게 되었지만 이마저도 체계적이지 못한 상황에서 여러 가지 분열이 일었다. "네 패, 내 패하는 음악가들" 혹은 "음악회를 연다고 저희들 패끼리 더러운 싸움만 하는 음악가들"「TWILIGHT 여덜뫼」, 『동아일보』, 1924.6.30이라는 불명예스러운 말이 돌았고, 홍난파를 위주로 한 일본파와 현제명을 위주로 한 미국파로 나뉜 암류暗流의 존재도 수면 위로 드러났다.「조선악단 회고와 전망 좌담회」, 1935.4 박경호도 그러한 사실을 인지하고 일본파와 미국파로 나뉘는 것이 "미국에서 공부한 자와 일본에서 공부한 자가 서로 갈리어 싸움을 한다는 말인 듯" 하나 실상은 그렇지 않다고 해명하였다.박경호, 『동아일보』, 1935.4.26 그러나 음악계 안에서 분쟁이나 패권이라는 말이 왕왕 나오는 것은 우연이 아니었다. 음악가들은 엘리트라는 자신의 권력을 남용하여 악계의 세력 다툼 혹은 밥그릇 싸움에 열중하고 있었다.

그뿐만이 아니었다. 김관이 꼬집고 있듯이, 음악가들에게 영웅주의를 일컫는 "히로이즘Heroism"이나 속물을 뜻하는 스놉snob에 ~주의자-ist를 붙인 "스노비스트" 같은 행태가 만연해 있었다. "음악회가 초만원超滿員의 성황"김관, 1939.12이니 음악가의 콧대는 날로 높아져 자신이 영웅이라도 된 줄 알고 상류층처럼 행동하거나 고상한 척하는 모습이 과하여 '스노비스트'라는 꼬리표를 달게 되었다. 안기영도 "서로 잘났다고 떠드는 히로이즘"이 안타깝다면서안기영, 1939.4 자신의 인기에만 연연하는 음악가의 영웅 심리를 꼬집었다.「조선악단 회고와 전망 좌담회」, 1935.4 박경호도 음악가들이 자기중심주의를 버리면 좋겠다고 회유하였다.박경호, 『동아일보』, 1935.4.26

한동안 음악회에서는 전문가와 비전문가의 구분이 없었으나 소화昭和시대에 들어와서 점차 간극이 벌어졌다. 해외로 유학을 다녀온 '본격적인 음악가'가 대거 출연하는 1920년대가 되어 음악회의 질이 향상되고, 1940년경에 이르면 '소위 잡종 혹은 종합 음악회'라 할 수 있는 '특수 단체의 연중 행사적 모임'은 거의 개최되지 않게 된다.

홍난파, 「조선문화 이십년(29)-음악편(3)」, 『동아일보』, 1940.5.23

음악회의 주최자들은 전문가와 비전문가의 구분 없이 개최하던 초기의 "잡종 혹은 종합 음악회"와는 달리 전문음악가 중심의 예술적 음악회를 개최함으로써 음악회의 수준을 높이고자 하였다. 그러나 음악회의 질은 하루아침에 달라지지 않았다. 유학파 음악가가 증가하고 전문음악가의 노력으로 어느 정도 초기와는 다른 양상을 보였지만, 그사이 대중은 라디오와 레코드의 보급으로 빠르게 고급화된 음악을 경험하게 되었다. 대중들은 음악가들의 향상되지 않는 실력과 안하무인격 뻔뻔함을 지적하기 시작하였다. "일반 애호가들의 귀는 외래의 음악가의 연주회와 레코드로 말미암아 진보되"「조선악단인의 실력문제·방송문제」, 1936.7었고, 수준 높은 음악을 장소에 구애받지 않고 라디오와 레코드를 통해 싼값으로 반복 청취할 수 있게 되어 더 이상 음악회는 음악가들만의 전유물이 아니게 되었다. 조선인 음악가에 대한 평가도 비판적이었다. 일본인들 역시 "오합지졸에 지나지 않는" 조선인 악계는 "연주자 과다증이 가져온 침체와 무기력"이 문제라고 지적하였다.경성일보사 편, 1940 이제 음악계는 이러한 대중의 외면을 자각하고 더욱 고급화되고 전문화되기로 하였다. 제도권에 편입하기 위하여 학교마다 음악과를 설치하거나 음악가가 자비自費를 털어 직접 음악교육기관을 만들어 학생을 유치하였다. 음악가들은 무료로 피아노를 레슨 해주거나 싼값에 연습실을 대여하며 음악도를 양성하였다.'광고', 『음악』, 1936.2 외 모든 유행은 시기가 있듯이 '조선식 음악회'의 유행도 이렇게 막을 내렸다. 이제 음악가는 실력으로 대중을 다시 불러들여야 했다.

2) 식민지 권력과 상업주의

조선총독부는 피식민자들의 시선을 장악할 만한 문화행사를 열어주어 조선인들이 정치적 상황과 거리를 두게 하였다. 전람회, 박람회, 운동회 등등 대규모의 구경거리는 "집단적인 의식과 유행을 만들어" 냈으며, 이러한 모임으로 "식민대중을 새로운 세계로 편입시키려는 전략은 식민지배자들이 가장 즐겨 쓰던 방법"이자 "대중적 정서"를 이용한 자본주의 방법이기도 했다.김진송, 154면

서구의 우월의식, 즉 그들의 문명 의식은 문명화라는 미명美名 아래, 식민자로서 식민지 지배를 정당화하는 구실이 되어 식민지를 확장했듯이, 일제도 아시아를 문명화한다는 이름으로 포장하여 조선의 식민화를 공고히 하였다. 그와 동시에 개화를 통해 점차 문명화되어가는 식민지조선의 대중들도 문화를 민족적 자아의식의 표현 수단으로 사용하게 되었다.노르베르트 엘리아스, 167면 그렇기 때문에 일제는 조선인이 모이는 것을 항상 예의주시하였다. 대중은 집단성을 내포하고 있어 "권력을 쥐고 있는 이들에게 늘 불안의 대상"이었다.존 스토리, 16면

일제는 3·1운동 이후 식민지조선에 대한 통치전략을 무단통치에서 문화통치로 선회하였다. 조선의 대중을 '길들이기' 위한 일제의 계획은 문화를 이용하여 보다 안전하게 그리고 피지배자들이 안심할 수 있도록 식민화하는 새로운 전략이었다. 급격하게 증가하는 음악회의 횟수는 식민지 정책이 문화정치로 바뀌는 시기와 맞물려 일제의 음악을 통한 정치적 통제를 감지할 수 있다. 자크 아탈리의 주장대로 음악이 소음을 침묵시키는 데 기여한다면, 식민지조선에서 음악은 여러 의미의 소음을 제어하는 데 사용되었으며 식민지 권력은 소음을 여과시키는 매개체이자 "새로운 권력 행사장"차지원, 157면으로 음악회를 이용한 셈이다. 후지이 코키 역시 조선총독부가 관립음악학교 설치 등을 내세워 음악을 장려한 의도가 조선인의 정치적 관심을 다른 곳에 두게 하기 위함이라고 주장하였다.藤井浩基, 260면

아도르노Theodor Wiesengrund Adorno, 1903~1969나 호르크하이머Max Horkheimer, 1895~1973처럼, 대중문화를 무의식적인 순응으로 볼 때, 대중은 자동으로 반응하고 그들을 권위적으로 종속시키는 것이 가능하다. 음악회에 모인 대중에게 음악회는 지배적인 권력 구조 안에서 의식을 묶어두는 수단으로, 정치적 상상력을 무력화한다. 즉, 음악회를 통해 대중을 규제하고 나아가 탈정치화까지 노릴 수 있다.존 스토리, 53~54면

학예회를 한번 개최하려고 해도 "그림 한 장, 습자 한 장, 작문, 동요 한 장도 모두 일일이 당국의 검열을 받"아야 할 정도로 감시

〈그림 3〉 기독교청년회관 정문 앞 음악회 광고, 『동아일보』, 1927.9.20

가 심해 "삼천여 점의 작품을 모조리 검열을 마치고" "열 가지 아동극과 수십 가지 노래"마저 검열받은 후에 공연 준비를 할 수 있었으며, "장소도 천도교 기념관에서는 하지 못한다고 하여 공회당 사회관, 내청각" 등을 헤맸다고 하니 장소 빌리기도 여간 깐깐한 것이 아니었다. 그뿐 아니라 회장會場 앞에 아치나 광고판을 세우거나 종로에 광고탑을 세울 때도 시간이 흐를수록 예전에 비해 허가받기가 쉽지 않았다.안준식, 1932.7

〈그림 3〉을 보면, 기독교청년회관의 정문 오른쪽에는 라코디안아코디언-인용자 음악회 광고가 있고, 정문 한가운데에는 "연설演說 금지禁止"라는 공지가 있다. 이렇게 음악회나 강연회 등 모임이 있을 때마다 일제는 일일이 검열하여 참가자들을 문 앞에서 돌려보내

거나, 우여곡절 속에 시작하더라도 경관이 임검석臨檢席에서 지키고 있다가 자신의 마음에 들지 않으면 "백여 명의 경관은 장내 장외에 에워싸고 군중을 퇴장"시키기도 하였다.「강연금지 상습화」, 『동아일보』, 1920.7.28 외 다수

이처럼 음악회장은 대중의 집합이 이루어지는 동시에 대중에 대한 감시와 통제가 가능한 공간이었다. 검은 옷의 일본인 경찰이 항상 칼을 지니고 강경한 자세로 대중을 바라보는 분위기는 암묵적이나마 식민자로서 합법적으로 권력을 행사하는 동시에, 자연스럽게 조선인을 피식민자로 낙인시키게 하였다. 금기는 대중에게 수치감, 모욕감, 불쾌감을 주는 동시에 죄의식을 느끼며 자기검열self-censorship을 하게 만든다.

> 조선인에 대한 경찰 당국의 태도를 관찰하면 그 무리한 점이 비일비재하나니 실례를 거擧하면 음악회 같은 데서 "독창"을 한다 하면 "이는 필시 독립만세창"함이라 하여 금하며 강연회 같은 데서 "독립생활"이란 연제가 유하면 "이는 필시 조선의 독립을 의미"함이라 하여 금하며 신문이나 잡지 같은 데서 "자유"라는 의미의 기사만 있으면 "이는 필시 조선인의 자유 독립을 선전"함이라 하여 기휘忌諱하며 (…중략…) 음악의 일과一課인 "독창"을 "독립만세창"이라 하고 "생활의 독립"이란 것을 "조선독립"이라 하는 망단妄斷이 억抑천하에 안재安在하리오. 오인은 그런 무지몰각한 경찰을 비난치 아니치 못하겠노라.
>
> 「신경과민의 간도 경찰」, 『동아일보』, 1922.8.2

위의 기사는 간도間島 지방의 이야기이나 이것은 비단 한 지역의 문제가 아니었다. 종로경찰서에도 "조선말을 잘하는 자가 있어서 강연회 때면 이 자가 꼭 임석臨席을" 했고, 조금이라도 연사의 말투가 이상하면 미리 중단시켰다. 신문 검열도 마찬가지였다. 음악회, 강연장, 활동사진관마다 "입구와 관객석에 경찰이 있었던 것은 물론이고 무대 위 변사 옆에 걸상을 놓고"이순진, 34면 관객을 내려다보며 앉아 있는 경우도 허다했다. 이처럼 경찰의 강력한 통치와 지나친 간섭은 대중의 비난을 피하기 힘들었다.

종로의 음악회에는 언제부터 조선인만 있었던 것일까. 조선인과 일본인이 혼재하는 경성에서 조선인이 일본인 밀집 지역에 가듯이 일본인 역시 조선인 중심지를 오갔다. 1920년대 초까지만 해도 기독교청년회관의 음악회 출연자 명단에 일본인 음악가의 이름이 눈에 띈다. 그러나 어느 순간 일본인 음악가는 자취를 감추어버렸다.

1910년대 음악회장이라고는 기독교청년회관이 거의 유일무이였다. 그 시절에는 이곳이 조선인과 일본인, 서양인이 모두 함께 참여하고 관람하는 장소였다. 그러나 음악회의 횟수가 급격하게 늘어나면서 조선인 관객이 증가하여 일제의 통치가 지속되자 조선인과 일본인 사이 감정의 골은 깊어졌고 그들을 한 장소에 두는 것은 불편한 일이 되었다. 처지와 위치가 다른 불특정 다수의 두 민족이 한 공간에서 하나의 공연을 보는 일은 쉽지 않았다. 경성고등연예관의 소요 사태가 그것을 입증한다. 서양인과 일본인의 운동 시합 상영에서 조선인은 서양인을 응원하고 일본인은 일본인을 응원하다 난동이 벌어져 욕설은 물론 방석과 귤껍질이 서로에게 날아들어 일본인이 게타로 조선인을 때리는 일까지 발생했다. 음악회라고 그런 일이 없었다고 장담할 수 없다. 특히 두 민족이 한 공간에 있으면 "피식민자의 감정을 촉발하는 민족 간의 분쟁"이 생길 수도 있는 상황이었다. 결국 일제의 입장에서도 조선인 관객을 분리된 공간에 수용하여 조선인들만 모여 있는 장소에서 조선인의 행동을 주시하는 것이 더 효율적일 수 있다는 판단에이순진, 34~35면 조선인 중심의 음악회장이 마련되었다. 이러한 현상은 일본인들 역시 조선인을 배제한 자신들만의 공간에서 폐쇄적인 문화 활동을 영위한 영향도 있겠지만, 조선인들이 일본인의 음악회를 외면한 일종의 보이콧이기도 했다. 일본인 음악가와 일본의 음악문화를 수용하지 않겠다는 식민지조선인의 거부감이 만든 일종의 문화적 저항으로 말이다.

강하고 깊게 뿌리내린 식민자의 통치는 피식민자의 일상까지 침투해 개인의 취미 영역이라 할 수 있는 오락까지 영향을 뻗쳤다. 음악가들은 음악회를 열어 음악가의 생활을 영위하기 위해 자의든 타의든 일제와 협력하거나 일제의 위치를 이용할 수밖에 없었다. 조선인 음악가들에게 조선인이라는 고정된 위치는 일본인 음악가들과 평생 대등한 대우를 받지 못하는 상황에서 언제나 불안감을 느끼게 했다. "반도의 중심이라 해도, 경성의 음악계는 역시 지방적 성격을 띠"었다는 평가처럼 음악 수준도 '조선적 수준' 이라는 꼬리표는 '동경東京적 수준'의 반대말이자 피식민 음악가라는 말과 함께 일본인에 대한 열등감으로 배치되었다.경성일보사 편, 1935

당시 조선인으로서 일본인 사회에 편입되는 것이 얼마나 힘들고 어려웠는지, 그리고 일본인 사회에 들어가면 출세했다는 인식이 강한 것이 사실이었다. 그렇기에 일부 조선인은 조선인이라는 자격지심과 피해의식 때문에 일본인과 잘 지내는 방법을 택하기도 하였다. 하세가와 총독 아들과 동경음악학교 동기생이었던 김영환은 총독 부인과 일본 고위 관리들에게 피아노를 가르치고 접촉하면서 일본인들과의 친밀과 협력에 대해 언급한 바 있다.이유선, 130~131면 "일본인 측, 말하자면 대관집 출입이 더 많"고 "음악사교가라고 하는 편이 나을" 정도로 "취직자리나 학교입학의 청을 대도 꽤 잘 된다는 말이 있"던홍종인, 1931.6 김영환이 음악주임으로 있는 숙명여학교에 대한 비판을 봐도 그러한 환경을 눈치챌 수 있다.

지금只今 각 보통학교 생도들에게는 일본 동요, 더욱이 '사미센'이나 '고토'로 뜯어야 맛이 더 날 듯이 지극至極히 일본적 가요를 교수敎授한다. 이것이 다 학교 당국에서의 운명이니까. 분골쇄신이 되더라도 '거역拒逆' 할 수는 없는 일이지마는 깊이깊이 노력할 여지는 있지 아니할까? 비단 소학교이랴, 여자고등보통학교라는 데에 창가 교수敎授만 하더라도 그렇다. 좋은 예를 들어 숙명여학교淑明女學校를 보자. 무엇으로 보던지

조선적인 노래를 가르칠 만한 곳이다. 우선 학교가 조선사람의 학교요, 음악주임 선생이 그것쯤은 알 듯한 조선사람이라 믿을만한 곳은 그래도 그곳이라고 나는 여태껏 생각하여 왔었다. 그러나 놀라지 마라. 조선사람의 음악 담임擔任 선생을 둔 숙명보다도 조선어를 통치 못하는 일본인 음악선생을 가진 진명進明이 도리어 조선 정서가 난다. 예술가라면 예술교육이 무엇인가도 알 필요가 있고 더욱이 학교 선생 노릇을 하려거든 도서관에 가서라도 예술교육에 대한 것을 보고 올 필요가 없을까?

「현하 악단(現下 樂壇)을 돌아보면서」, 1926.1

조선인이 세운 학교에서 조선인 음악선생이 일본 정서가 가득한 노래를 가르치는 모습은 식민지라는 상황에서 제도권에 있는 음악 교사의 한계를 보여준다.

성악가 김문보도 조선인 주최로 대구 조양회관에서 개최 예정이던 음악회를 갑자기 일본인 주최로 바꾸고 일본인대구제일 소학교 강당에서 개최하였다. 심지어 자신의 고향집을 두고 일본여관에서 머물렀다는 김문보의 이야기를 기사화한 기자는 "조선인인 일본인"이 되어가는 음악가에 대해 충고의 메시지를 전한다.「김문보 군에 충고」, 『동아일보』, 1926.9.5 이는 김문보가 동창생인 피아니스트 일본인 아내요시자와 나오코, 金直子를 두었기 때문에 일본인 사회의 시선을 의식한 아내를 위한 배려라고 볼 수도 있지만, 오히려 일본 신문에서는 이 음악회에 대한 기사를 내면서 반주자인 일본인 부인의 사진만을 게재했다.

해외 유명연주자의 연주회는 일본인과의 접촉을 통하지 않으면 개최하기 어려웠다. 김영환은 독주회를 위해 도쿄에 온 하이페츠의 연주회를 경성에서도 열기 위해 도쿄까지 찾아갔고 동경음악학교 동창생의 도움으로 성사시켰다. 그리고 자신이 조선총독부 기관지인 『경성일보』 고문으로 있었기 때문에 대부분의 음악회를 경성일보 주최로 열 수 있었다고 밝혔다. 짐발리스트 공연 때에도 만주 국경에서 발이 묶인 그를 위해 김영환이 제자의 부친인 일본인 경부국장에게 부탁해서 통과시켰다.이유선, 134~135면 음악학자 다나베 히사오田邊尙雄, 1883~1984[1]가 1921년 처음으로 조선을 방문했을 때, "여러 기관과 사람들의 적극적인 협조"가 있었는데 김영환은 그를 단성사에 데려가서 기생춤을 보여주기도 하였다.김수현, 128~130면 경성의 음악계를 영유領有하려는 일본인들이 경성음악협회를 발족할 때, 조선인으로는 김영환, 현제명, 이종태李鐘泰, 1905~1986가 활동하였다.[2] 이러한 협조는 일본인 음악가들의 태도에

1 동경음악학교에서 바이올린을 전공하면서 동경제대 물리학과에서 음향악 관련 논문을 내고 수석 졸업하였다. 이후 일본음악에 심취하여 동양음악을 연구하면서 동양음악학회를 설립하였다. 조선의 아악을 조사하고 보존시키는데 기여하였다는 평가를 받고 있다. 음악 잡지 『음악과 축음기(音樂と蓄音器)』의 편집장을 맡았고, 저서로는 『조선음악조사기행(朝鮮音樂調査紀行)』, 『음악이론(音樂理論)』, 『음악강의(音樂講義)』, 『동양음악론(東洋音樂論)』, 『음향과 음악(音響と音樂)』, 『대동아의 음악(大東亞の音樂)』, 『종교예술(宗教藝術)』, 『일본음악사(日本音樂史)』 등이 있다.(박용구 외, 『박용구—한반도 르네상스의 기획자』, 174면; 김수현, 「다나베 히사오의 '조선음악 조사(調査)'에 대한 비판적 검토」, 121~123면)

2 경성음악협회(발기회, 1938.10.30) 회장은 시오하라 토키자부로, 간사장은 오오바 유노스케, 간사는 현제명, 이종태, 다케이 하루코, 김영환, 경성사범학교

서도 나타난다. 조선에서 음악회를 개최한 적이 있는 야마다 고사쿠는 현제명을 이탈리아 출신의 테너 티토 스키파Tito Schipa, 1889~1965에 비교해 "동양의 스키파"라 극찬하며, 현제명이 콜럼비아에서 레코드를 취입할 때 오케스트라 반주 지휘를 해주었다.「우리 악단의 명성 테너 현제명씨」, 1933.9 반대로 조선인 음악가들이 모여 일본에서 재동경조선음악협회를 창단할 때, 야마다 고사쿠, 마쓰무라 세이코우松村靜光 등이 도와주었다.H.R.P., 1935.7

많은 일반인이 서구식 음악회를 경험하게 됐지만, 일반 대중들에게 쌀 한 가마니와 맞먹는 고가의 입장료를 내고 음악회를 가는 것은 부담이었다. 1920년대 중반 쌀 한 가마니는 4~5원 정도였고, 유명 음악가의 음악회 입장료는 3원 정도였다.이흥렬, 129면

> 류겸자 부인이 여하히 독창을 잘한다 할지라도 일 원이나 이 원이나의 입장료를 내고 들으러 갈 수 있는 사람만이 그것을 들을 수 있고 그와 같은 입장료를 낼 수 없는 사람들은 여하히 듣기를 원한다 할지라도 들을 수 없습니다. 아니 들으려고 하는 생각까지도 가지지 못하는 것이 사실입니다.
>
> 「예술과 사회(一)」, 『동아일보』, 1927.10.12

와 경성여자사범학교 교유 안도 요시아키(安藤芳亮), 경성사범학교 교유 요시자와 미노루(吉澤實) 등이다.(김지선, 「일제강점기 국내의 일본인 음악가들과 그 활동」, 281면)

약 천 명의 청중이 모인 성공적인 이 유겸자 독창회는 "오직 유복한 소수자들의 예술"이며 "소수인에게 독점된 예술"이었다. 아무리 인기가 많은 음악회라고 할지라도 "예술을 위하여 또 그와 같은 감격을 같이 나누지 못하는 일반사람들" 「예술과 사회 (二)」, 『동아일보』, 1927.10.13 은 배제된, 근대적 경험을 돈으로 교환할 수 있는 능력이 되는 일부 대중에게 일어난 유행이었다는 사실을 간과해서는 안 된다. 경성 안에는 여전히 근대도시 경험이 다른 나라 이야기인 도시 빈민이 넘쳐났다.

> 대부분이 종래에 살던 곳이라 곤란하여도 살던 곳을 떠나지 못하고 그대로 살아오는 서민庶民들일 것이다. 이 사람네 중에는 정말 형형색색의 각종 사람들이 많다. 일본 사람의 집에 출입하는 오모니로 혹은 요보를 비롯하여 인력거군 모주집 정루 내외주점 빙수가가 쓰레기통 뒤지는 사람 종로 네거리에서 한 푼 주시오 두 푼 주시오군 도로인부 공장직공 무장수 배추장수 각종 각양의 인물들이 모두 이 부록에 들어갈 것이다. 그리고 이외에 수많은 학생들과 그들 밑에 먹고 사는 이가 또 한정 없이 많다.
>
> 김남주(金南柱), 「부득이 사는 사람들, 서울의 좋은 곳 나쁜 곳」, 1929.9

연극장, 박물관, 공원 같은 근대적 문화 장소가 많은 사람에게 "오락적 만족"을 주는 반면, 그 장소 밖은 "수많은 무뢰한無賴漢"을 발견하는 곳이었다. 「대경성은 어대로 가나. 파괴와 건설의 교향악」, 『동아일보』, 1929.10.17 경성은 "부호와 걸인, 환락과 비참, 구舊와 신新. 이 모든 불균형"이 혼돈하는 도시였다.유광열, 1935.10

그럼에도 불구하고 경성인들에게 미지의 세계인 서구화에 대한 판타지가 너무 거대하다 보니 서구화에 뒤떨어지면 안 된다는 공포가 잠재되어 있어 너도나도 음악회를 다녔다. 음악회에 가고 싶어도 돈이 없어 음악회에 다니지 못하는 가정부인들은 "가난뱅이도 음악의 상식을 얻을 수" 있고 "어린아이 안고 갈 수 있는 값 헐한 음악회를" 만들어 달라고 호소할 정도로 음악회에 가는 것은 누구에게나 로망이었다.「가정부인으로서 음악가에게 보내는 말씀」, 1934.12

음악회를 기획하는 주최자들은 대중을 음악회로 유인하기 위해 여러 가지 방법을 사용하였는데, 유대관계, 그중 학연을 자주 이용하였다. 각종 음악회는 동창회, 교우회 등의 주최와 후원으로 가득 찼다. 이러한 결합은 이미 유럽에서 중요한 사회적 현상이었고, 조선의 문화에도 영향을 끼쳤다.

> 부르주아적 유럽은 동창회나 '마피아mafia : 친구 중의 친구'라는 비밀결사 등 다소 비공식적인 모임과 보신保身과 자기 발전을 위한 모임으로 가득 차 있었고, 점점 더 그렇게 되어갔다. 그중에서도 학교 동문이라는 것이 당연히 매우 중요했으며, 특히 고등교육기관의 동문회는 단지 지방적인 것에 그치지 않고 전국적인 연대를 낳게 함으로써 대단히 중요하였다.
>
> 에릭 홉스봄, 『자본의 시대』

이것은 학교라는 작은 집단을 떠나 한 개인으로서 사회의 일원이 되는 부르주아 사회의 주요 특징이라 할 수 있다. 자신의 힘과 능력으로 사회라는 조직에 들어와야 하는 배경 없는 개인으로서 사람들과 인맥을 쌓고 친분을 유지하기 위해 음악회는 더할 나위 없이 좋은 장소로 사용되었다.

그러나 문제는 음악회를 오로지 돈벌이 수단으로 여기는 주최자들이었다. "무슨 회나 무슨 단체를 막론하고 돈 생각이 나면 언필칭 음악회, 음악회하고 짓졸라 대"면서 음악회를 개최하였다.홍난파, 『조선일보』, 1931.2.22 학교 음악회 역시 돈벌이 수단으로 이용되어 "학생 한 명당 입장권을 할당하여 한 장에 1원에 사게 하고, 떠맡은 학생들은 잘 알지도 못하는 주변 사람들에게 울상이 된 얼굴로 부탁해서 입장권을 팔고" 다닐 정도였다.靑澤窕路, 1922.11 극장의 요금은 1등석 30전, 2등석 20전, 3등석 10전이었으나 대부분이 반액 할인권으로 1인당 12~13전이고 인기 있는 활동사진도 15전 정도면 볼 수 있어 저렴하였다.동경토박이, 1916.2 반면 음악회의 입장료는 훨씬 비쌌다. 또한 극장은 이미 여러 군데에서 매일 상영하고 있어 일부 주최자에게 음악회 기획은 좋은 돈벌이 기회였다. 음악회는 극장에 비해 1회 공연으로 큰 이익을 남길 수 있어 수익성이 좋았다.

음악회 표는 주로 서너 종류의 가격을 책정하여 입장권 종류에 따라 좌석 위치로 공간 내 서열을 구축하였다. 음악회에서는 비싼 표로 앞쪽에 앉는 사람들과 저렴한 표로 뒤쪽에 앉는 사람들 사이 경제적 수준 차이를 만들어 많은 돈을 지불한 앞쪽 사람에게 크고 명확한 소리를 들을 지위를 만들어주는 구조가 형성된다.마크 스미스, 92면 음악회 좌석의 위치도 철저하게 자본주의 메커니즘을 반영하였다.

음악회 주최자들은 음악회의 인기를 반영하듯 음악회를 '유행물'처럼 우후죽순 만들어 내기 시작하였다. 사설마다 "다달이 여는 그 음악회를 가보면 어떠한 음악회이든지 어떠한 주최를 물론하고 천편일률로 그것이 그것이고 그 사람이 그 사람"으로 구성되어, 음악회라는 "미명美名을 빌어서 일시의 호기심으로 돈냥이나 모아서 목전目前의 소리小利를 보는 것"에 대해 꼬집고 있다.효종, 1921.12 매번 비슷한 프로그램으로 음악회를 만들어 이득만을 취하는 주최자들은 관객을 모으기 위하여 출연하지도 않는 인기 음악가의 이름을 프로그램에 넣고 홍보하여 그들의 기분을 상하게도 하였다. 홍난파는 우연히 기독교청년회관에 갔다가 그날의 음악회 프로그램에 자신의 이름과 연주 곡명이 쓰여 있어 경악했다며 불쾌함을 드러냈다.홍난파, 『동아일보』, 1924.7.7 박경호도 과장된 음악회 광고문을 지적하며 광고마다 "경성 유일 악가의 총출연"이라는 문구가 반드시 쓰여 있는데 당일에 음악회장에 가보면 공연 순서가 스물세 가지나 되고 그마저도 프로그램에 곡명이 쓰여 있는 것은 5개뿐이며 그중 4개는 오역오자誤譯誤字이고 순서를 바꾼다는 광고가 연방 나오는 안타까운 공연 형태를 지적하였다. 만국음악회는 마치 인종전람회 같고 출연자가 16명인 4부 합창은 마치 16부 합창 같으며박경호, 『동아일보』, 1926.12.3~6 음악회라 위명僞名하고 난취난무爛醉亂舞한 러시아식 무도의 순서가 과반이거나 전문음악가를 불러

창가나 속가俗歌를 요청하기도 하여 음악회가 온습회인지 전람회인지 수라장인지 알 수가 없다고 한탄하였다.홍난파, 『동아일보』, 1924.7.7

기획뿐 아니라 출연자의 태도도 비판의 대상이었다. 나혜석은 윤심덕, 김영환, 홍난파 등 당시 경성 일류음악가들의 음악회를 보고 "입장료를 벌기 위함인지 음악을 들려주기 위함인지는 모르겠으나 초대석에 만원滿員을 보면 거저 들어간 사람이 태반이나 되어 뵈니 빚이나 아니 지는지 부질없이 걱정이 되었다"정월, 1924.7라고 적은 후, 음악가들이 자신의 연주력 향상에도 노력해야 한다고 당부하였다. 박경호도 "일시적 허영이나 명예욕에 끌려 어림도 없는 것을 가지고 음악회에 출연이라고 하는 것은 자신에는 어떠한 유익이 있을는지 모르나 음악을 위하여는 죄인이 됨을 면치 못할 것"이라며 무조건 음악회에 출연만 하지 말고 "꾸준히 실력을 양성하라고"박경호, 『동아일보』, 1926.12.6 권고하였다.

이러한 실정은 이태준의 소설에서도 여과 없이 묘사되었다. 그의 글에서 전문음악인의 부재와 수십 개에 달하는 연주 순서, 단순한 수준의 레퍼토리로 가득 찬 일상화된 경성의 음악회가 드러난다.

> 실로 음악회를 주최하는 사람도 손님에게 음악 들리기가 목적이 아니다. 프로그램을 보면 알 것이다. 창가가 아니면 유행잡가이다. 그렇지 않으면 예수교 찬송가 부시락이다. 바이올린, 만돌린 연주라 하지마는 곡명을 보면 늘 들어 귀에 못 박힌 곡들이다. 그러면 돈을 오십 전이나 팔십 전이나 일 원이나 내고 무엇하러 가는가? 또 무슨 염치로 음악회

를 주최하는가? 묻는 이가 무릉도원식武陵桃源式 사람이다. 그런 재미없는 음악회에 그런 많은 돈을 내고도 회장은 만원滿員이다. 우스운 현상現象이다.

「음악회」, 1926.9

음악회를 음악 자체로 즐기기보다 음악과 상관없는 단체의 이익을 위한 음악회를 열다 보니 음악회의 질은 떨어지고 음악이란 것이 유흥의 일종으로만 여겨졌다. 음악회가 음악을 연주하고 감상하는 모임이라는 고유의 목적을 잃고 그저 근대적인 유행물로 치부되어 상업화하는 왜곡된 욕망으로 퇴색되어 버린 것이다. 이러한 상태가 지속되자, 음악가들은 주최자에게 불만을 토로하거나 당부하는 글을 썼다. 홍난파는 이러한 음악회가 많아진 것에 대한 이유로 첫째, 돈이 적게 들고, 둘째, 간편하고, 셋째, 유행품이고, 넷째, 다른 사람들도 하니까 따라 한다고 평가하였으며,홍난파, 『동아일보』, 1924.7.7 박경호는 주최자에게 반드시 음악 종류 선택, 연주자 청빙, 입장권 발행, 순서배치 등을 음악에 대해 잘 아는 사람이 연구하여 정하길 바란다고 당부하였다.박경호, 『동아일보』, 1926.12.5

음악회가 돈이 되다 보니 흥행을 위하여 신문광고, 연주회장 앞 광고, 자동차 광고, 벽보 선전 등 음악회의 광고에도 열을 올렸다. 실제로 청년회관 현관 앞에는 “양지로 바르고 모지랑 붓질을 시꺼멓게 한 광고들”이 나열되었고민태원, 55면 극장 앞에는 세로로 긴 현수막들이 내걸렸으며 골목 벽에는 구인 광고를 비롯하여 음악회, 경마대회, 마작회麻雀會 등의 광고가 붙었다.엄흥변, 1931.7·8 음악가나 유명 배우의 얼굴을 넣은 그림엽서를 제작하여 배포하기도 하였다.野村生, 1921.7 그리고 음악대는 음악회 광고뿐 아니라 자동차에 "음악대를 앞에 세우고", "시내로 돌아다니게 하여서" 음악을 들려주며 여러 가지 선전을 하는 데 이용되기도 하였다. 경성부에서 위생을 위하여 파리잡이 선전을 하거나 상수 절약 광고 또는 방화 절수, 금주禁酒 선전, 상점의 세일 선전까지 사람들의 이목을 끄는 곳에는 어김없이 음악대가 등장하였다.

음악계에 만연한 자본주의를 보여주는 또 다른 예로 음악가의 출연료를 들 수 있다. 한 회에 50원의 출연료를 요구하는 조선인 음악가가 등장하였고,青澤窕路, 1922.11 아시아로 연주 여행을 오는 당대 최고의 인기 성악가 샬랴핀Fyodor Ivanovich Chaliapin, 1873~1938의 공연이 4천 원의 출연료가 없어 결국 취소되는 것을 두고 "만주국으로 가는 오코보레おこぼれ : 다른 사람이 이득을 보고 남은 나머지, 여택(餘澤)를 주워 먹는 서울 악단樂壇의 무골無骨함"이라 악평을 쏟아내기도 하였다.박민희, 1939.4 도쿄에서 열린 엘만Mischa Elman, 1891~1967의 음악회 출연료를 참고하면, 연주자에게 주는 사례금은 하룻밤에 3천 원이고, 입장료는 3원부터 15원으로 하룻밤 수입은 만 원이었다.「동경서 연주하면 매니저의 수익은 얼마」, 『동아일보』, 1937.6.19 그에 비해 샬랴핀은 매우 비싼 액수였다. 샬랴핀은 소련의 성악가임에도 하얼빈 초청 연주에서조차 비싼 출연료를 요구하였다. 1935년 3월 샬랴핀의 하얼빈 공연을 보러 간 관객이 그에게 출연료가 얼마냐고 묻자 샬랴핀은 "공짜로

노래하는 것은 새들뿐"이라고 답했을 정도로 그는 자신의 노래에 대한 값비싼 출연료를 정당하게 여겼다.파냐 이사악꼬브나 샤브쉬나, 161면

사실 외국인 음악가들에게 조선에서의 공연은 일본이나 중국처럼 매력적이지 못했다. 식민지조선은 그들이 아시아로 연주 여행을 다닐 때 동선상 들르는 곳이었을 뿐, 일부러 찾아오는 곳은 아니었다. 그마저도 재조일본인의 구미口味에 맞고, 경성일보사처럼 높은 출연료를 지불할 재정이 되는 주최자가 있어야지만 가능했다. 일본의 도쿄, 오사카, 나고야 또는 중국의 상하이나 필리핀 마닐라 등으로 연주 여행을 다니는 구미歐美 음악가들이 많았기 때문에 조선에서도 일본처럼 이들의 공연을 원하는 음악애호가들이 증가하였다.

김영환은 하이페츠의 내경內京 음악회를 위해 2천 원의 출연료와 조선호텔 숙박비, 도쿄와 경성 간 차비 등을 모두 감당해야 해서 매우 부담이 컸고 적자도 말할 수 없을 정도였다고 하였다.이유선, 134~135면 이러한 공연들은 거의 경성공회당에서 열렸다. 경성공회당은 일본인 중심지에 있는 공연장이었지만 음악회를 추종하는 조선인 대중들도 경성공회당으로 발길을 옮겼다.

2. 재조일본인, 그들만의 문화 혼마치의 음악회

경성에서 재조일본인은 무시할 수 없는 큰 영향력을 지닌 존재였다. 조선의 재조일본인은 총인구의 3% 미만이었지만, 경성의 상

〈표 1〉 경성의 조선인과 일본인 인구수　　출처_『(국역)경성도시계획조사서』

연별	조선인			일본인		
	남성	여성	합계	남성	여성	합계
1915	90,185	85,341	175,526	32,499	30,415	62,914
1920	92,788	89,031	181,829	34,176	31,441	65,617
1925	112,777	107,399	220,176	39,716	38,095	77,811

단위 : 명

황은 달랐다. 경성 땅의 반 이상이 일본인의 소유였고, 경성에 거주하는 일본인은 경성 인구의 25%에 근접하는 수치로, 1/4이 일본인이었다. 일본인들은 상권과 거주지가 동일한 편이었고, 조선인들은 종로 등 중심 지역에 상권을 두었지만 실제로 거주지는 변두리였던 상황을 고려할 때, 경성의 중심부는 일본인과 조선인이 마구 섞여 민족의 경계가 모호했다. 특히 대다수의 일본인이 혼마치에 거주했으니 혼마치는 경성 속 일본이었지 결코 조선이 아니었다. 그들이 만나는 조선인은 가사도우미로 고용된 조선인 정도였다.

경성의 일본인 중에는 관리나 군인처럼 일본에서 일정한 교육을 받고 사회적으로 안정된 위치에 있는 경우가 많았는데, 이들은 일정한 봉급 외에 식민지 파견 근무에 대한 가봉加俸을 받았다. 같은 직업에 종사하여도 조선인보다 일본인의 소득이 높았기 때문에 그들은 경제적으로 여유로운 생활이 가능했다. 총독부 기관지였던 『매일신보』 급료 역시 조선인과 일본인에 차등을 두었다.정진석, 147면 그러므로 경성에서 음악회를 다닐 수 있는 경제적, 문화적 수준이 조선인보다 월등히 높았던 일본인들은 음악사회의 중요한 구성원으로 자리 잡으며 음악문화의 판도를 주도했다.

식민지조선으로 이주한 재조일본인들은 원하든 원하지 않든 일본인 공동체를 형성하며 살았다. 자신들의 세계에서 조선인과의 접촉 없이, 재조일본인 위주의 폐쇄적인 생활은 조선이라는 일본의 한 지역에서 생활하는 것과 다르지 않았다. 이들은 조선에서 대부분 상위계층으로 여유로운 생활을 영위하였다. 일본에서와 다른 귀족적인 삶은 사회적 욕망의 실현과 식민자라는 위치에서 한껏 우월한 입장이었다.

일본은 자국민에게 식민지로의 이주를 적극적으로 장려하였다. 일본인들은 조선으로 이주할 때 정부의 허가도 쉽게 받을 수 있고 15원이라는 저렴한 비용에 부산항에 도착할 수 있으며, "임금 싼 조선인을 자유로이 사역"할 수 있었다.권태억, 33~34면 그러나 내지에서 분리되었다는 불안감은 이들에게 중심과 주변의 경계에서 불안한 자의식을 안겨주었다. 내지인에게는 상대적으로 열등감을 느끼면서 조선인에 대해 특권의식을 갖게 되는, 내지인과 조선인 사이의 '낀' 정체성은 재조일본인들이 그들만의 문화를 만드는 데 더 적극적이었을 수 있다. 이들은 내지의 향수를 달래기 위해 내지의 음악을, 내지와 같은 서구문화를 향유하기 위해 서구의 음악을 모조리 흡입하면서 경성의 음악문화를 재조再造하였다. 이들의 굴절된 정체성은 음악문화에서도 그대로 드러났다.

경성공회당에서의 음악회는 일본인과 서양인 음악가가 주축이 되었고 조선인 음악가들도 눈에 띄게 활동하였다. 조선인 중심지의 음악회와 다른 점이 있다면, 앞서 살펴본 것처럼 종로의 음악회는 1930년대가 되면 음악회가 매우 감소하는 것과 달리 이곳에서의 음악회는 꾸준하게 증가세를 보인다는 것이다. 그리고 음악회의 목적이나 출연자를 보아도 종로음악회보다 전문화된 음악회가 우세하였다.

오오바 유노스케는 1920년대에 들어서야 일본인 청중들의 태도도 감상적으로 바뀌기 시작했고 이는 양악을 취미로 하는 일반인들이 증가했기 때문이라고 평가하며 경성에서 많은 음악회가 개최되는 것도 이를 입증하는 하나의 증거가 될 것이라 하였다. 1921년 10월 8일과 9일 이틀에 걸쳐 경성공회당에서 열린 경성고녀 백양회 주최의 음악회 평이 그 학교에서 음악을 가르치던 오오바에 의해 실렸다. 그는 서양음악과 일본음악을 하루씩 나누어 음악회를 개최하였는데, 서양음악을 연주하는 날이 일본음악의 음악회보다 25% 정도 더 많은 입장객을 수용했고 입장객의 수적 차이뿐 아니라 청중의 태도와 긴장감에서도 서양음악 음악회가 더 훌륭했다고 평가하였다. 오오바는 이것도 서양음악에 대한 예의이며 일반인들의 취향이 서양음악 쪽에 더 집중되어 있다고 주장하였다.大場勇之助, 1921.12.27~28 일본인들 사이에서도 일본음악보다는 서양음악이 인기가 있었다. 물론 "조선의 문화 수준을 내지의 그것과 동일시하는 것은 말할 것도 없이 무모한 짓"本誌記者, 1933.4이라며 일본과 비교됐지만 말이다. 1921년 6월 13일과 14일 양일에 개최된 유겸자 독창회를 다녀온 노무라 쇼野村生는 경성은 "도쿄와 달라" 청중의 "대부분은 아무것도 모르는 사람들"이라며 외국어 가사를 이해할 수 없어 노래 역시 제대로 들을 수 없으니 주최 측에서 가사라도 인쇄해 주길 당부하였다.野村生, 1921.7

1) 재조일본인의 굴절된 시각 경성제대와 경성제대 관현악단

재조일본인 그룹 중 지식인 계층은 일본인과 조선인의 관계를 더욱 엄격하게 구별했다. 그들은 재조일본인과 조선인이 한 도시에 살고 있었지만, 조선을 "민족적 계급사회"라고 규정하며 일본인이라는 이유로 자신들을 "신분적 상위"에 놓고 "고등한 인종이라고 여기고" 있음을 스스럼없이 자부하였다.「我が外地に於ける內地人問題」, 1937.4 이는 제도권에 놓인 모든 상황에 적용되는, 일본인 지식인층에게는 일반적인 상식이었다. 경성의 일본인 학교 역시 일본인과 조선인, 지배자와 피지배자, 중심과 주변의 관계를 설정해 놓고 그들만의 우월의식을 고취하였다. 때로는 일부 조선인들의 심리적 갈등과 신분 상승의 욕구를 이용하기 위하여 고위층 조선인 자제의 입학은 허용하였다.

그중 식민지조선을 통틀어 가장 막강한 힘을 자랑하며 지식인층의 핵심이라 자부하던 경성제국대학이하 경성제대은 일본의 5개 제국대학에 이어 6번째로 개교한 '제국帝國'의 대학으로, 경성제대 교수나 학생들은 학교의 후광으로 식민지조선의 지식사회를 재편하는 역할을 부여받았다.박광현, 125면 경성제대는 일본인 중심의 교육기관으로 1924년에 예과로 개교하여 1926년에 학부를 개설했다. 내지만큼 훌륭한 일본인 교수 아래 많은 일본인 학생이 재적하였으며, 1924년 교직원 25명, 학생 160명 중 일본인이 70%를 차지했다.다카사키 소지, 144면 학교는 그들에게 조선 최고라는 자부심을 주었다. 경성제대 학생들은 "흰 테 두 줄에 느티나무 세 잎의 교모를 쓰고 교복 위에 망토를 걸치고" 나가 모두가 부러워하며 자신들을 구경하는 모습을 즐겼다.이충우, 76~77면 일본제국의 학벌주의가 기존의 조선 신분제 탈피 욕구와 맞물려, 성공을 위한 가도였던 경성제대 입학 경쟁률은 평균 약 7 : 1을 기록할 정도였다.서울특별시 시사편찬위원회, 154면

경성제대 학생들의 취미를 조사한 보고서에서 음악은 영화, 독서, 바둑에 이어 4위를 차지할 만큼 많은 학생들이 자신의 취미로 음악을 꼽았다. 어떤 음악이라는 구체적인 명시는 없으나 조사에서 레코드, 퉁소, 만돌린, 노래 부르기, 일본 음악인 방악邦樂 등의 다른 음악 관련 항목이 존재하는 것을 보아 여기에 명시된 음악 취미는 서양음악을 전제로 해석해도 무방할 것이다.

경성제대에는 관현악부管絃樂部, 만돌린부マンドリン部, 방악부邦楽部 이렇게 세 종류의 음악부가 있었다. 가장 활발한 활동을 한 경성제대 관현악부는 내지 대학의 관현악단 창단 붐에 영향을 받아 예과에서 학부로 진학한 학생들이 2학년이 되는 1927년에 창단되었다. 연습은 넓고 조용하며 피아노가 있는 심리학 교실에서 하였고, 학생끼리 서로 친구들을 모아 수십 명의 단원으로 연습을 시작하였다. 미학과 우에노 나오테루上野直昭, 1880~1975 교수가 초대 부장을 맡았고, 그는 베를린에 체류할 때 오보에와 바순을 구입하여 보내주는 등 관현악단의 발전을 위해 노력하였다. 일본인 교수들의

강당 외관

강당 내부

<그림 4> 경성제대 강당 외관과 내부

주도하에 단원들도 대다수 일본인 학생으로 이루어졌고 악기 지도도 주로 일본인 연주자들이 하였다. 이들은 '경성제대성대 관현악단'이라는 이름으로 1928년부터 1944년까지 본교 강당, 경성공회당, 부민관 등 경성의 여러 공연장에서 20회의 정기연주를 하며 경성의 중요한 연주단체로 자리 잡았다. 이들의 공연은 아마추어 학생단체의 음악회임에도 많은 재조일본인 관객이 몰릴 만큼 수준이 높고 인기가 좋았다.

경성제대 강당은 건평 198평의 2층 건물로, 소화 3년1928 10월에 준공되었고, 강당 무대는 30명 남짓한 관현악단원들이 제대로 구성을 갖추어 나란히 앉기에 좋은 크기였다.경성제국대학 학우회, 1932

경성제대 관현악단은 정기연주 외에 만주의대, 평양의전 등과 교류 연주회를 하거나 평양, 목포 등 여러 지역을 돌며 순회 연주를 했다. 이들은 자신들의 악단이 "조선에서 서양음악 보급 발전에 크게 공헌했다"경성제국대학 편, 382면며 자랑스럽게 회고하지만, 이 모든 것은 그들만의 네트워크 안에서 이루어졌다는 한계를 갖는다.

경성 음악계에서 빼놓을 수 없는 인물로는 경성제대 교수 부인들로, 경성제대 관현악단에서 첼로를 연주한 타케이 렌竹井廉 교수의 부인인 피아니스트 타케이 하루코竹井春子와 우에노 나오테루 교수의 부인인 바이올리니스트 우에노 히사코上野久子가 있다. 타케이 하루코는 동경음악학교를 졸업하였고, 경성음악협회 간사로 활동하였다. 우에노 히사코 역시 동경음악학교를 졸업하였고, 남편과 함께 베를린에서 유학하였으며, 경성제대 관현악단에서 바이올린

멤버로 참여할 정도로 음악 활동에 적극적으로 임하여 1938년 경성을 떠날 때 경성메소디스트교회에서 고별음악회도 열었다. 이 두 사람의 연주를 들으러 경성제대 음악회에 간다고 할 정도로, 이들은 수준 높은 연주실력으로 경성인들 사이에서 인기를 얻었다.경성제국대학 편, 376면 두 사람 모두 『음악평론』 「관계인명주소록」에 피아노와 바이올린 연주자로 이름을 올릴 만큼 경성에서 왕성한 음악 활동을 하였다.「관계인명주소록」, 562~563면

경성제대는 경성제대에 음악 전공이 없었음에도 음악에 적극적이었다. 학우회에서는 일본의 여러 대학에서 프랑스 피아노 음악의 변천에 관한 강의와 연주를 하고 돌아가려던 피아니스트 마쇼를 초청하여 학교 강당에서 렉처 콘서트를 열었다. 이 자리에서 야마다山田 총장의 주선으로 마쇼와 우에노 히사코의 프랑크Cesar Franck, 1822~1890 바이올린 소나타 듀엣 연주가 있었고, 마쇼의 통역은 경성제대의 나카무라 교수가 맡는 등 음악을 통해서 자신들만의 식자識者 세계를 구현하였다.경성제국대학 학우회, 1931, 126~127면

2) 재조일본인이 재조再造하는 경성의 음악문화

경성에는 많은 일본인 음악가들이 거주하였다. 식민지 초기인 1910년에는 음악교사로 집계된 호수戶數가 3호, 인구는 14명으로, 단 3명 정도가 호주戶主로써 음악을 가르치기 위해 경성에 왔다. 이후 일본인의 조선 이주가 증가하면서 가족의 부임으로 인해 조선에 온 여성들은 대부분 고위 간부의 딸이나 부인으로, 음악을

전공하거나 취미로 악기를 다룰 줄 알았고, 음악회에 다닐 경제력과 여유가 있었다. 부호 남편을 둔 구로세 다미코黑瀨民子, 전 남대문 역장 이치세 다케우치一瀨武內의 딸 이치세 후지코一瀨藤子, 헌병대 사령관 마에다 노보루前田昇의 딸 마에다 아야코前田文子, 가지하라 다로梶原太郎의 딸 가지하라 나에梶原菜惠, 총독부의 미이 후사나가三井英長 딸 미이 도모코三井鞆子, 조선총독부 학무국 학무장 시오하라 도키사부로塩原時三郎의 부인 시오하라 야에塩原八重, 경성제대 교수 부인으로 언급한 타케이 하루코와 우에노 히사코, 그 외 다카노리 케이코高規ケイ子, 다카마 야요이高間彌生 등이 그들이다. 청택조로(青澤窕路), 1922.11 그러나 그들은 남성을 따라 조선에 온 여성이라는 제한적인 신분으로 인해 소모임 정도의 활동에 국한되어, 소수의 활동만 알 수 있을 뿐 그들의 자세한 음악 활동은 드러나지 않고 있다. 이러한 여성들의 경우를 제외하면, 경성을 생활 기반으로 한 재조일본인 음악가들은 대부분 직장을 찾아온 음악가이거나 조선의 음악교육을 담당한 음악교사였다. 이들은 음악 연구, 연주·작품 활동, 개인 교습, 음악 서적 발행, 음악 단체 조직 등 식민지조선 음악계에서 조선인 음악가 못지않은 중추적인 역할을 담당하였다.

음악 활동이 확인되는 주요 인물로는 초창기에 활동한 바이올리니스트 이와자키 히로시, 경성음악전문학원[3]에서 피아노를 가

3 바이올리니스트 김재훈이 독일에서 유학을 마치고 돌아와 1937년 12월 1일에 정동 25번지에 설립한 음악전문학원이다. 피아노, 바이올린, 첼로, 성악 4

르친 피아니스트 시미즈 미키조 외에 조선호텔 음악부의 바이올린 연주자 나카노 히데치카, 바이올린 초급 수준을 지도하는 마루야마 센지로丸山線次郎, 아악채보와 조선 민요연구를 한 이시가와 요시카즈石川義一, 1877~1962, 제일고녀 교사이자 바이올린 연주자 오오바 유노스케 등이 있다.

이와자키 히로시는 1915년경부터 1921년까지 경성에서 활동한 바이올린 연주자이다. 경성에서는 조선호텔 음악주임으로 근무하였으며「신문화 들어오던 때」, 1941.6 1921년 대련 야마토호텔 음악부로 자리를 옮겼다. 홍난파는 이와자키의 활동이 경성 음악계 발전에 큰 공헌을 하였다고 평가한 바 있다.

시미즈 미키조는 피아노 연주자 겸 작곡자로, 경성음악전문학원의 유일한 일본인 교수였다. 조선호텔 악사로 일한 적이 있으며, 경성방송국JODK의 음악방송에서 피아노 반주나 실내악 연주를 하였다.

나카노 히데치카는 일본호텔협회에서 주는 근속자 표창을 받을 정도로 20년 넘게 조선호텔 악사로 활동하였다. 시미즈와 함께 경성방송국에서 실내악 연주를 하고, 경성관현단원으로 활동하였다.

마루야마 센지로는 혼마치 2정목 목욕탕 2층에서 피아노와 바이올린 교습을 하였고 이혜구도 1923년 그에게서 바이올린 배웠다. 마루야마는 김영환과 친분이 있어 김영환이 가끔 와서 교습을

개의 과(科)로 이루어졌으며, 실기뿐 아니라 음악사, 음악 통론, 음악미학, 악전, 작곡법 등 전문적인 음악학습을 위한 교과목을 두었다.(「김재훈씨를 중심으로 음악전문원 설립」, 『동아일보』, 1937.12.2)

도와주거나 김영환이 마루야마 집에서 조선 학생에게 피아노를 교습하기도 하였다. 경성악우회 발기인 중 한 명이다.

이시가와 요시카즈는 미국 퍼시픽Pacific대학에서 피아노와 작곡을 공부하였고, 조선총독부 사회과장으로 조선에 오게 되었다. 평양기생학교의 음악교육을 담당하였고, 이왕가의 의뢰로 전국을 돌며 조선 아악을 연구하였다. 「조인교육과 음악」, 「음악교육」 등의 칼럼과 「음악연주자의 태도」, 「조선민요 연구여행」 등 다수의 글을 남겼다.

오오바 유노스케는 토야마戶山학교 군악대 출신으로 군악대를 거쳐 동경음악학교에서 바이올린을 전공하였다. 그는 제일고녀의 음악선생으로 일하면서 경성공업전문학교 학생동호자 음악단을 조직하여 지도하였고, 이화여전에서 음악 평론을 담당하였다. 재조일본인 아마추어 오케스트라인 경성관현단京城管絃團의 지휘를 하였으며, 조선예술사朝鮮藝術社에서 발행한 예술 잡지 『조朝』를 창간하여 음악 부문을 담당하였고, 이화여전 윤성덕尹聖德, 1903~1968이 번역한 미국 피아노 초보용 교재 『피아노 선율법旋律法, *The Melody Way to Play the Piano*』의 일어 번역을 맡기도 하였다. 그 외에 『경성일보』 등 많은 저널에 음악과 관련된 글을 기고하였다.[4] 경성을 대표하는 노래 〈경성부가京城府歌〉1926와 〈조선박람회의 노래〉1929, 경성제대 교가, 제일고녀 교가, 고사기古事記 신화를 주제로 한 〈조국〉 등을 작곡하였다. 경성제대 교가는 경성제대 학생들에게 일본어 가사를 모집하고 오오바 유노스케가 작곡하여 교가를 완성

〈그림 5〉 오오바 유노스케와 〈경성부가〉

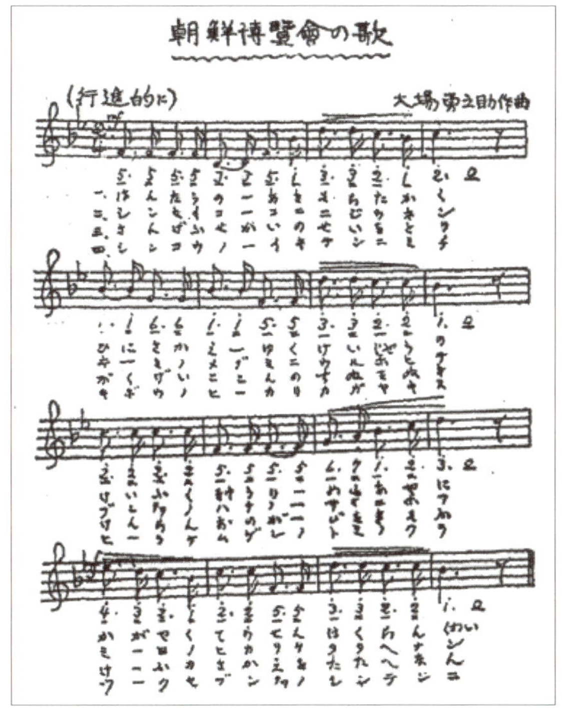

〈그림 6〉 〈조선박람회의 노래〉

했다. 제일고녀에서는 매일 아침 수업 전 조례에서 교가를 불렀고, 〈조국〉은 제일고녀 국어선생인 아키야마 요시히사秋山喜久가 작사를 하였다.

제일고녀 학생들은 오오바를 잘 기억하고 있었다. 그는 합창 지도를 잘 하였고 학생들은 그에게 배운 〈로렐라이〉, 〈여름날의 마지막 장미〉 등을 회상하였다. 가끔 야마다 고사쿠, 요쓰야 후미코四家文子, 고용길高勇吉 등 음악가들을 학교로 초대해 학생들이 라이브로 그들의 노래를 들을 수 있는 기회도 만들어 주었다.

경성에서 생활하던 한 일본인 직장인은 경성을 떠날 때 음악부원의 송별회를 받고 레코드클럽 사람을 만나기도 하였다.고니시 나오, 1936.2 이는 직장 안팎에서의 음악동호회 활동도 활발했던 것으로 보인다. 이처럼 전문음악가가 아닌 취미로 음악을 즐기는 재조일본인을 알아보는 것은 그들의 직업이나 위치가 음악을 향유하는 경제적 조건과 시간적 여유를 가늠하게 해주며 그들의 학문이나 지식의 기본적인 소양까지도 유추할 수 있게 한다.

경성 음악계의 음악 보급과 발전에 힘쓰고 있는 사람들로 경성부청의 안도 로쿠로安藤六郎, 총독부의 이다 요사부로飯田與三郎, 전기회사의 와타나베 다모츠渡邊保, 다이진구사마大神宮様 시바야마 구니이치로柴山國一郎, 나카무라 이와오中村巖, 니혼마치日本町에 사는 와타

4 「현저하게 진보한 조선의 악단(京城の樂壇. 著しく進步した)」, 『경성일보(京城日報)』, 1921.12.27·28; 「서양음악과 일본음악의 대조(西洋音樂と日本音樂の對照)」, 『조(朝)』, 1926.5, 51~54면; 「서양음악과 일본음악의 대조 속(西洋音樂と日本音樂の對照 續)」, 『조(朝)』, 1926.6, 59~61면 외.

나베 구기치渡邊久吉, 안동 병원장 아들 안도 게이노스케安東桂之助, 용산중학교 영어교사 하마자키 도요타다濱崎豊産 등이 있었다. 이들은 다양한 직업군을 보이고 있으며 경성악우회나 경성관현단의 멤버로도 참여하였다.

경성악우회京城樂友會는 오락과 내선융화內鮮融和에 일조一助하고, 음악의 연구와 보급을 목적으로 하는 재조일본인 중심의 음악단체였다.이유선, 164면 일본기독교청년회와 국제친화회 간사로도 활동한 회장 니와 세지로丹羽清次郎을 제외하고 7명의 일본인 간사와 강사가 모두 앞에서 언급되었던 인물들이다. 경성악우회는 감리교와 관련된 사람들이 중심이 된 그룹으로, 일본 감리교 스미스 박사의 음악회를 주최하기도 하였다. 회원들은 경성음악계의 주요 인사로 자리매김하고 있었다.

경성악우회 임원 명단[5]

회장會長 丹羽清次郎

간사幹事 飯田與三郎, 渡邊保, 丸山線次郎, 安藤六郎, 장덕창張德昌, 고가신高嘉申

강사講師 岩崎寬, 中野秀愛, 清水幹三, 김영환金永煥

1925년 2월에 창단된 경성관현단京城管絃團은 재조일본인 중심의 아마추어 오케스트라이다. 20명의 단원이 저녁이면 남산유치원에 모여 연습을 했다. 바이올린 곽정순과 피아노 김영환을 제외하고 모두 일본인이었고, 그중 지휘자와 솔로 바이올린 주자만 음악가이고 나머지 일본인 단원들은 공무원이나 교사, 회사원, 대학생의 직업군으로 이들 역시 위에서 언급한 사람들처럼 일정한 교육을 받고 기본적인 소양을 갖춘 집단이라 할 수 있다. 악기 편성이나 인원수는 어느 정도 합주가 가능한 규모라고 볼 수 있는데, 의문이 드는 것은 모두 일본인 단원으로만 구성할 수도 있었을 텐데 조선인 단원을 두고 있다는 사실이다. 조선인과 함께 단체를 꾸린 목적이 조선인과 일본인이 함께 연주하는 화합된 모습의 연출일지, 제국 질서로의 편입을 원하는 조선인 음악가의 지원志願일지는 알 수 없다.

경성관현단은 창단 1년 후인 1926년 4월 9일 경성공회당에서 제1회 발표회 〈관현의 밤管絃の夕〉을 개최하였다. 경성관현단은 아마추어 악단으로 음악계의 큰 주목을 받지 못했지만, 이날의 훌륭한 연주는 매우 좋은 평가를 받았다며 앞으로의 활약을 기대한다는 연주평이 나왔다.「경성관현단 관현의 밤(京城管絃團「管絃の夕」)」, 1926 이는 다양한 직업을 가진 단원들이 부지런히 연습한 결과로, 당시 최고의 연주회장이라 할 수 있는 경성공회당에서 연주할 정도였다면 그

5 이유선은 1920년 2월에 창단되었고, 정회원이 총 23명이라고 하였으나 회장, 간사, 강사 모두 합쳐 12인의 명단만 공개하고 있다. 본문에 류심희(柳潯熙)와 최호영(崔虎永)의 이름을 거론하기는 했으나, 여기에서는 명단에 나온 그대로 옮겼다.(이유선, 『한국양악백년사』, 164면) 그러나 『경성신보』의 기사에는 그 이전부터 경성악우회의 명칭이 확인되므로 추후 조사가 필요하다.(「경성악우회 제3회 음악(京城樂友會第三回音樂)」, 『경성신보』, 1907.11.13 외 다수)

〈표 2〉 경성관현단 단원 명단

출처_「樂壇漫語」, 『朝』, 1926

	담당	이름	직업
1	지휘	大場勇之助	제1고등여학교(第一高女)
2	솔로 바이올린	中野秀愛	조선호텔(朝鮮ホテル)
3	제1 바이올린	渡邊保	경성전기주식회사 전차과(京電電車課)
4		清水武彥	앵정 소학교(櫻井小學校)
5		田川一雄	전매국(專賣局)
6		原振緖	총독부 의원(總督府 醫院)
7		木下行夫	총독부 문서(總督府 文書)
8	제2 바이올린	泉一郎	제일은행(第一銀行)
9		原	의전학생(醫專學生)
10		泰	대학 예과생(大學 豫科生)
11		곽정순(郭正淳)	제2고등생(第二高等生)
12		田中尙義	오오사와 상점원(大澤商店員)
13	비올라	加藤靖雄	경성공업학교(京城工學校)
14		小澤重雄	제1고등여학교(第一高女)
15	첼로	渡邊久吉	신발가게 주인(靴屋 主人)
16		清水五彥	보험회사원(保險會社員)
17	플루트	駒井為夫	철도국 직원(鐵道局員)
18	코넷	岩崎準一	남산 소학교(南山小學校)
19	트롬본	佐野常雄	악기상점(樂器商息)
20	피아노	김영환(金永煥)	숙명여교(淑明女校)

들을 그저 아마추어 관현악단으로 치부하는 것은 섣부른 판단일 수 있다. 그렇다면 그들은 실력은 어느 정도였을까? 1927년 라디오 방송 프로그램에서 유추해 볼 수 있다. 양악 방송 〈양악의 밤洋樂の夕〉 연주명단을 보면, 일본인 음악가는 히노키타 마사코檜田雅子, 바이올린, 시미즈 사키코清水咲子, 여성 독창, 이세다 타카시伊勢田崇, 첼로와 피아노, 오오바 유노스케大場勇之助, 바이올린, 사노 츠네오佐野常雄, 색소폰, 현악

사중주는 미우라 히로토三浦博人, 바이올린, 이즈미 이치로泉一郎, 바이올린, 다가와 카즈오田川一雄, 비올라, 와타나베 구기치渡邊久吉, 첼로, 현악합주는 나카노 히데치카中野秀愛, 바이올린, 스즈키 켄지鈴木建次, 바이올린, 코히야마 지로小檜山次郎, 첼로가 참여하였다. 단 1회의 방송 프로그램 명단에서도 많은 일본인들의 참여를 확인할 수 있다.「라디오」, 1927.7.24 그 중 오오바 유노스케, 사노 츠네오, 이즈미 이치로, 다가와 카즈오, 와타나베 구기치, 나카노 히데치카 등 경성관현단 단원 6명의 이름이 보인다. 이전에도 경성방송국 특별시험방송에서 경성관현단이 연주를 한 적이 있었고 이후에도 단원의 개별 연주 기사를 확인할 수 있다. 이는 경성관현단 단원들의 수준이 방송전파를 탈 정도로 높았을 것으로 짐작되고, 이 정도면 개인적으로도 경성음악계에서 중요한 역할을 하였을 것이라 생각된다. 특히 "첼로를 연주하고 조각도 즐기는 신발가게 주인"으로 소개된 와타나베 구기치의 경우, 경성제대 우에노 나오테루 교수와 공예회라는 모임을 만들어 활동하였다. 이 모임은 야나기 무네요시의 민예 운동 그룹과도 친분을 갖고 있어 음악뿐 아니라 조선의 문화 활동 전반에 관여한 것으로 생각된다.上野直昭, 264면 그리고 사노 츠네오는 트롬본과 색소폰, 다가와 카즈오는 바이올린과 비올라를 겸했고, 이세다 타카시는 같은 방송에서 첼로와 피아노를 모두 연주하는 등, 한 명의 연주자가 여러 악기를 다루는 경우도 더러 확인된다.

재조일본인에게 조선의 음악계는 쟁취하고 싶은 기회의 공간이었다. 특히 전문음악가의 관점에서 내지보다 음악적 수준이나 경쟁력이 덜하였고, 일본인이라는 특권과 권력까지 누릴 수 있는 경성이라는 공간은 매력적이었다. 그들은 다부진 결심을 하고 조선에 왔다. 식민지 초기에 경성으로 넘어온 이와자키 히로시가 그런 경우이다. 그는 경성의 조선인, 서양인 음악가들과 친분을 맺으며 이례적으로 일본인 신분으로 종로 기독교청년회관에서 열린 음악회에 출연하면서 경성에서의 입지를 다졌다. 경성의 일본인 음악가로 조직된 금계회金鷄會라는 모임을 만들어 재조일본인 음악가를 양성하고 무료 음악회를 개최하는 등 음악 보급에도 주력하였다.「금계회 음악회」, 『매일신보』, 1919.6.5

문제는 이와자키와 같은 바이올린 연주자인 오오바 유노스케가 경성에 오면서부터 시작되었다. 두 사람 사이에 어떠한 문제가 발생한 것으로 보이는데, 결국 동경음악학교를 졸업한 오오바는 "음악학교 출신이라는 간판" 덕분에 경성에 남을 수 있었고, 이와자키는 대련으로 떠나게 되었다.「ヴァイオリン大會」, 1921.3.7 그 사건을 밝힌 아오자와 우쓰로지青澤窕路의 글을 보면 이와자키가 음악학교 출신이 아닌 것처럼 보이는데 『경성일보』의 송별음악회 기사에 이와자키는 일본 동양음악학교 출신이라고 적혀있어 이번 사건이 단순히 학력 문제라고 단정하기는 어렵다. 이유가 무엇이든 그들의 암투暗鬪는 경성 음악계의 세력 확장에 대한 권력 다툼이었던 것으로 보인다.

뒤늦게 경성에 온 오오바에게 권력이 쥐어지자 이와자키는 대련으로 이주하였고 이와자키에게 교육받거나 같이 활동하던 재조일본인들도 음악계를 떠났다. 그가 정확히 어떠한 이유로 경성을 떠났는지는 알 수 없으나, 떠날 때 경성의 음악가들이 조선신문사의 후원을 받아 송별음악회를 개최해 줄 정도로 음악계에서 그의 존재감은 확실했다. 여기서 흥미로운 점은 이와자키가 경성을 떠난 후 일본으로 돌아가지 않고 일본의 또 다른 식민지인 만주국 대련으로 떠났다는 사실이다. 대련에서 자리를 잡은 이와자키는 "확고부동한 음악계의 별"이 되었다고 한다.靑澤窕路, 1922.11 어쩌면 그가 실력이나 학연 등으로 내지에 편입되기는 힘든 상황이라는 것을 깨닫고, 내지보다는 또 다른 식민지를 찾아 양악의 개척지에서 자신의 영역을 만들어가는 것이 더 낫다는 계산을 했을지 모른다.

이후 오오바의 전성시대가 왔다. 위에서 언급했듯이 오오바는 경성부청과 총독부의 의뢰를 받아 경성을 상징하는 노래를 작곡하였다. 그가 작곡 전공이 아님에도 그에게 작곡을 의뢰한 것은 경성 음악계에서 그가 쟁취한 위상 때문일 가능성이 크다. 일본 최고 음악학교 출신의 일본인 음악가이면서 정치적 수완까지 겸비한 그의 면모를 짐작해 볼 수 있다. 오오바가 경성에서 처음으로 맡은 제일고녀 교원 역시 그가 일했던 내지의 소학교와 비교하면 신분과 지위 향상을 위해 경성행을 택했다고 볼 수 있다. 그는 식민지기 내내 주요 음악계 간부로 활동하였고 전시체제에서는 군국가요를 작곡하는 등 총독부와 일본제국을 위해 협력하였다.김지선, 278·282~284면

그밖에 경성에서 활동한 재조일본인 음악가들은 "독립적인 음악가로는 생활할 수 없"어 대부분 교사로 근무하며 학교에 소속되

어 활동하였고, 거의 동경음악학교 출신이었다. 제이고녀의 우치다 토라内田トラ, 경성사범학교의 요시자와 미노루吉澤實, 진명여고보의 스카이 토키오須階ときを, 경성공립여고보의 타키자하 레츠瀧澤レツ, 모토마치元町소학교 선생 스즈키鈴木三枝 등이 대표적이다. 재조 일본인 음악 단체로는 경성제대 관현악단, 조선호텔 콰르텟, 사토구니오左藤九二男 부인의 피아노그룹, 다카하시 만돌린 앙상블, 경성 만돌린구락부 정도가 꾸준히 활동한 것으로 보인다.경성일보사 편, 『조선연감』, 1934~1935; 송하균 감수, 『근대일본음악연감』, 1933~1936

1935년 경성의 부민府民을 위한 종합문화예술회관인 부민관이 개관하면서 음악회도 이곳으로 옮겨갔다. 부민관이 생긴 이후 경성의 각종 공연, 행사, 강연회 등 1937년 1~6월 상반기에만 행사가 63회나 열렸다.김순주, 21면 1938년 개최 음악회에 대한 『동아일보』의 기사를 보면, 총 26회의 음악회 중에 장소가 기재되지 않은 하나를 제외하고 부민관과 공회당의 개최 수는 각각 19회와 6회로, 대부분의 음악회가 부민관에서 개최되었음을 알 수 있다.<표 3> 참조 경성공회당은 음악회장으로의 역할을 이어 나가기는 하지만 부민관 건립 이전보다는 음악회가 감소하였다. 그리고 기독교청년회관이나 천도교당 같은 조선인 중심의 공간에서는 더 이상 음악회가 열리지 않았다.

〈표 3〉 1938년 경성의 음악회, 「작년 일년의 음악회」, 『동아일보』, 1939.1.3

	일시	공연명	장소
1	3.3	임상희 독창회	부민관
2	3.4	중앙보육음악회	부민관
3	3.22	레오 시로타 피아노 독주회	부민관
4	4.15	유부용 독창회	부민관
5	5.5	채선엽 독창회	부민관
6	5.14	채동선 제금 독주회	경성공회당
7	5.20	정훈모 독창회	부민관
8	5.22	스투데니, 후스 음악회	경성공회당
9	6.14	신인음악회	부민관
10	6.16	성대 만돌린 연주회	경성공회당
11	6.17	이춘자 피아노 독주회	경성공회당
12	6.27	안기영 문하생 발표회	부민관
13	6.×	이용준 독창회	경성공회당
14	9.7	이승학 문하생 발표회	부민관
15	9.29	전조선 남녀 현상 음악콩쿠르	부민관
16	10.20	경성음악전문학원 연주회	부민관
17	10.28	안병소 제금 독주회	부민관
18	11.4	이관옥 독창회	부민관
19	11.8	경성치전 음악회	(미기재)
20	11.6	경성만돌린합주단 연주회	경성공회당
21	11.11	연전 음악연주회	부민관
22	11.15	안병소 제금 독주회	부민관
23	11.22	경성의전 음악회	부민관
24	11.23	진명고녀 음악회	부민관
25	12.7	경성사중주단 현악사중주회	부민관
26	12.×	조선음악협회 음악회	부민관

제4장

도시와 음악 문화

1

조선인의 음악 담론 "음악광시대"

2

경성 안 두 민족의 음악회

근대와 식민지를 동시에 경험한 경성의 도시인들은 음악을 어떻게 정의했을까? 당시에 발간된 사전의 단어들을 보면, 조선인들이 외래문화였던 서양음악을 수용해 가는 변화 과정을 반영하고 있음을 알 수 있다. 1920년에 조선총독부에서 발행한 『조선어사전朝鮮語辭典』은 단어는 조선어로, 설명은 일본어로 적혀있다. 이 사전에서 우리가 흔히 사용하는 음악, 연주, 양악, 합주 등의 단어는 찾을 수 없고, 악樂이라는 단어 아래 악공樂工, 악기樂器, 악보樂譜, 악사樂師, 악수樂手 등의 단어들이 뜻과 함께 나열되어 있는 것을 확인할 수 있다. 이때까지 서양 음악 중심의 용어가 등장하지 않은 것으로 보아 풍류의 즐거움을 의미하는 악樂을 접두사로 사용한 용어들을 중심으로 조선음악과 관련된 용어를 열거한 것으로 보는 것이 타당하다.조선총독부, 90·567·583·605·669면

한 해 앞서 1919년에 발간된 『(선역)국어대사전(鮮譯)國語大辭典』은 단어는 일본어로 되어있고 풀이는 조선어로 되어있다. 그러나 여기에서는 '국어'를 일본어로 보았기 때문에 조선어사전으로 보기 어렵다. 참고로 『(선역)국어대사전』에서 음악 관련 단어를 찾아보면 악대樂隊, 악전樂典, 악인樂人, 악보樂譜, 음악音樂, 음향音響, 음곡音曲,

음조音調 등이 있으며 'オンガク音樂 음악'처럼 일본어가타가나, 한자, 조선어의 순서로 기재되어 있다.般岡猷治 編, 130 · 155 · 156면

홍난파가 1923년에 발표한 글에서 "음악회니 관현악이니 가극이니 하는 전에 듣지 못하던 새말이 가끔가끔 들리게" 되었다는 것을 보아홍난파, 1923.1 1920년대가 되어서야 이러한 단어가 대중적으로 사용되었다는 것을 알 수 있다. 이후 1930년대 후반에 나온 사전들을 통해 음악을 정의하는 용어들의 변화를 알 수 있다. 대표적인 사전으로 순천공립보통학교 교사 이종극李鍾極이 1937년에 발간한 『모던조선외래어사전모던朝鮮外來語辭典』은 당시의 신문, 잡지, 소설 등에 쓰인 외래어 14,000여 개를 모아 발간한 사전으로, 학자가 아닌 일반인의 시선에서 만들어졌다. 특이한 점은 용어의 뜻과 함께 단어가 사용된 출처를 밝히고 있어, 이 사전의 용어들이 실제로 식민지조선의 일상에서 음악과 관련되어 사용된 외래어라는 점이다. 음악과 관련된 용어로는 뮤직 / 뮤지크music, 뮤지션musician, 뮤지칼musical, 뮤직 콩쿨musique concours, 뮤지코마니아musicomania, 뮤지코포비아musicophobia, 뮤지크 드라마music drama, 뮤지크 홀 / 뮤직 홀music hall, 뮤트mute, 바요린 / 바욜링violin, 바요리니스트violinist, 삐아노piano, 비오라viola, 비오론violon, 오케스트라orchestra, 콘써트 / 콘설트concert, 콘썰티나concertina 등이 있다.이종극, 171 · 185 · 223 · 378 · 472면 앞에서 살펴본 조선총독부의 사전과 비교할 때, 서양식 음악 단어가 현저하게 증가했음을 확인할 수 있다.

바로 다음 해인 1938년에 발간된 문세영文世榮의 『조선어사전朝

鮮語辭典』은 국어학자인 조선인이 쓰고 우리말로 용어와 의미를 풀이한 사전이다. 관현악管絃樂, 음악音樂, 합주合奏, 바욜링violin, 바욜리스트violinist, 오케스트라orchestra의 용어를 포함한다. '바욜링' 같은 외래어의 경우에는 단어 옆에 원어로 표기해 둘만큼 외래어의 사용이 증가했다는 것을 알 수 있다. 그러나 여전히 악樂으로 시작되는 악곡, 악공, 악기 등의 단어에서 서양음악의 어조는 느낄 수 없었으며, 음악音樂은 "악기를 사용하여 음악을 조화 결합시키어 사람을 즐겁게 하여 주는 것"이라는 설명과 함께 풍류風流, 풍악風樂이라는 단어가 함께 기재되어 있다. 여전히 음악에 대한 개념은 조선 음악에 뿌리를 두고 있다. 이 사전은 1920년대의 사전보다 외래어가 늘어났고 악극樂劇이라는 단어의 뜻을 '오페라'라고 명시하는 등, 이전보다 서양의 음악과 조선의 음악에 대한 인식이 점차 그 간극을 좁혀가고 있다.문세영, 수정증보판, 1942, 180·611·1028·1116·1150·1247·1744면

현재 한국 사람들이 가장 많이 검색하는 포털 사이트의 국어사전에 '음악音樂'을 검색해보니, "박자, 가락, 음성 따위를 갖가지 형식으로 조화하고 결합하여, 목소리나 악기를 통하여 사상 또는 감정을 나타내는 예술"이라고 정의하고 있다. 서양음악의 기초인 박자, 가락 등을 기본으로 풀이하여 식민지조선 시기의 개념과 매우 달라졌음을 알 수 있다.

근대화 과정에서 "일정한 단어들의 갑작스러운 출현은 항상 사람들의 생활 자체가 변화하고 있음을 암시"하는데, 서구식 음악 용어의 등장 역시 조선인의 음악문화가 서구식으로 변화하고 있다

는 것을 드러낸다. 이것을 넓은 의미에서 대중들의 일반적인 생활이 어느 정도 "서구에서 이루어진 행동 변화의 궤도 위에" 올라왔다는 의미이기도 하다. 근대화 초기 조선의 대중들도 서구의 영향으로 인한 음악문화의 변용을 통해 자신들의 일상 역시 변화되고 있음을 인식했으며, 의도적으로 그 변화를 열망하기도 했다.노르베르트 엘리아스, 174·179~180면

1. 조선인의 음악 담론 "음악광시대"

이제껏 음악문화 변화연구는 음악을 중심에 놓고 수행되어왔다. 그러나 음악이 사회와 문화 안에서 어떻게 이해되고 있는지를 파악하기 위해서는 소비하는 대중의 시선에서 접근하는 것이 일상에서의 균형적인 음악문화를 확인하기 위해서 필수적이다.

성악가 박경희朴慶姬는 경성의 시간을 "음악광시대音樂狂 時代"박경희, 1929.6라 표현하였다. 경성에서는 1920년대를 시작으로 부르주아 인식이 확산했으며 서양문화로 대변되는 피아노가 점차 근대인의 욕망을 채워주는 대표 물품으로 자리 잡았다. 피아노는 평소 들어보지 못한 매력적인 소리와 서양풍 외양에서부터 조선인의 마음을 사로잡았을 뿐 아니라 다른 악기와 성악의 반주를 위해서, 음악교육을 위한 악기로도 사용될 수 있었기에 사회적으로 확고한 위치를 획득했다. 서양에서도 큰 공간을 차지하는 오르간과 달리 피아

노가 적당한 실내 공간의 "부르주아 가정용 악기"로 인식되어 중산층 대중들에게 엄청난 인기를 끌었다.막스 베버, 160~161면; 에릭 홉스봄, 444면

현진건의 단편소설 「피아노」1922는 피아노와 관련된 아이러니와 풍자를 고스란히 드러내는데, 주인공은 일본에서 대학을 나오고 신식 결혼으로 중등교육을 마친 아내와 재혼한 후, 둘 다 피아노를 칠 줄 모르면서도 피아노만 들여놓으면 신식 가정이 될 것 같은 착각에 피아노를 구매한다는 내용이다. 경성인들의 머릿속에 서양음악의 이미지는 '고급스러운 신식문화'였으며, 피아노로 대표되는 서양악기는 근대인이 되기 위하여 소장해야만 하는 기호품이었다. 당시 서구에 열망한 조선인들은 악기를 다룰 줄도, 음악을 감상할 줄도 몰라도 악기를 가져야 하고, 음악회에 다녀야 하는 모순에 빠져있었다. 그만큼 서양음악이 갖는 환상과 위력은 대단하였다.

바늘구멍만한 대문보다 큰 피아노를 월세로 들여놓아 집이 무너진다는 안석영의 만문漫文은 당시의 과장된 서양악기 열풍을 잘 그려준다.<그림 1> 참조, 夕影, 1931.6.24

"소위 남녀중학생 아이들까지 겨드랑이에 바이올린을 끼고 다니고 부자, 연인을 졸라서 제 집에다 피아노를 사 놓고 무엇이 무엇인지 뭣도 모르며 뚱땅거리고 앉아 있는 모양"「현대남녀음악가에게 여(與)하노라」, 1927.3은 어렵지 않게 볼 수 있는 광경이었다. 결혼한 여성이 "그저 재미있게 이야기나 하고 제가 좋아하는 음악이라도 들어주시고 비평하여 주실 정도의 남성을 친하고 싶"김숙희, 1929.11다며

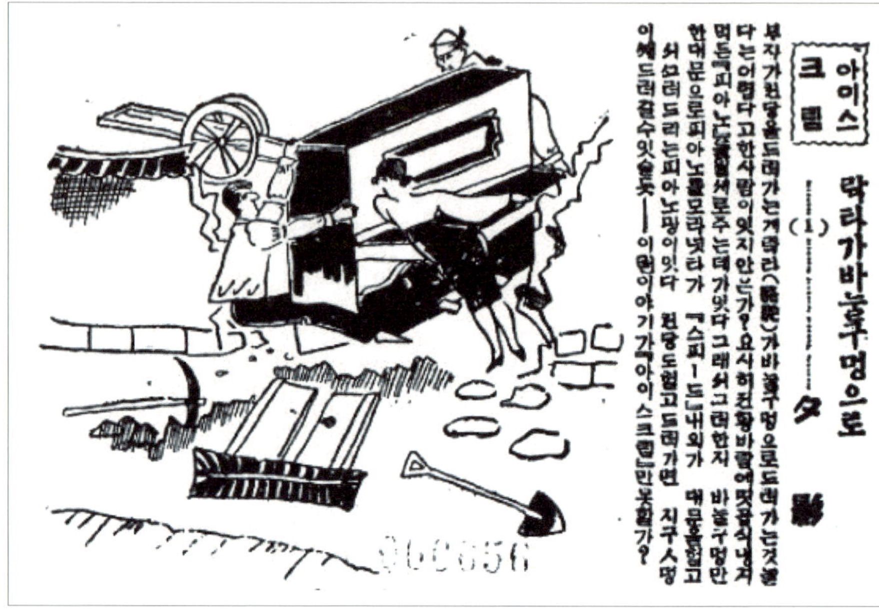

〈그림 1〉 안석영, 〈낙타가 바늘구멍으로〉

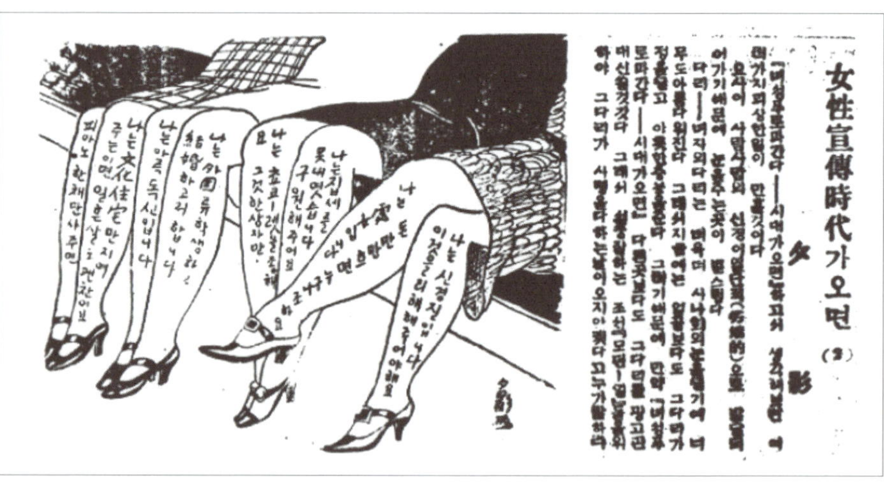

〈그림 2〉 안석영, 〈여성선전시대가 오면〉

음악을 아는 이성에 대한 여성들의 심리를 대변했고, 모던걸은 문화주택에 "피아노 한 채만 사주면" 일흔 살의 노인도 괜찮다는 풍자가 나올 정도였다.<그림 2> 참조, 夕影, 1930.1.12

아무리 근대도시 대경성이라 하여도 도시 빈민이 넘쳐나는 생활환경에서 피아노나 바이올린을 연주하며 음악 이야기를 하고 산다는 것은 서양문화가 가져온 허황된 꿈, 즉 현실과는 너무나 다른 미지의 세계에 대한 환상이었다. 대다수 조선인은 서양음악을 전혀 이해하지 못했으며, 그저 서양음악이 가지고 있는 이미지만으로 문화생활을 상상할 뿐이었다.

문화촌이라면 소위 문화생활을 하는 사람들, 문화생활이라면 송판松板쪽을 붙여 놓았더라도 집은 신식 양옥으로 지어 놓고, 피아노에 맞춰 흐르는 독창 소리가 아니면, 유성기판의 째즈 밴드 소리쯤은 들려 나와야 하고 지붕 위에는 라디오 안테나가 가로 걸쳐 있어야 할 것은 물론이거니와 하루에 한 번씩은 값싼 것일망정 양요리 접시나 부서야 왈 문화생활이라고들 한다. 그러나 한 칸 세 방이 어렵고 한 그릇 콩나물죽이 어려운 형편에 있는 조선 사람이, 더구나 찌들리고 쪼들리는 서울 사람이 (편벽된 의미의) 문화생활을 하고 있는 사람이 누구일 것이냐. 장안이 넓고 인간이 많다 해도 이러한 여유 낙낙한 문화생활을 하고 있는 사람은 앉아서라도 손꼽을 수가 있다. 따라서 그들만이 모여서 사는 소위 문화촌이란 문화촌을 찾아 내이기도 어렵다.

「대경성(大京城)의 특수촌(特殊村)-문화촌(文化村)」, 1929.9

당시 경성인들이 생각하는 문화생활이란 양옥집에 피아노를 두고, 유성기나 축음기의 음악 소리가 흘러나오면 된다고 생각할 만큼, 음악은 근대화의 필수적이자 이상적인 조건이었다. 그러나 이러한 서양음악을 통한 허상과 열망이 사실은 정치적으로나 개인적으로 아무것도 할 수 없는 식민 상황에서 현실을 잊고자 하는 노력에서 극대화되며, 경성을 음악 소비 도시로 만들었다. 아직도 우리가 벗어나지 못한 서구에 대한 열망은 서양음악이 가진 고급 이미지와 함께 현재까지도 우리의 의식을 지배할 만큼 당시의 모습은 지금의 현실을 압축해 보여준다.

원래 조선인들은 음악에 관대하지 않았다. 양반은 점잖지 못하다며 휘파람조차 불지 못하게 했다는 옛말에서 알 수 있듯이 음악하는 사람을 멸시하고 천대하며 날라리패, 풍악장이, 노라리건달처럼 건들건들 놀며 세월만 허비하는 사람라 불렀다. 부모는 음악하는 남자에게 절대 딸을 시집보내려 하지 않았으며, 아들 가진 집에서도 음악하는 여자를 비하하며 반대하였다. 이유선李有善, 1911~2005이 미국 유학 중 이승만李承晩, 1875~1965을 만났을 때 음악을 공부한다고 하자 이승만이 매우 한심하게 생각했다는 일화에서 음악에 대한 사회의 부정적인 시각을 알 수 있다.이유선, 96면

그러나 서양음악이 서구에서 들어왔다는 이유 하나만으로 조선인들의 고정관념을 흔들었다. 서구문화는 신식이고 문명화된 것이기에 서양음악은 새로운 음악이고 문명화된 음악으로 고급스럽게 여겨졌다. 개화기 초 김인식이 기독교청년회관에서 학생들에게 창

〈그림 3〉 바이올린 든 남학생

〈그림 4〉 바이올린과 하모니카를 연주하는 남학생들

가를 가르칠 때 너무 많은 사람이 모여들어 강당이 북새통을 이루었을 만큼「교육계 정신적 공헌자들」, 1935.1.1 조선인들에게 서양식 음계의 창가는 새로운 노래이자 신식이라는 개념으로 이해됐다. 대중잡지마다 창가집 광고가 등장하였고, 1921년 12월호 『개벽』에만 『이십세기신청년창가』, 『조선지리경개창가』, 『서정창가』 등의 광고가 실렸으며, 1922년에 발간된 김인식의 『보통창가집』에도 『중등창가집』, 『최신창가집』, 『유년창가집』, 『중학창가집』, 『유행창가집』을 비롯하여 『창가교수법』, 『악전대요』 등의 음악책을 광고할 정도로 다양한 음악책이 출판되었다. 기생도 더 많은 인기를 얻기 위해 유행 창가를 배웠다. 그런 기생에게 바이올린을 연주해주는 남학생부터「대비밀 대폭로 현대 비밀직업 전람회」, 1928.7 서투른 바이올린 연주로 사랑을 고백하는 모던보이까지 생겨났다.안生, 1928.4.6 당시 학생들 사이에서 창가의 유행은 풍자시까지 만들어 낼 정도로 대단했다.

건너 집에 철수는 방학이라 왔다지
나팔바지 끌으며 유행가만 부른다
아하아하 우습다 배운 것이 그건가
고등학교 선생님 창가선생 뿐인가

홍사덕, 1931.10·11

3·1운동 전에는 보기 드물던 바이올린은 1920년대에 들어 큰 인기를 얻어 놀라운 기량을 가진 학생도 등장하였다. 특히 바이올린이 "널리 보급된 이유로는 악기가 간편하고 비교적 적은 값으로도 손에 넣을 수 있"기 때문이었다. 의학을 전공하면서 바이올린과 라켓을 즐겨 들고 다니던 모던보이 최호영이 음악으로 전공을 바꾸고 자신의 집에서 개인교습소 현우회絃友會를 운영하며 이곳에서 백여 명의 학생을 가르쳤다고 하니 당시의 바이올린 인기를 실감할 수 있다.「일가일언(一家一言)」, 1930.9

학생들 사이에서 서양문화가 유행하자 경성의 상업도 학생들에 의해 변동을 겪었다. 전국 각지에서 모인 학생들은 극장, 서점, 식당, 과자점, 악기점마다 큰 매출을 담당하였다. 악기점 상인들은 학생들이 고향으로 돌아가는 방학에 매출이 줄어드는 것을 한탄하며, "시끄러우니 어쩌니 해도 학생들이 있어야지방학에는—인용자 깡깡이에 거미줄을"안석영, 1927.8 칠 정도로 학생들이 주요 고객임을 토로했다.

〈그림 5〉 경성의 악기점(안석영 삽화 일부)

〈그림 6〉 결혼식의 피아노 연주 장면을 담고 있는 소설 『애원성』 표지

모든 예술 중에서도 문학과 음악의 보급률이 매우 높아 나혜석, 1921.2.26 음악을 즐기는 대중이 점차 늘어남에 따라 음악문화의 범주도 세분되었다. 명반名盤으로 음악을 듣는 감상회가 늘어나고, 학생들이 실력을 겨루는 음악콩쿠르의 수준이 높아졌으며, 초등교원을 위한 음악 강습에 선생들의 참여가 활발해졌다. 음악 저작권과 표절 문제도 수면 위로 올랐다. 음악가들도 조선음악가협회와 같은 전문 음악 단체를 만들어 음악의 보급과 발전을 위해 노력하였다. 그야말로 "서악동점西樂東漸" 홍난파, 1925.4 이었다.

이제 서양음악이 연주되는 신식 결혼식은 근대식 가정을 여는 데 필수 코스였다. 당시 음악회장으로도 인기가 높았던 기독교청년회관, 천도교당, 예배당, 경성공회당은 신식 결혼식장으로도 유행하였으며 결혼식에서 풍금으로 〈결혼행진곡〉을 쳐주고 비단 저고리 한 감 혹은 10원이나 15원을 받는 고가의 연주 아르바이트까지 성행하였다. 「대비밀 대폭로 현대 비밀직업 전람회」, 1928.7 결혼식을 풍자한 이혼식의 그림에도 바이올린 주자가 등장할 정도로 음악은 점차 조선의 음악이 아닌 서양음악을 지칭하며 근대문화의 대표적인 상징으로 이해되었다. <그림 7> 참고

〈그림 7〉 이혼식의 바이올린 연주

서양의 것이 무조건 좋다는 인식은 음악에까지 퍼져 음악이라 하면 으레 서양음악을 생각하는 사람들이 증가하였고 우리의 것, 즉 조선음악과는 조금씩 거리가 생기게 되었다. 언론에서는 이러한 조선인들의 서구문화 숭배를 신랄하게 비판했다.

조선 사람은 어찌된 성질인지 자아를 멸시하고 외타를 숭배하는 관념이 많다. 우리가 항상 보는 것으로도 서양의 댄스나 서양의 노래를 보고 들을 때 그네들은 그 깊은 무엇을 알고 그러는지 모르고 그러는지 피가 끓어라 하고 박수갈채를 한다. 그렇지만 우리의 춤, 우리의 노래는 느리다 축하다 하고 악평을 마지아니한다. 그네들의 평이 평다운 평 같으면 어디까지든지 좋은 일이다. 다만 외타를 숭배하는 악성에서 우러나온 그 평은 우리의 신성한 모든 것을 짓밟아 없이하고자 하는 것이나 일반이다.

부춘생, 「토목언」, 1922.5·7

반면 돈이 없는 도시인에게 고가의 악기나 부속품은 문화생활이나 취미의 도구가 아닌 한낱 돈이 되는 물건일 뿐이었다. 음악이 인기를 끌고 학생들의 악기 수요가 증가하자 누군가는 학생들의 하숙집을 돌며 바이올린이나 만돌린 등의 악기를 절도하거나, 악기점이나 학교 연습실에서 훔친 트럼펫이나 클라리넷을 전당포에 맡겨서 돈으로 챙긴 사건들이 신문 기사에 심심치 않게 등장하였다.「악기절도 이명(二名)」, 『동아일보』, 1923.11.28 외 최활란崔活蘭, 1888~1984이 가족의 생계를 위해 피아노를 내놓은 일화최규애, 87면나 박태원의 소설 『천변풍경』박태원, 42면에서 집안 형편이 어려워지자 악기를 전당포와 고물상으로 팔아넘기는 모습은, 경제적 궁핍을 겪는 가족 구성원에게 악기란 돈을 굴릴 수 있는 수단이자 살림살이에서 가장 먼저 팔아 내놓는 그저 사치스럽고 불필요한 물건이었다.

2. 경성 안 두 민족의 음악회

경성 거리에서 남녀 학생들과 청년들의 손에 바이올린이나 만돌린 케이스를 들고 다니는 광경이 쉽게 목격될 정도로 경성인들에게 음악은 주요 취미로 보급되었다.정월, 1924.7 그러나 여전히 "음악이라면 남녀노유를 물론하고 머리를 내저으며 자녀 간에 음악을 공부하겠다면 부모 된 이는 패가망신할 짓 한다고 야단야단"하는 분위기였다.홍난파, 『동아일보』, 1925.1.1 음악의 인기가 높아짐에도 불구하고 "음악의 참가치를 발휘치 못하고 음악이 참대접을 다 받지 못"「때의 소리」, 『동아일보』, 1921.9.11한 채 음악에 대한 인식이 부정적이었던 이유는, 모던에 대한 서구적 열망과 전근대적인 사고가 지배하는 조선인들에게서 나타나는 문화충돌의 결과이다. 즉 음악에 대한 양가적 사고를 갖는 조선인들에게 서구 음악은 여전히 모호한 것이었다.

1) 근대적 욕망의 체현 공간

피아니스트 박경호는 "조선인 단체의 주최로 경성에서 개최된 소위 음악회라는 것이 근 20회나 되고 또 근일 개최되리라는 것이 내가 아는 것만 쳐도 4~5곳은 되는 모양"박경호, 『동아일보』, 1926.12.3이라며 1920년대 중반 경성 곳곳에서 빈번하게 음악회가 열리고 있음을 알려준다. 이미 그 이전부터 기독교청년회관의 음악회는 경성의 명물로 유명했다. 선교사 그로브Paul L. Grove는 조선인들이 "남녀는 물론하고 서양음악에 대한 취미가 날로 높아가는 중이라 며칠만큼씩 청년회관 대강당 안에는 성대한 음악회가 끊이지"「음악가에 동정하라」, 『동아일보』, 1920.6.8 않는다고 했으며, 만주에서 잠시 귀국한 나혜석도 "이십 일간 경성에 있을 동안 다른 곳에도 많이 있었거니와 청년회관에서만 음악회가 네 번"정월, 1924.7 이나 개최되었다고 하였다. 1922년경의 음악회 장면을 세밀하게 묘사한 이태준의 소설 『사상의 월야』에서도 "이 가을부터 청년회관 대강당에는 '음악회'란 것이 자주 열리기 시작하였다"며 조선인들이 음악회에 지대한 관심을 보여줬음을 드러냈다.

조선인들에게 음악회는 모던의 유혹이자 근대적 욕망을 체현하기 위한 수단이었기에 근대 도시인에게 인기를 끌었다. 당대 예술인들은 음악회의 잦은 개최가 음악에 대한 관심보다는 모던이라는 주류에 섞이기 위한 요건, 즉 하나의 유행물로 치부되는 것에 대해 우려의 목소리를 내기도 했다.

이태준의 소설에서도 조선인 관객의 모습이 실감 나게 그려진다.

> 서울에는 마침 동경 유학생들의 강연회와 음악회가 있었다. (…중략…) 이튿날 저녁, 그들의 음악회에도 송빈이와 은주는 함께 갔다. 남학생 하나가 피아노를 치는데 어쩌면 새끼손가락까지 보이지 않도록 자주 놀린다. 청중은 청중이라기보다 관중은 요술을 보는 것처럼 반해 버려 아직도 연주 중임에 불구하고 발까지 구르며 박수를 했다.
>
> 이태준, 『사상의 월야』

이태준은 음악회의 청중을 "청중이라기보다 관중"이라고 표현한다. 최호영도 조선인들은 음악을 듣는 것이 아니라 본다고 표현하였다.「일가일언(一家一言)」, 1930.9 아직 조선인들에게 음악은 눈으로

〈그림 8〉 이태준, 『사상의 월야』 삽화, 『매일신보』, 1941.5.18

구경하는 것이었고, 음악을 이해하려 하기보다 새롭고 서구적인 것에 관한 호기심이 가득했다. 다 같이 참여하여 즐기던 굿이나 광대 공연 등에 익숙한 우리 전통문화처럼 조선인들은 음악회를 함께 만들어간다고 생각했다. 양악 음악회를 흥興으로 여긴 것이다. 다시 말해 음악회는 경성인들에게 미적 가치를 실현하는 공간이라기보다 근대적 욕망을 체현하는 공간으로 기능하였다.

(1) **유행인가 키치kitch인가?**

앞서 언급했듯이, 경성의 음악회는 "첨단 인기의 집합소"였고 청중 혹은 관객은 "최신 유행을 좇는 사람"으로 여겨져 대단한 인기를 누렸다. 경성인들은 제각각의 사연으로 음악회에 다녔으나

음악회에 딱히 "취미가 없던 사람들이 쇄도"했던 이유는 유행에 뒤처지지 않는 근대인이 되고 싶었기 때문이다.「음악을 말하는 모임(音樂を語る會)(2)」, 『경성일보』, 1930.9.17

서구문화를 경험해 보지 못한 사람들에게 근대화를 체득하는 가장 쉬운 방법은 근대화된 사람을 따라 하는 것이었다. 특히 서구문화는 그 문화를 먼저 경험한 지식인들이 주도하였으므로 근대도시에서는 그들처럼 서구문화를 빨리 체현하는 것이 유리한 조건이 되었다.김진송, 171면

근대인의 대표주자인 엘리트들이 자주 음악회를 다니자, 일반인들도 너나없이 음악회를 찾았다. 음악회는 빈번하게 만들어지고 소비되었다. 그러나 이런 식으로 수없이 만들어지는 음악회는 그저 모조품, 키치일 뿐이었다. 키치를 본래의 기능이나 목적에서 벗어나는 복제품이라는 의미로 해석한다면, 조선인들의 음악회 역시 음악회가 내포하는 기능이나 목적이 본래의 것에서 벗어나 경성의 상황에 맞게 복제되어 양산된다는 점에서 같은 맥락으로 볼 수 있다.

한동안 경성인들에게 음악회 붐이 엄청나게 일어났다가 레코드가 등장하자 경성의 음악문화는 또 다른 양상을 맞게 되었다. 음악인들의 고급화 전략과 청중들의 감상 능력 향상으로, 그리고 축음기, 라디오의 보급과 레코드의 대량 유통으로 대중들은 음악을 집에서 "편하게 들을 수 있게 되면서 불편하고 사람이 많은 음악회에서, 게다가 종류도 적은 음악을 한 시간이고 두 시간이고

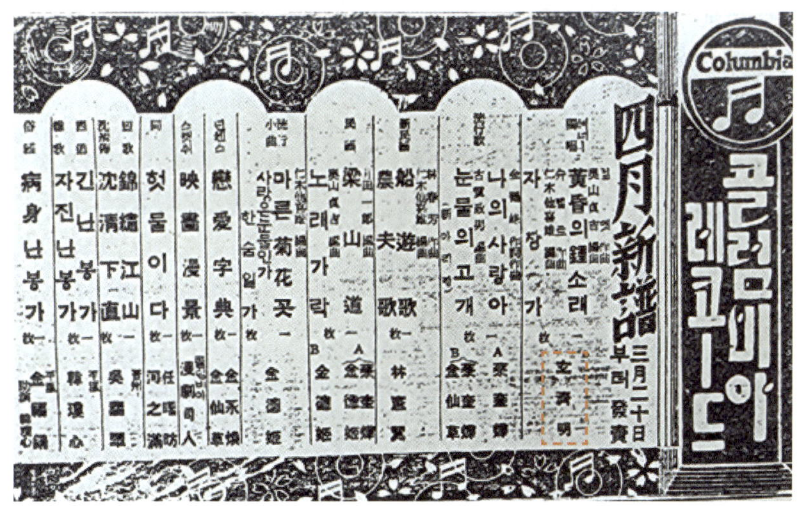

〈그림 9〉 콜럼비아 레코드 광고

긴 시간 동안 참고 들을 수 없게" 되었다.이대산, 1936.1 레코드 산업은 조선 내에 레코드 판매점이 200여 개나 생길 정도로 단시간에 급부상하였고,「레코-트 판매점과 육백만 원」, 1934.8 레코드 보급은 유행가나 조선 음악의 발전은 물론 양악의 발전에도 큰 역할을 했다. 물론 서양 음악가들의 연주를 듣는 것이 대세였지만, 실력 있는 조선인 음악가들도 음반을 발매하기 시작하였고 잡지나 신문에 그들의 광고가 등장하였다.

음악회에 많은 사람이 모이는 일이 차츰 줄어들게 되고 음악회를 가기 위해 외출할 일이 줄었다.龜岡榮吉, 1926.7 대중에게 점차 음악회의 인기는 시들해져 갔다. 당시 『동아일보』의 사설에 음악회의 인기가 하락하고 축음기와 라디오가 유행하는 까닭이 세세히 적혀있다. 일본 레코드회사는 유망 음악가를 외국으로 유학을 보내는 등 지원을 아끼지 않았다. 이러한 영향으로 조선에서도 오케레코드에서 성악가 이유선에게 밀라노 유학의 기회를 주었다.「조선악단 회고와 전망 좌담회」, 1935.4 이유선은 오케레코드에서'광고', 『음악』, 1934.7, 현제명과 채선엽은 콜럼비아레코드에서'광고', 『음악』, 1936.5, 안병소와 정훈모의 오케레코드에서 음반이 발매되었다.'광고', 『삼천리』, 1934.11

> 거문고, 가야금의 가냘픈 음조가 바이올린의 앙앙한 애조에 못하지 않고 국수명창國手名唱의 멋있게 넘어가는 높고 얕은 멜로디가 신식 성악가들의 명성 있는 독창만 못한 것은 아니다. 그러나 만 근 십 년을 전후하여 음악에 대한 일반의 감상과 선택하는 취미는 현저히 달라졌다. 조선 소리를 듣기 위하여 광무대로 달리던 열심은 양악의 출연이 있는 음악회 회장으로 이렇게 옮기었다. 그리하여 한때는 어디서 음악회가 열리기만 하면 그야말로 입추의 여지가 없는 대성황이었던 것이다. 그러나 그것도 이제 와서는 뜸하였다. 그 이유는 물론 이러한 것이다. 음악을 들어 감상하는 그 계급이 전보다 향상하여 조선악단에 누구누구라고 지명하는 그들의 출연이 있다 해도 별로 신통한 맛이 없다는 것, 그렇다면 차라리 집에 축음기나 또는 라디오를 틀어놓고 세계 명창의 소리를 듣는 것이 오히려 낫다는 것, 이것들이다.
>
> 「변천도 형형색색 십 년간 유행대조」, 『동아일보』, 1930.4.3

음악회보다 저렴한 가격으로 즐길 수 있는 오락이 음악회의 인기를 저해하는 요소가 되기도 하였다. 대표적인 예로 영화관의 출현을 들 수 있는데, 영화는 한 장소에서 음악회가 가지는 사교, 오

락 등의 기능은 물론, 연기자들의 모습을 볼 수 있는 화면, 변사의 멋들어진 목소리 연기와 시대상에 맞춘 해설, 거기에 연주자들의 실연까지 합쳐진 멀티 공연으로 경성인들의 이목을 사로잡았다. 대중은 새로운 키치를 찾았고 음악회를 떠났다. 더욱이 1930년 불황에 의해 음악회 관객이 줄었다는 일본인 음악가들의 평가처럼, 당시의 세계정세는 경제 대공황과 세계대전으로 인해 경제적으로 매우 불안하였다.「음악을 말하는 모임(音樂を語る會)(1)」, 『경성일보』, 1930.9.16

(2) **민족의 결집**

근대도시에서 음악, 즉 "소리는 기호체계로 기능"하며 친숙한 음악이나 노랫소리는 "공동체 의식을 구축하는 데 일조"하였다.마크 스미스, 89면 조선인들은 일본의 감시를 받고 감상하는 음악회일지라도, 우리말을 사용하고 같은 정서를 공유하는 우리 민족끼리 모여 있다는 사실 그 자체만으로 말할 수 없는 편안함과 안도감을 느꼈다. 공식적으로 일본인과의 민족적 분리가 가능한 공간에서 일종의 해방감도 느꼈다.

음악회는 많은 사람을 한 장소에 모이게 했고, 그렇게 모인 대중들은 신분과 계층의 구분 없이 모두가 하나이고 평등해지는 기분이었다. 그런 의미에서 음악회는 짐멜Georg Simmel, 1858~1918의 주장처럼, 시각이 동일한 인상을 갖게 할 수는 없지만 청각은 동일한 인상을 갖게 할 수 있기에 음악회의 청중들은 미술관이나 박물관 관람자와는 "비교할 수 없을 정도로 더 친밀한 통일체와 분위기의 공통체로 결합"될 수 있었다.게오르그 짐멜, 167~168면 사실상 경성의 조선인 중심 음악회에서 순수 음악 감상을 목적으로 음악회가 열리는 경우는 거의 없었다. 식민지조선의 음악회는 대개 민중의 화합과 근대의 경험을 위한 이벤트 성향이 컸다. 조선인들만 모인 조선인의 공간에서 조선인들은 민족 집단의 힘을 느끼고 조선 사회를 재현하는 느낌을 받으며 서로 공감할 수 있었다.

조선인들은 음악회에서 다 함께 노래를 불렀다. 노래가 일종의 소통 역할을 하는 것으로 조선인들에게 모두 모여 창가唱歌를 부르는 것은 음악 행위라기보다 "주먹을 부르쥐고 떠드는 일종의 애국심" 표출이었다. 애국계몽단체인 서북학회에서도 '함께 노래 부르기'의 힘을 인지하고 "그 시절의 음악전문학교"라 할 수 있는 제일음악강습소를 만들 정도로, 지식인들은 노래와 노래가 가진 텍스트의 힘을 믿었다.「조선신음악개척사(開拓史)」, 1934.12 문맹률이 높았던 힘없는 조선의 군중들은 소극적이나마 이렇게 일제의 지배에 저항한 것인데, 이러한 일상에서의 저항이 큰 동요를 일으키지는 않았다 하더라도 조선인 사이에서 음악은 "수동적 저항"의 매개체 역할을 하였다.힐디 강, 189면 조선인의 음악회가 "소요를 조장한다"는 명분으로 자주 금지되거나 취소되었던 이유도 일본이 음악회의 이러한 저항적 기능과 힘을 파악하고 있었기 때문이다.

한 민족만의 공간은 민족적 결집을 가능하게 하는 동시에 원수怨讐에 대한 저항의 잠재력도 내재하고 있어 일제는 조선인 중심지인 종로 한복판에 종로경찰서를 세웠다. "문화정치 이래로 종로서

署는 너무 번창하여" 여러 번 이전과 확장을 반복하며 종로의 조선인들을 통제하고 감시하였다.「종로서 대대확장 이전」, 『조선일보』, 1929.8.25

(3) **여성 공간의 토대**

경성의 음악회는 미약하나마 여성 음악가가 무대에 오를 기회를 제공하였고, 여성 관객들에게는 사회의 일원으로 공적 공간에서 문화 활동을 누릴 장소를 마련해 주었다.

다른 교육 분야와 마찬가지로, 음악교육도 남성이 우선 그 혜택을 받았다. 여성보다 진학률이 높았던 남성들은 근대교육기관을 통해 서양음악을 먼저 접하게 되었고, 사회적 풍토상 남성 음악가를 중심으로 음악계가 운영되었다. 그러나 식민지 체제에서 남성보다 상대적으로 탈정치적이고 탈사회적이었던 여성은 음악의 미적 가치에 집중하여 많은 시간을 할애할 수 있었기에 여성들의 선택은 자연스럽게 음악에 집중되었다. 물론 음악하는 여성의 수는 매우 제한적이었다.

1920년대가 되면 여성은 신여성, 모던걸, 자유부인 등 다양한 이름을 달고 사회로 나오게 된다. 경성이 소비문화의 도시라는 면모를 보여주는 데에 여학생과 직업여성이 중심인 이 여성들의 역할이 컸다. 근대 교육을 받은 그녀들은 "백화점 점원, 관청, 은행, 회사의 비즈니스 걸과 전화교환양, 간호사, 근대적인 장소에 걸맞은 자동차 차장, 기선의 마린 걸"을 비롯하여 교사, 의사, 기자, 비행사, 화가, 음악가, 무용가, 배우, 카페 걸까지 다양한 직업으로 활동했다. 이들의 사회진출은 도시의 문화와 유행을 형성하는 구심점이 되었다. 일부 여성들은 주말이면 야외로 드라이브를 가거나 백화점이나 양식집으로 서양 요리를 먹으러 가고, 극장에서의 영화관람 혹은 음악회에서의 서양음악 감상 등 근대에 걸맞은 모던한 취미를 갖게 되었다.

소수이지만 고등교육을 받은 여성들도 다양한 분야에서 등장하며 여성운동을 주도하였고 음악은 강연회, 연설회 등 여성 계몽운동에서 매력적인 도구로 사용되었다. 학교나 교회 예배당에서 노래하는 것이 전부였던 여성들에게 음악은 서구화에 다가갈 수 있는 몇 안 되는 공식화된 방편이었다. 이에 여성의 음악교육은 일찌감치 제도권으로 들어갈 수 있었다. 여학교마다 여성다운 소양을 기르기 위하여 여학생들에게 음악을 가르쳤다. 여학교의 음악 수업은 남학교보다 집중되었으며 여학생들의 음악 경험은 여학생들의 근대식 사고 확장에 반영되어 근대 여성의 일상문화에 영향을 미쳤다. 조선의 여학생들은 대부분이 음악애호가일 정도로 음악을 선호하였고,「음악을 말하는 모임(音樂を語る會)(7)」, 『경성일보』, 1930.9.26 여학생 중에 "외국에서도 음악을 전공하여 가지고 돌아오는 이가 결코 남자 수에 못하지 않을 정도"ZYX, 1934.2로 여성과 음악은 밀접해졌다.

그러나 여전히 여성 음악가에 대한 인식은 관대하지 않았다. 여성이 무대 한가운데 서 있는 일도 생소하지만, 여성이 단상 위에 서서 위에서 아래를 내려다보고, 뭇 남성들의 시선을 한곳으로 모아 여성을 아래에서 위로 올려다보게 하는 것은 당시의 가치관으로 파격적인 일이었다. 여성이자 음악가로 활동한다는 것은 근대적 사고관이 완벽하게 확립되지 않은 혼란스러운 시점에서 사회적으로 부정적인 인식에 서양음악이라는 고급스럽고 사치스러운 이미지까지 더해져 '음악하는 여성'의 표본을 만들어 냈다. 최서해崔曙海, 1901~1932, 김기진金基鎭, 1903~1985, 양백화梁白華, 생몰년 미상, 주요한朱耀翰, 1900~1979, 현진건 등이 집필에 참여한 연작소설 「여류음악가」는 성적

〈그림 10〉 여성 음악가 한기주

매력을 이용하여 출세하려는 여류음악가 경애의 이야기를 담고 있다. 초기 여성 음악가로 이름을 날리던 성악가 윤심덕과 피아니스트 한기주가 양악의 불모지인 조선에서 선구자 역할을 한 여성 음악가라기 보다 윤심덕은 유부남과 정사情死한 이슈 메이커로, 한기주는 결혼 생활 중에 유부남과 불륜을 저지른 스캔들로「은파리」, 1927.2 기억되었듯이, 각종 매체마다 음악하는 여성의 삶을 자극적으로 각색하기 바빴다. 음악하는 여성에 대한 지나친 관심은 대중매체나 소설이 문제를 일으키는 신여성의 한 부류로 여성 음악가를 선

〈그림 11〉 나혜석의 시각

정하여 그녀들을 허영과 사치의 대표주자로 그리게 했다. 성악가 최영순崔永順은 부모에게 음악을 전공하겠다고 선언했다가 부모가 "소위 조선 여자음악가들의 나쁜 점을 따서 말씀하며 온당치 못하다고 반대"최영순, 1925.3를 했으며, "여류음악가로서 상서롭지 못한 취태를 연출하"거나 "여자의 병 많이 나는 곳은 음악 배우는 곳이라"고 비난받기도 하였다. 유일한 여성 음악교육기관인 이화여전 학생들이 민요보급을 위해 무대에서 민요를 부르면 사람들은 기생이냐 이화 권번이냐 비아냥거렸고,안기영, 1931.5 이화 "졸업생 중에는 허영심이 강하고 일반 가정에 안주하는 것을 싫어해서 타락하는 학생이"시마키 겐사쿠, 335면 있다고 손가락질했다. 여성 음악가들은 따가운 시선 속에서 힘들게 유학을 마치고 돌아와도 "여학교 창가 교수나 얼마 안 되는 헐값에 몇 시간 맡게 되고 변변치도 못한 음악회에 불려 다니"는 것이 고작이었다.「말 못 되는 음악가」, 1925.4

『신여자』에 실린 나혜석의 목판화를 보면, 바이올린 케이스를 들고 가는 신여성의 모습을 보고 두 양반이 "그 기집애 건방지다"거나 "누가 데려가나"하며 한탄스러운 소리를 하면서도 "장가나 안 들었으면 ……"하고 "쳐다나 보아야 인사나 좀 해보지"라는 아쉬운 소리를 한다. '음악하는 여성'에 대한 비난과 선망이 공존하는 이중적 가치관을 그대로 보여준다.

> 요새 와서는 상품화한 여자에 대하여 남자의 영리심이 매우 영리해진 모양이다. 강연회를 개최해도 여성 한 두 사람을 가미하여 입장권 사는 대중을 다수히 모으려는 비굴한 수단을 쓰는 일도 있으며 (…중략…) 강연회도 여자가 있으면 호경기인 모양이다. 남자가 다반사로 내던지는 말이라도 여자의 입으로 굴러 나올 때에는 귀여움과 동정으로 박수갈채 하는 것이 여자의 어깨를 으쓱하게 하는 듯 하지만 기실은 여인형에 대한 남자의 재롱!
>
> 「여성 광고 유행병」, 1922.8

음악회장이라는 근대적 공간이 신분과 계급의 차이를 벗어나 수평적 평등 구조를 체현할 수 있는 공간이라 할지라도 남녀 차별의 문제가 완화되기는 어려웠다. 위의 글에서처럼 여성이 전시품 같은 이미지가 되는 상황은 쉽게 바뀌지 않았다. 관객을 모으고 표를 팔기 위해서 여성은 상품으로 사용되었다. 음악계 역시 남성 음악가가 우위였다. 여성 음악가의 전공 분야를 살펴보면, 남성을 뒷받침하는 여성의 역할이 강요된 전근대 사회의 고정된 이미지처

〈그림 12〉 양악기를 연주하는 평양기생학교의 연주단 모습

럼 여성 음악가는 대부분 피아니스트나 성악가였다. 일반적으로 여성이 음악을 배우는 이유가 연주 활동을 전문으로 하기보다는 학교 교원이나 교회 반주자, 주일 학교 교사로의 역할에 초점이 맞춰져 있었기 때문이기도 하다. 그래서 여성의 음악 활동은 피아노 반주나 노래 부르기 정도에 한정되어 있었다.

이화학당은 전문학교로 인가를 받기 전부터 바이올린을 가르쳤다. 선생들은 "고등 보통과에 있어서는 1학년부터 생도의 마음대로 피아노, 바이올린 같은 악기를 가르치고 있"었고, 음악실에도 "화려한 피아노, 바이올린 등 악기가 번질번질 윤이 흐르"며 놓여 있었으며,「여학교 찾아다니기ㅡ이화학당」, 1922.11 부전공으로 바이올린과 첼로를 지도하였다는 기록이 남아있다. 김영의도 기숙사에서 바이올린을 잘 켜는 친구에게 바이올린을 배웠고, 코르넷Cornet이라는 금관악기도 배워 예배당에서 찬송하였다.장사훈, 90~91면 강연회에서 활발하게 바이올린 연주를 하던 배화 교사 백경애白敬愛가 부도덕한 사건으로 사라진 이후, 평양기생학교나 사설 음악교육기관인 코리아음악연구소 등에서 바이올린을 배우는 여학생이 있었으나,

초적동, 1935.10 바이올린으로 활동하던 여성 음악가는 거의 없었다. 정소군鄭昭君만이 필리핀에서 유학하고 돌아와 잠시 여성 바이올리니스트로 활동하였다.홍종인, 1931.6

이처럼 여성 음악가는 남성 음악가와 동등한 위치로 한 무대에서 같이 공연하기보다 남성 음악가를 받쳐주는 반주 역할이나 남성이 낼 수 없는 여성 성역聲域을 담당하며 남성의 화음을 도와주는 역할에서 벗어나지 못했기 때문에, 여성 음악가가 관현악기 독주자로 활동할 여건이 조성되지 않았던 것이다. 여성의 무대 진출은 허용되었어도 온전히 자유로운 활동에는 여전히 많은 제약이 있었다.

2) 반갑지 않은 이웃, 조선인과 재조일본인의 동상이몽

일제는 조선과 일본이 하나라는 의미의 일선융화日鮮融和나 내선일체內鮮一體를 내세우며 일본인과 조선인이 평등하다고 주장했지만, 정작 그들 스스로 조선을 배제한 채 재조일본인만의 역사를 써내려갔다.

〈표 1〉은 당시 재조일본인들이 경성에서 어떠한 음악문화를 만들어가며 살았는지를 파악할 수 있게 한다. 음악회는 크게 두 유형, 일본 전통악기를 중심으로 하는 사쿠하치나 비파 등을 위한 음악회와 서양음악을 중심으로 하는 공연으로 구분된다. 일본음악 중에는 사쿠하치의 도잔류都山流가 많은 인기를 얻었는데 이것은 현대적이며 서양적인 느낌으로 처음 접하는 사람들이 좋아하는

경향이 있었다고 한다.경성제국대학 학우회, 『회보(會報)』, 1932, 164~165면 재조일본인들은 식민지에서도 자신들의 정체성인 일본음악을 고수하는 한편 내지의 유행에 뒤떨어지지 않기 위해 서양음악도 수용하였다. 일본인들이 서구의 문화를 조선인들보다 먼저 받아들이고 자신들만의 서양음악문화를 형성했지만, 일본인들 역시 서양음악을 깊이 이해했다기보다는 새로운 것에 대한 호기심과 내지와 같이 음악회에 다니는 서구적 음악 관습에 동참한 것이었다.

> 서양음악에 대해서는 뭐든 기쁘게 받아들이는 듯하다. 가령 강당을 가득 채운 연주회장에서 진정 서양음악을 이해하고 진심으로 귀를 기울이고 듣는 사람이 몇 퍼센트나 될까. 대부분이 그냥 서양음악이라서 또는 새로운 것에 동경해서 들으러 온 사람들이 많다.
>
> 경성제국대학 학우회, 『회보』, 1932

재조일본인이 주최한 대다수 음악회는 재조일본인 중심지에 있던 경성공회당에서 개최되었고 그밖에 일본학교 강당이나 일본인 전용 극장에서 열렸다. 대표적으로 1912년 12월 5일에 개관한 800명 정도 수용 공간을 가진 수관壽館, 1940년대까지 존재하였던 낭화관浪花館, 닛카쓰日活 직영관으로 1920년에 설립하여 1930년대까지 존재한 희락관喜樂館과 같은 공간에서 조선인과 분리되어 자신들만의 문화생활을 영위하였다. 즉, 재조일본인들만의 음악회가 존재했음을 알 수 있다. 1932년 경성제대 방악부 음악회의 경우,

〈표 1〉 1921년 『경성일보』 음악회 관련 자료

일시	시간	공연명	장소	주최	내용 및 기타
3.4	8	양인음악회	경성공회당	서양인소학교	3, 2, 1원
3.5	7	岩崎寬송별연주회	경성공회당		구(舊)이왕직음악대원도 출연
3.5	5	지쿠젠비와(筑前琵琶) 춘계대연주회	본정2정목 수관(壽舘)	旭子會	
3.5	5	筑前琵琶춘계연주회	용산 영정	旭山會	大谷旭山강습소 (용산한강통11번지)
3.26	5	추도(追悼)연주대회	경성공회당	京城旭會	旭會 전부출연
3.29	7	송별음악회	新玉樓		용산 원정2정목
4.6	4	음악 대강연회	남산고등여학교 강당	경성일보	강사 : 다나베 히사오(田邊尙雄)
4.9	5	筑前琵琶춘계연주대회	京城旭會	소부욱화회	
4.29~30		해삼위학생음악단	종로기독교청년회관		
5.1	2	가정음악회	경성여자고보 강당	경성일보, 매일신보	원래 4.24이었으나 5.1로 연기됨. 이시가와 요시카즈(石川義一), ○山國一郎, 김영환 등
5.14	5	연주회	수관	旭○會	筑前琵琶교사 연주
5.21	7:30	자선대연주회	경성공회당	山口악기점	
5.24~25	5	喜多流能樂會 연주회	경성공회당	喜多流能樂會	
6.4	6	사쿠하치(尺八) 연주대회	경성공회당	경성 욱정1정목 도잔류사쿠하치 사범 사토 도레이(佐藤都令) 주최	도잔류종가명인 나카오 도잔(中尾都山) 초빙
6.4		유겸자 독창회		조선 측	장소 기재 無
6.6	8	유겸자 독창회	조선호텔	일본기독교부인회	반주 : 前田みね子
6.11~12		환영연주대회	경성공회당	筑前琵琶 京城旭會	
6.13~14	8	유겸자 독창회	경성공회당	일본기독교부인회	
6.25	6	琴古流尺八연주대회	경성공회당	竹陽會	
7.22~23	8	동경학생음악단연주대회	경성공회당	경성기독교청년회	그 외 인천과 부산 등지에서도 연주
7.29	7	자축연주회	경성공회당		
9.23	6	旭紅會연주회	경성공회당	旭紅會	

일시	시간	공연명	장소	주최	내용 및 기타
9.27	8	육아홈 음악회	경성공회당	구세군	입장권은 일본청년회구세군본영
10.8~9	7	화양음악회 (8일 양악, 9일 일본음악)	경성공회당	白楊會 (경성공립고등 여학교 졸업생)	입장권 2, 1원 2일 통용권 1원 50전
10.13	9	비파연주회		旭美會	
10.20~21	6:30	음악회	경성공회당	사립여자기예학교	
10.23	1:30	공업전문교 음악회	공전 제4, 5 교실	공업전문교	지도 : 大場勇之助
10.30	6	비파연주회	경성공회당	○崎流	
10.31	5	제4주년기념 비파대회	경성공회당	旭子會	
11.5	5	추기연주대회	경성공회당	旭汀會	
11.12	5	대연주회	경성공회당	旭蓬비파회	
11.12	6	도잔류尺入연주대회	경성공회당		
11.13		竹令會연주대회	경성공회당	竹令會	일본악기와 의상
11.16	7	도잔류(都山流)지부 연주회	충무로낭화좌 (浪花座)		
11.19~20		경성고녀음악회	경성고녀학교 강당	경성고녀	
12.16	7:30	이왕직음악단연주회	경성공회당		입장권 2원 외국인, 일본인, 조선인음악가 출연. 바이올린, 피아노독주, 독창 등

천 명이 넘는 일본음악 애호가들이 모여 일본음악에 대한 뜨거운 관심을 보였다.경성제국대학 학우회, 1932, 163면

『경성일보』의 음악회 기사에는 조선어로 발행된 신문들과는 다르게 조선인 음악회 기사는 포함하지 않았다. 경성공회당을 비롯하여 많은 공간에서 조선인 음악회가 열렸음에도 불구하고 『경성일보』는 함구하였다. 반대로 조선어 신문에서는 조선인 음악가의 기사에 집중하였다. 예를 들어 『경성일보』가 짐발리스트의 방문을

대대적으로 보도했을 때, 『조선일보』는 짐발리스트의 도착 기사를 조그맣게 게재하고 같은 면에 조선인 바이올리니스트 안병소의 독주회 사진은 크게 실었다.『조선일보』, 1927.11.27 경성에서 몇 차례 독창회를 개최한 유겸자의 경우에도 『경성일보』는 일본인이 주최하는 독창회일 때는 시간과 장소를 정확하게 명시해 놓았으나 조선인 주최로 열리는 독창회는 개최 여부만 밝히고 세부 일정은 기재하지 않았다. 조선어 신문에 유겸자 독창회가 천도교당에서 열린다고 연일 광고하던 모습과는 판이한 모습이다. 간혹 일본인 음악가가 출연하는 음악회에 이왕직악대나 김영환이 출연하면 그 정도는 명시해 주는 생색을 낼 뿐이었다. 김영환은 조선인이 만드는 『조선일보』나 『동아일보』 주최로 음악회를 개최하면 일본인 청중이 오지 않았다고 회고하였다.이유선, 134면 이처럼 재조일본인들은 일본음악과 서양음악을 적절히 분배하여 경성에서 자신들만의 음악문화를 유지해 나갔다.

일본에서 오랜 기간 활동하며 일본 근대음악계에 중요한 양악 전파자로 활약한 에케르트는 외국인들이 주로 모여 살았던 정동이 아닌, "경성에서 전형적인 상류 계층 일본인의 거주지인 남산 주변"다바타 가야, 78면 창덕궁 소유의 욱정 3정목 4번지에 살았다.陳內六助 著, 1917, 39면; 조선총독부 편, 44면 조선에 살면서 조선어를 배우려 하지 않았던 그는 일본에서 오래 살았기 때문에 일본인 구역에 거주하는 것이 심리적으로 더 편했을지도 모른다. 그러나 후지이 코키의 주장대로 일본이 서양음악을 조선에 반입시켜 음악문화에까지 영향력을 행사하기 위해 에케르트의 권위가 필요했을지도 모른다. 만약 그런 의도라면 외국인의 정치적 힘까지 빌려 다양한 문화주도권을 움켜쥐려 했던 일제의 모습을 확인할 수 있겠다. 그뿐 아니라 일본 음악계가 새로운 시도를 시험할 때, "조선은 일본인 음악가에게 완벽한 필드"로 활용되기도 하였다.藤井浩基, 259~261면

이러한 상황은 조선인 언론에서도 확인된다. 일제에 의한 검열이나 감시로 인해 일본어 신문이 조선을 배제한 것처럼 일본을 철저하게 배제하지는 못했지만, 어쩔 수 없는 경우를 제외하고는 조선어 신문에서도 일본인들의 활동에 대해 언급하기를 꺼렸다. 경성에서 열린 여학교 연합음악회는 조일 각 여학교가 참가했는데, 조선인이 쓴 관람평에 조선의 여학교는 모두 언급됐지만 여자실업학교나 제일고녀第一高女, 제이고녀第二高女 등 일본 학교에 대해서는 "조선 사람이 아니니" "더 말할 필요가 없"다며 넘겨버렸다.우은생, 1927.12 이것은 일본인만 조선인을 무시한 것이 아니라 조선인도 일본인을 배척하며 침묵했다는 것이다. 박경호는 일본이 자랑하는 신교향악단의 연주평에서 구미歐美 오케스트라에 비해 "빈약하기 짝이 없"다며 일본의 음악문화가 "선진국에 비하여 대단한 차이가 있"다고 못 박았고, 일본의 음악은 서구와 비교하여 열등하다고 주장했다.박경호, 『동아일보』, 1935.4.24~25

음악문화의 이분화에 저널리즘의 영향은 지대했다. 그들은 허위 정보를 노출하거나 왜곡된 정보를 내놓았다. 실제로 식민지조선에 살았던 외국인은 식민지조선의 모든 정보와 소식들이 매우

간결하게 조심스럽게 보도될 뿐 아니라 허위 정보도 꽤 내포한다는 것을 알고, 보도되지 않은 이면의 진실을 읽어내고 검열로 삭제된 부분들도 간파해야 했다.파냐 이사악꼬브나 샤브쉬나, 91면 더욱이 경성은 이중 언어 도시이고 분할 통치 지역이기 때문에 더욱 세심한 주의가 필요했다.

경성 안에서 반갑지 않은 이웃으로 살아가는 두 민족은 음악회라는 하나의 장치를 통해서 철저하게 분리되었고 자신들만의 공간을 만들어 서로를 구분 짓고 밀어내었다. 이러한 조일 공간 구분 현상은 경성공회당이 생기기 이전의 재조일본인 양악 음악회 개최 양상까지 밝혀지면 더욱 명확해질 것이다. 양악계가 분리되어 유지되는 가운데, 경성의 음악계에는 새로운 주인이 등장했다. 재조일본인들은 경성악우회, 경성관현단, 경성음악협회, 경성관현교향악단 등 경성이라는 이름을 걸고 당당히 활동하였다. 엄밀히 말하면 양악계에 새로운 주인이 등장했다기보다 주인 없는 양악계의 중심에 재조일본인들이 서서히 잠식했으며 조선인 음악가들 역시 주인 아닌 주인 행세를 하려고 했으니, 이것이 이중도시 음악적 경성의 모습이었다. 백의와 흑의처럼 서로 다른 정체성을 가지고 서로 다른 꿈을 꾸듯이.

참고문헌

자료

『경성신보』, 『경성일보』, 『대한매일신보』, 『대한민보』, 『독립신문』, 『동아일보』, 『매일신보』, 『조선일보』, 『조선중앙일보』, 『조일신문』, 『황성신문』, 『서울프레스(*The Seoul Press*)』

계정식, 「무인(戊寅)의 연예계(演藝界) 〈基二〉 악계일년총관(樂界一年總觀)(上)」, 『동아일보』, 1938.12.18.

______, 「무인(戊寅)의 연예계(演藝界) 〈基二〉 악계일년총관(樂界一年總觀)(中)」, 『동아일보』, 1938.12.19.

______, 「무인(戊寅)의 연예계(演藝界) 〈基二〉 악계일년총관(樂界一年總觀)(下)」, 『동아일보』, 1938.12.21.

考古生, 「京城이 가진 名所와 古蹟」, 『별건곤』, 1929.9.

고시이 나오, 「벗에게 부치다 … 경성을 떠나는 애수 …」, 『경성잡필』, 1936.2.

고영한, 「서울이라는 그 맛에, 서울의 좋은 곳 나쁜 곳, 서울 사람은 무엇에 애착을 두고 사는가」, 『별건곤』, 1929.9.

龜岡榮吉, 「30년 후의 대경성」, 『조선공론』, 1926.7.

권태호, 「악단잡감」, 『동광』, 1931.10.

金科白, 「서울의 좋은 곳 나쁜 곳, 서울 사람은 무엇에 愛着을 두고 사는가」, 『별건곤』, 1929.9.

김관, 「우리들은 어떠한 노래를 불러야 좋은가」, 『별나라』, 1931.4.

____, 「문화와 음악」, 『인문평론』, 1939.12.

____, 「음악비평과 연주자」, 『조선문단』, 1935.5.

金南柱, 「부득이 사는 사람들, 서울의 좋은 곳 나쁜 곳, 서울 사람은 무엇에 愛着을 두고 사는가」, 『별건곤』, 1929.9.

김숙희, 「애인과 남편－남편 이외에 애인 있으면 좋겠다」, 『삼천리』, 1929.11.

김정순, 「春香歌로 오페라 만들면 春姬, 칼멘보다 낫게 된다」, 『삼천리』, 1932.4.

나혜석, 「저것이 무엇인고」, 『신여자』, 1920.4.

______, 「繪畵와 朝鮮 女子」, 『동아일보』, 1921.2.26.

______, 「내가 서울 여시장 된다면?」, 『삼천리』, 1934.7.

동경토박이, 「경성 활동사진계의 내막」, 『朝鮮及滿洲』, 1916.2.

大場勇之助, 「京城の樂壇. 著しく進歩した(上)」, 『京城日報』, 1921.12.27.

大場勇之助,「京城の樂壇. 著しく進歩した(下)」,『京城日報』, 1921.12.28.
篠崎半助,「도시개선과 주택문제」,『조선공론』, 1924.1.
박경희,「音樂狂時代」,『별건곤』, 1929.6.
박경호,「모차르트의 생애와 예술」,『조광』, 1938.1.
______,「빈빈한 음악회에 대하야(1)」,『동아일보』, 1926.12.3.
______,「빈빈한 음악회에 대하야(2)」,『동아일보』, 1926.12.4.
______,「빈빈한 음악회에 대하야(3)」,『동아일보』, 1926.12.5.
______,「빈빈한 음악회에 대하야(4)」,『동아일보』, 1926.12.6.
______,「음악회에서 광태를 짓는 형제들에게(1)」,『동아일보』, 1928.3.7.
______,「음악회에서 광태를 짓는 형제들에게(2)」,『동아일보』, 1928.3.8.
______,「현 조선악단제상에 대한 오인의 견해(1)」,『동아일보』, 1935.4.24.
______,「현 조선악단제상에 대한 오인의 견해(2)」,『동아일보』, 1935.4.25.
______,「현 조선악단제상에 대한 오인의 견해(3)」,『동아일보』, 1935.4.26.
朴民喜,「音樂評論」,『음악평론』, 1939.4.
朴世永,「聯合大學藝會總觀」,『별나라』, 1932.7.
박옥화,「인테리 청년 성공 직업(1)」,『삼천리』, 1933.10.
白銀幕夫,「映畵街漫步」,『朝鮮公論』, 1928.4.
本誌記者,「興味津津 全朝鮮映畵界人物總捲」,『朝鮮公論』, 1924.10.
________,「朝鮮の藝術家の肖像」,『朝鮮及滿洲』, 1933.4.
________,「職業婦人の明暗色」,『朝鮮及滿洲』, 1933.4.
부춘생,「토목언」,『시사평론』, 1922.5・7.
北村花汀,「讀者論壇 京城に演藝演習場を設けよ」,『朝鮮公論』, 1914.9.
빙허(憑虛),「피아노」,『개벽』, 1922.11.
釋尾東邦,「3년 만의 경성」,『조선공론』, 1943.8.
鮮于全,「余의 京城感과 希望, 京城人과 地方人」,『개벽』, 1924.6.
소춘,「서울중심세력의 유동」,『개벽』, 1924.6.
松本與一郎,「朝鮮公論社主催 特選活劇映畵大會の記」,『朝鮮公論』, 1921.11.
松本輝峰,「京城キネマ界」,『朝鮮公論』, 1921.9.
________,「キネマ界 通信」,『朝鮮公論』, 1921.11.
松本輝華,「京城キネマ界風聞錄(1)」,『朝鮮公論』, 1925.4.
________,「京城キネマ界風聞錄(2)」,『朝鮮公論』, 1925.5.
________,「映畵夜話 螺鈿の木机に靠れての噺」,『朝鮮公論』, 1923.2.
________,「キネマ界往來」,『朝鮮公論』, 1923.12.

신필호(申弼浩), 「경성 시내 개업의의 애환」, 『세브란스교우회보』, 1929.11.
安, 「學生漫畵」, 『별건곤』, 1927.1.
안기영, 「아라베스크」, 『음악평론』, 1939.4.
______, 「조선민요와 그 악보화」, 『동광』, 1931.5.
안석영, 「방학 동안의 경성거리」, 『별건곤』, 1927.8.
안재홍, 「오직 변하는 것을 잘 살피라, 경성에 와서 무엇을 배울 것인가」, 『별건곤』, 1929.9.
安俊植, 「연합학예회를 마치고」, 『별나라』, 1932.7.
岩本正二, 「夏の夜の京城 無風帶を行く」, 『朝鮮公論』, 1937.7.
嚴興燮, 「오빠와 누나」, 『별나라』, 1931.7·8.
야마키 기즈히코, 「혼부라소경」, 『경성잡필』, 1930.1.
野村生, 「柳兼子夫人の獨唱を聞きて」, 『조선공론』, 1921.7.
又隱生, 「경성 각 여학교 연합음악회를 보고」, 『별건곤』, 1927.12.
유광렬, 「대경성 回想曲」, 『별건곤』, 1929.1.
______, 「대경성의 점경」, 『사해공론』, 1935.10.
______, 「종로네거리」, 『별건곤』, 1929.9.
이낙춘, 「세계음악명곡해설」, 『별건곤』, 1926.11.
이대산, 「조선음악단상」, 『朝鮮及滿洲』, 1936.1.
이치이 산시, 「街頭百面相2」, 『朝鮮及滿洲』, 1931.1.
일기자(一記者), 「별나라 7주년기념 「동요·음악·동극의 밤」은 이렇게 열었다」, 『별나라』, 1933.8.
____________, 「이일동안에 서울구경 골고로 하는 법」, 『별건곤』, 1929.9.
____________, 「ヒルムフワンの呟き」, 『朝鮮公論』, 1923.12.
日野山人, 「活動寫眞館の女給になつまで」, 『朝鮮及滿洲』, 1919.3.
一翰, 「하이든의 일생과 그의 예술」, 『음악』, 1934.7.
적라산인, 「모던 수제」, 『신민』, 1930.7.
정도희(丁匋希), 「演奏會」, 『朝鮮及滿洲』, 1928.11.
정수일, 「진고개, 서울맛·서울情調」, 『별건곤』, 1929.9.
정월, 「일 년 만에 본 경성의 잡감」, 『개벽』, 1924.7.
鄭恩榮, 「서양음악 듣는 법」, 『학생』, 1930.9.
채만식, 「레디메이드인생」. 『신동아』, 1934.5~7.
青澤寃路, 「朝鮮音樂會の人々」, 『朝鮮公論』, 1922.11.
草笛童, 「코리아음악연구소 방문기」, 『삼천리』, 1935.10.

최상현, 「근대구주의 천재예술가들」, 『청년』, 1931.3.
최승일, 「大京城파노라마」, 『조선문예』, 1929.5.
최영순, 「옳은 음악가가 없음을 한탄합니다」, 『新女性』, 1925.3.
추호, 「서울잡감」, 『서울』, 1920.4.
玄永燮, 「內鮮一體と內鮮相婚」, 『朝鮮及滿洲』, 1938.4.
현제명, 「音樂家로서의 關心」, 『신가정』, 1933.2.
현진건, 「까막잡기」, 『개벽』, 1924.1.
______, 「B사감과 러브레터」, 『조선문단』, 1925.2.
홍난파, 「가극의 이야기」, 『개벽』, 1923.1.
______, 「관현악의 이야기」, 『개벽』, 1923.3.
______, 「악성 짐발리스트씨의 연주를 듣고서」, 『신여성』, 1924.12.
______, 「樂室餘韻 – 음악을 듣기 싫어하는 이는 애당초에 읽지도 말라」, 『청년』, 1931.3.
______, 「洋樂朝鮮의 搖籃時代」, 『조광』, 1939.8.
______, 「음악가로서 본 세인(世人)의 청각(聽覺)」, 『동광』, 1931.3.
______, 「조선악계의 과거와 장래」, 『음악계』, 1925.4.
______, 「중앙악단의 가을씨즌」, 『동광』, 1931.1.
______, 「과거 일년 악계를 회상하고」, 『동아일보』, 1925.1.1.
______, 「악단의 뒤에서 음악회를 주최하는 제씨에게」, 『동아일보』, 1924.7.7.
______, 「악단의 뒤에서 음악회를 주최하는 제씨에게(속)」, 『동아일보』, 1924.7.21.
______, 「악성 베토벤」, 『동아일보』, 1924.12.15.
______, 「유모레스크」, 『조선일보』, 1931.2.22.
______, 「조선문화 이십년(27) 형태의 정비와 지반의 확고 – 음악편(1)」, 『동아일보』, 1940.5.19.
______, 「조선문화 이십년(28) 형태의 정비와 지반의 확고 – 음악편(2)」, 『동아일보』, 1940.5.21.
______, 「조선문화 이십년(29) 형태의 정비와 지반의 확고 – 음악편(3)」, 『동아일보』, 1940.5.23.
洪士德, 「방학」, 『별나라』, 1931.10·11.
홍종인, 「반도악단인만평(漫評)」, 『동광』, 1931.6.
효종(曉鍾), 「예술계(藝術界)의 회고(回顧) 일년 간(一年 間)」, 『개벽』, 1921.12.
釋尾東邦, 「3년 만의 경성」, 『朝鮮公論』 改卷, 1943.8.
曉太郎, 「演藝界通信」, 『朝鮮公論』, 1921.10.

牧童子,「京城キネマ界の人々」,『朝鮮公論』, 1921.11.
H.R.P,「동경악단소식」,『삼천리』, 1935.7.
YYY,「聖書안들고 禮拜堂巡禮」,『별건곤』, 1926.12.
ZYX,「女流樂壇總評」,『신가정』, 1934.2.
「가정부인으로서 음악가에게 보내는 말씀」,『신가정』, 1934.12.
「京城의 大觀」,『별건곤』, 1929.9.
「경성 조선호텔 개업」,『朝鮮公論』, 1914.11.
「경성필하모니창립」,『음악』, 1937.2.
「關係人名住所錄」,『음악평론』, 1939.4.
「國際大ホテル計畫」,『朝鮮と建築』, 1927.
「끽다점 연애풍경」,『삼천리』, 1936.12.
「끽다점 평판기」,『삼천리』, 1934.5.
「大建物 구경(其一) 天道教 中央教堂(京城)」,『별건곤』, 1931.3.
「大建物 구경(其二) 中央基督教青年會(京城 鍾路)」,『별건곤』, 1931.4.
「大京城의 特殊村－文化村」,『별건곤』, 1929.9.
「대비밀 대폭로 현대 비밀직업 전람회」,『별건곤』, 1928.7.
「레코-트판매점과 육백만원」,『삼천리』, 1934.8.
「말 못 되는 음악가」,『新女性』, 1925.4.
「백화점 풍경」,『조광』, 1937.4.
「사상가, 문예가의 음악관」,『음악평론』, 1939.4.
「신문화 들어오던 때」,『조광』, 1941.6.
「我が外地に於ける內地人問題」,『綠旗』, 1937.4.
「樂壇漫語」,『朝』, 1926.
「樂壇異聞」,『예술』, 1935.7.
「야마하밴드 하모니카합주단 창립」,『음악』, 1936.2.
「여성광고 유행병」,『신생활』, 1922.8.
「여학교 찾아다니기－이화학당」,『東明』, 1922.11.
「올경성예술가 발표연주대회」,『음악』, 1937.4.
「우리악단의 명성 테너 현제명씨」,『별건곤』, 1933.9.
「우리의 자랑 세계적 음악가 계정식박사 방문기」,『신동아』, 1935.7.
「유지영 謠 홍영후 曲 자장가」,『조선문단』, 1925.6.
「六國青年을 教育하는 國際的西洋人學校」,『삼천리』, 1932.4.
「은파리」,『별건곤』, 1927.2.

「음악대회합평기」, 『신가정』, 1934.8.
「음악회」, 『新民』, 1926.9.
「醫師評判記(1)」, 『동광』, 1931.
「이혼식」, 『별건곤』, 1932.11.
「一家一言」, 『별건곤』, 1930.9.
「제3회 전조선남녀중등학교 현상음악대회 합평기」, 『신가정』, 1934.8.
「조선신음악개척사(開拓史)」, 『신가정』, 1934.12.
「조선악단인의 실력문제·방송문제」, 『음악』, 1936.7.
「조선악단 회고와 전망 좌담회」, 『중앙』, 1935.4.
「조선양악의 몽환적 내력2」, 『東明』, 1922.12.3.
「종로기독교청년회 음악연구소 대확장!」, 『음악』, 1937.5.
「彈正臺」, 『삼천리』, 1933.9.
「현대남녀음악가에게 여(與)하노라」, 『별건곤』, 1927.3.
「現下 樂壇을 돌아보면서」, 『개벽』, 1926.1.
「형형색색의 경성학생상」, 『개벽』, 1925.4.
「活辯生活の裏面」, 『朝鮮及滿洲』, 1919.2.
「フィルム·ファンの領分」, 『朝鮮公論』, 1922.10.

京城府, 京城都市計劃調査書, 1928; 서울역사편찬원, 『(국역)경성도시계획조사서』, 서울역사편찬원, 2016.
京城府教育會, 『京城案內』, 京城府教育會, 大正15(1926).
京城商工會議所, 『京城商工名錄』, 京城商工會議所, 昭和5(1930).
京城日報社 編, 『朝鮮年鑑』, 京城日報社, 昭和8(1933)~昭和16(1941).
京城帝國大學 學友會, 『會報』, 京城帝國大學 學友會, 昭和4(1931)~昭和9(1932).
吉川文太郎, 『朝鮮諸宗教』, 朝鮮興文會, 1923.
東亞經濟時報社, 『(京城·仁川)職業名鑑』, 東亞經濟時報社, 大正15(1926).
藤井龜若 編, 『京城の光華』, 朝鮮事情調査會, 大正15(1926).
文世榮, 『(修正增補)朝鮮語辭典』, 朝鮮語辭典刊行會, 1942.
船岡獻治 編, 『(鮮譯)國語大辭典』, 大阪屋號書店, 大正8(1919).
白寬洙, 『京城便覽』, 弘文社, 昭和4(1929).
山田勇雄, 『大京城寫眞帖』, 中央情報鮮滿支社, 昭和12(1937).
松下鈞 監修, 『近代日本音楽年鑑』(昭和8-13), 大空社, 1997.
李鍾極, 『(鮮和兩引)모던朝鮮外來語辭典』, 漢城圖書株式會社, 昭和12(1937).

井上勇夫,『大京城龍山大洪水慘狀寫眞帖』, 發行處不明, 大正14(1925).
朝鮮ガイダンス社,『朝鮮年鑑』, 朝鮮ガイダンス社, 大正14(1925).
朝鮮藝術社,『朝』, 朝鮮藝術社, 大正15(1926).
朝鮮總督府,『朝鮮語辭典』, 朝鮮總督府, 大正9(1920).
________ 編,『朝鮮在留歐米各國人ニ關スル調査表』, 朝鮮總督府, 1912.
陳內六助 著,『京城府管內地籍目錄』(1917年), 大林圖書出版社, 1982.
川端源太郎 編,『京城と內地人』, 日韓書房, 明治43(1910).
靑柳南冥,『新撰京城案內』, 朝鮮硏究會, 大正2(1913).
靑柳綱太郎,『大京城』, 朝鮮硏究會, 大正14(1925).
________ 編,『大京城』, 朝鮮每日新聞調査部, 昭和4(1929).
萩森茂 編,『京城と仁川』, 大陸情報社, 昭和4(1929).
James S. Gale, *Korea in transition*, Young people's missionary movement of the United States and Canada, 1909.
YMCA, *J. S. Gale's letter to the International Committee*, New York, 1905.6.

단행본

가노 마사토(加納万里) 편,『朝鮮情緖』, 1929; 정병호 역,『조선정서』, 역락, 2016.
가와무라 미나토, 요시카와 나기 역,『漢陽, 京城, 서울을 걷다』, 다인아트, 2004.
京城帝國大學 編,『紺碧遙かに－京城帝國大學創立五十周年記念誌』, 京城帝國大學同窓會, 昭和49(1974).
게오르그 짐멜, 김덕영 외역,『짐멜의 모더니티 읽기』, 새물결, 2005.
谷村政次郎,『日比谷公園音楽堂のプログラム』, つくばね舎, 2010.
권오만 외,『종로－시간, 장소, 사람』, 서울시립대 부설 서울학연구소, 2002.
권태억,『일제의 한국 식민지화와 문명화(1904~1919)』, 서울대 출판문화원, 2014.
고형곤 외,『털어놓고 하는 말』1, 뿌리깊은 나무, 1993.
김계자 역,『일본어잡지로 보는 식민지 영화』2, 문, 2012.
김기호 외,『서울 남촌－시간, 장소, 사람』, 서울시립대 부설 서울학연구소, 2003.
김백영,『지배와 공간』, 문학과지성사, 2009.
김양환,『홍난파 평전』, 남양, 2009.
김영환,『양악백년』, 비온후, 2023.
김진송,『서울에 딴스홀을 許하라』, 현실문화연구, 1999.
김태경 역,『재조일본인이 바라본 조선의 풍경과 건축』, 역락, 2015.
________,『재조일본인이 바라본 조선의 풍경과 건축』2, 역락, 2016.

김태현 편, 『일본어잡지로 보는 식민지 영화』, 문, 2012.
김해경, 『모던걸 모던보이의 근대공원 산책』, 정은문고, 2020.
노르베르트 엘리아스, 박미애 역, 『문명화과정』 I, 한길사, 1996.
다고 기치로, 박현석 역, 『야나기 가네코 조선을 노래하다』, 21세기북스, 2009.
다카사키 소지, 이규수 역, 『식민지 조선의 일본인들』, 역사비평사, 2006.
도종환, 『정순철 평전』, 충청북도·옥천군·정순철기념사업회, 2011.
藤井浩基, 『日韓 音楽教育関係史 研究』, 勉誠出版, 2017.
마크 스미스, 김상훈 역, 『감각의 역사』, 성균관대 출판부, 2010.
막스 베버, 이건용 역, 『음악사회학』, 민음사, 1993.
메리 린리 테일러, 송영달 역, 『호박목걸이』, 책과함께, 2014.
뮈텔, 한국교회사연구소 역, 『뮈텔주교일기』 4, 한국교회사연구소, 1998.
민경배, 『서울YMCA운동사』, 서울YMCA, 2004.
민경찬 외, 『동아시아와 서양음악의 수용』, 음악세계, 2008.
민태원, 권문경 역, 『민태원선집』, 현대문학, 2010.
박광현 외, 『월경의 기록』, 어문학사, 2013.
박용구, 『명곡과 명인들』, 세광음악출판사, 1989.
박용구 외, 『박용구 – 한반도 르네상스의 기획자』, 수류산방, 2011.
박인덕, 『구월 원숭이』, 인덕대, 2007.
박태원, 『여인성장』, 깊은샘, 1989.
______, 『천변풍경』, 문학과지성사, 2005.
박형우, 『금파 홍석후 – 한국 안과와 이비인후과의 개척자』, 연세대 출판부, 2008.
발터 벤야민, 조형준 역, 『도시의 산책자』, 새물결, 2008.
부산근대역사관, 『百貨店 – 근대의 별천지』, 부산근대역사관, 2013.
上野直昭, 『邂逅』, 岩波書店, 昭和44(1969).
사와이 리에, 김행원 역, 『엄마의 게이조, 나의 서울』, 신서원, 2000.
서울역사박물관, 『종로 엘레지』, 서울역사박물관, 2010.
______________, 『화신백화점 – 사라진 종로의 랜드마크』, 서울역사박물관 도시유적전시과, 2021.
서울특별시 시사편찬위원회, 『서울2천년사 – 일제강점기 서울의 교육과 문화』 vol.29, 서울역사편찬원, 2015.
서울YMCA, 『사진으로 보는 서울YMCA 운동 100년』, 서울YMCA, 2004.
서은숙 외, 『남기고 싶은 이야기들』 1, 중앙일보사, 1973.
소래섭, 『불온한 경성은 명랑하라』, 웅진지식하우스, 2011.

신명직, 『모던뽀이, 경성을 거닐다』, 현실문화연구, 2003.
심훈, 『불사조』, 한성도서주식회사, 1952.
안드레 에카르트, 이기숙 역, 『조선, 지극히 아름다운 나라』, 살림, 2010.
양지영 역, 『식민지 조선의 음악계』, 역락, 2015.
________, 『재조일본인이 본 결혼과 사회의 경계 속 여성들』, 역락, 2016.
엄인경 외편, 『단카로 보는 경성 풍경』, 역락, 2016.
연세음악 55년사 편집위원회 편, 『연세음악 55년사』, 연세대 현제명박사 기념관건립기성회, 1974.
에릭 홉스봄, 정도영 역, 『자본의 시대』, 한길사, 1998.
엘라수 와그너, 김선애 역, 『한국의 어제와 오늘 1904~1930』, 살림, 2009.
오구마 에이지, 한철호 역, 『일본이라는 나라』, 책과함께, 2007.
오창영 편, 『한국동물원팔십년사－창경원편』, 서울특별시, 1993.
유진오, 「화상보」, 『유진오전집』, 어문각, 1972.
이경민, 『경성카메라산책』, 아카이브북스, 2012.
이동초 편, 『천도교중앙대교당 50년 이야기』, 모시는사람들, 2008.
________, 『천도교편년사』(미출판).
이민희 외편, 『일본인, 경성을 보고 듣고 느끼다』, 역락, 2016.
이순진, 『단성사』, 한국영상자료원, 2011.
이승원, 『소리가 만들어낸 근대의 풍경』, 살림, 2005.
______, 『학교의 탄생』, 휴머니스트, 2005.
李宥善, 『韓國洋樂百年史』, 중앙대 출판국, 1976.
이충우, 『경성제국대학』, 다락원, 1980.
이태준, 상허학회 편, 『사상의 월야』, 소명출판, 2015.
이한정·미즈노 다쓰로 편역, 『일본 작가들이 본 근대조선』, 소명출판, 2009.
이혜구, 『만당 음악편력』, 민속원, 2007.
이화여대 음악연구소, 『이화여자대학교 음악대학의 역사』, 이화여대 음악연구소, 2003.
일본백화점신문사, 『일본백화점총람』, 일본백화점신문사, 1939.
장규식, 『서울, 공간으로 본 역사』, 혜안, 2004.
장사훈, 『여명의 동서음악』, 보진재, 1974.
赤間騎風(아키마 기후), 『大地を見ろ』, 1924; 서호철 역, 『대지를 보라』, 아모르문디, 2016.
전우용 외, 『청계천－시간, 장소 사람』, 서울시립대 부설 서울학연구소, 2001.

전택부, 『남기고 싶은 이야기들』, 종로서적, 1993.
정근식 외, 『식민권력과 근대지식－경성제국대학 연구』, 서울대 출판문화원, 2011.
정병호 외역, 『일본어잡지로 보는 식민지 영화』 3, 문, 2012.
정진석, 『언론조선총독부』, 커뮤니케이션북스, 2005.
中村理平 著, 『洋樂導入者の軌跡－日本近代洋樂史序說』, 刀水書房, 1993.
조규태, 『천도교의 문화운동론과 문화운동』, 국학자료원, 2006.
조병옥, 『나의 회고록』, 민교사, 1959.
조용만, 『경성야화』, 도서출판 창, 1992.
존 스토리, 유영민 역, 『대중문화란 무엇인가』, 태학사, 2011.
진노 유키, 문경연 역, 『취미의 탄생』, 소명출판, 2008.
천도교중앙총부, 『천도교 운동사』, 천도교중앙총부 출판부, 1990.
청계천문화관, 『청계천, 1930』, 청계천문화관, 2013.
최규애, 『참다운 크리스찬 최활란 여사』, 나랏말출판사, 1991.
파냐 이사악꼬브나 샤브쉬나, 김명호 역, 『식민지 조선에서』, 한울, 1996.
하쓰다 토오루, 이태문 역, 『백화점－도시문화의 근대』, 논형, 2003.
한국기독교역사박물관 편, 『민족과 함께한 교육 선교의 발자취』, 한국기독교 역사박물관, 2009.
허동현, 『일본이 진실로 강하더냐』, 당대, 1999.
현진건 외, 『여류음악가』, 돔컴퍼니, 2021.
화신, 『和信』, 화신, 1934.
황현, 허경진 역, 『매천야록』, 한양출판, 1995.
히로세 레이코, 서재길·송혜경 역, 『제국의 소녀들』, 소명출판, 2023.
힐디 강, 정선태 외역, 『검은 우산 아래에서』, 산처럼, 2011.
Todd A. Henry, *Assimilating Seoul : Japanese rule and the politics of public space in colonial Korea, 1910~1945,* University of California Press, 2014.

논문

권숙인, 「식민지배기 조선 내 일본인학교–회고록을 통해 본 소, 중학교 경험을 중심으로」, 『사회와 역사』 77, 2008.

______, 「식민지 조선의 일본인–피식민 조선인과의 만남과 식민의식의 형성」, 『사회와 역사』 80, 2008.

김수현, 「다나베 히사오의 '조선음악 조사(調査)'에 대한 비판적 검토」, 『한국음악사학보』 22/1, 1999.

김순주, 「식민지시대 도시생활의 한 양식으로서 '대극장'–1930년대 경성부민관을 중심으로」, 『서울학연구』 56, 2014.

김영근, 「일제하 일상생활의 변화와 그 성격에 관한 연구」, 연세대 박사논문, 1999.

김지선, 「일제강점기 국내의 일본인 음악가들과 그 활동」, 『한국음악사학보』 45, 2010.

김희진, 「한국의 근대 연주회장 연구–『매일신보』를 중심으로」, 한예종 석사논문, 2011.

다바타 가야, 「식민지 조선에 살았던 일본 여성들의 삶과 식민주의 경험에 관한 연구」, 이화여대 석사논문, 1996.

박광현, 「'재조선(在朝鮮)' 일본인 지식 사회 연구–1930년대의 인문학계를 중심으로」, 『일본학연구』 19, 2006.

유선영, 「극장구경과 활동사진 보기–충격의 근대 그리고 즐거움의 훈육」, 『역사비평』 64, 2003.

이병진, 「청중의 탄생–야나기 가네코(柳兼子)의 '조선을 노래하다'」, 『일본어문학』 61, 2013.

정영효, 「'조선호텔'–제국의 이상과 식민지 조선의 표상」, 『동악어문학』 55, 2010.

조윤영, 「음악, 근대 그리고 계몽–백우용(白禹鏞, 1883~1930)은 누구인가」, 이화여대 석사논문, 2013.

______, 「남성의 시선으로 만들어진 여성의 노래–백우용의 『이십세기청년여자창가(二十世紀青年女子唱歌)』를 중심으로」, 『음악학』 28, 2015.

______, 「식민지조선 음악단체 중앙악우회(中央樂友會) 정체성 연구」, 『음악과 문화』 35, 2016.

______, 「왜 식민지조선 음악가들은 관현악단을 만들고자 했는가–경성방송(JODK) 관현악단의 출현과 그 의의」, 『이화음악논집』 21/2, 2017.

______, 「식민지조선 여성 음악가에 대한 인식적 고착화–결혼제도에 따른 여성과 음악의 한계」, 『이화음악논집』 26, 2022.

조윤영, 「서양의 소리, 경성의 공간을 침투하다-호텔과 백화점에서의 서양음악과 그 영향」, 『음악학』 44, 2023.
차지원, 「음악, 권력, 돈-자크 아탈리의 『소음-음악의 정치경제』 읽기」, 『음악사 연구』 2, 2013.
허지연, 「"제국 속의 제국"-일제강점기 한국의 고등음악교육과 미국의 해외선교」, 이화여대 박사논문, 2017.
황병주, 「식민지기 공적 공간의 등장과 공회당」, 『대동문화연구』 69, 2010.

신문·잡지

金乙漢, 「한국문화와 YMCA(上)-찬란했던 반세기 간의 업적」, 『동아일보』, 1956.2.22.
윤재결, 「기독 정신으로 가꾼 음악의 옥토」, 『음악동아』, 1984.5.
이상만, 「김인식-종말이 쓸쓸했던 비운의 선구자」, 『음악동아』, 1984.5.
______, 「한국음악백년 일화로 엮어본 이면사(15)-피아니스트 김영환」, 『경향신문』, 1986.2.1.
______, 「한국음악백년 일화로 엮어본 이면사(21)-실내악 1번지 조선호텔」, 『경향신문』, 1986.3.27.
이홍렬, 「나의 음악생활기」, 『淑音』, 1968.
「문화의 맥을 이어주었던 일제시대의 음악다방」, 『객석』, 1984.3.
「우리문화 〈16〉 음악 양악의 개척자」, 『경향신문』, 1973.1.6.
「한국의 피아노음악과 그 인맥(1)」, 『피아노음악』, 1987.4.

부록

1920년부터 1935년까지 경성 주요 공연장 음악회 관련 자료

〈부록 1〉 기독교청년회관 음악회 관련 자료
〈부록 2〉 경성공회당 음악회 관련 자료
〈부록 3〉 천도교당 음악회 관련 자료
〈부록 4〉 경성 각 예배당 음악회 관련 자료
〈부록 5〉 모리스홀 음악회 관련 자료
〈부록 6〉 이화여전 강당에서 열린 음악회 관련 자료
〈부록 7〉 경성의 학교에서 열린 음악회 관련 자료
〈부록 8〉 내청각 음악회 관련 자료

자료출처 : 『동아일보』, 『매일신보』, 『조선일보』, 『한국양악백년사』, 『음악』, 『별나라』, 『朝鮮年監』, 『朝』 외 다수.

〈부록 1〉 기독교청년회관 음악회 관련 자료

날짜		시간	공연명	주최	내용 및 출연자
1920	2.27	7:30	음악회	정동예배당 웹웟청년회	이화학당, 조선음악계의 음악가들 2원, 1원, 50전
	4.10	7:30	자선음악연주회	상동예배당 웹웟청년회	경성악대, 그레그, 이화학당, 박태원, 아펜젤러, 이상준, 大場勇之助 등
	4.13	8	자선음악대연주회	어린벗사	2원, 1원, 50전
	4.14	7:30	인쇄공구제음악회	인쇄직공구제회	김영환, 유심희, 김후동, 심정순 2원, 1원, 50전
	4.20 ~21		활동사진, 음악회	청년회	활동사진과 음악회로 전차의 종사원을 위로
	5.4	7	유겸자부인독창회	동아일보	2원, 1원 50전, 1원
	5.8	8	음악회	면려청년회	김영환, 최동준, 유심희
	5.15	7	유겸자부인독창회	폐허사	반주 : 島秀代, 찬조 : 김영환
	5.21	8	연전음악회	연전 청년회	박태원, 전낙선, 김기환 2원 50전
	6.9	8	경성악대 원찬 음악대회	동아일보	경성악대, 그로브, 김영희, 최동준, 유심희, 김재호, 岩崎寛 2원, 1원 50전, 1원, 학생 50전
	6.12	8	주일학교 음악회	정동예배당	김재호, 임배세, 박태원, 최동준, 아펜젤러, 반버스크 등 다수
	6.26	8	음악회	학생대회	
	7.30	8	성악회	청년회	흑인성악단, 경성악대, 김명순, 최동준 2원, 1원, 50전
	8.2	8	성악회	경성악대	흑인성악단, 경성악대, 김계선
	8.5	8	성악회	경성악대	흑인성악단, 임배세, 박춘제 등 2원, 1원, 50전
	9.7	8	동서음악연주회	동경 문원사	경성악대, 박태원, 임배세, 김한용, 김영환
	9.25	8	자선음악연주회	청년회	김계선, 임배세, 이전합창단
	10.2	7	홍난파제금독주회	홍난파 후원회	홍난파 피아노 독주도 있음 2원, 1원, 50전
	10.4	8	추기 음악연주회	고학생 갈돕회	경성양악대, 조선정악전습소, 김영환, 최동준, 이상준, 신양무, 박태원, 김형준, 임배세, 김원복 등 1원, 학생 50전
	12.4	7	동서음악대연주회	광익서관	학생 30전

날짜		시간	공연명	주최	내용 및 출연자
1921	3.7	8	클락독창대음악회	서양인학교	무료 입장
	3.12	7:30	음악회	반도청년구락부	김영환, 김기선 등
	4.9	7:30	자선음악대회	중교웹웟청년회	50전, 30전
	4.29 ~30	8	해삼위학생음악단 음악회		2원, 1원, 50전
	5.2	8	해삼위학생음악단 음악회	학생대회	
	5.6	8:15	음악회	서양인구락부	뻴닝스. 꼴문, 룻스 등
	6.4	8	해삼위학생음악단 3차 고별연주회		1원 50전, 1원, 50전
	6.7	8	음악회	이화학당	임배세, 윤성덕, 김활란, 최데이시, 김필린, 이화학당여학생들
	6.17	8	음악회	한양여자찬양대	1원, 50전, 학생 50전, 30전
	6.28	8	특별음악회	조선학생대회	경성악대, 조선정악전습소, 고금남, 이상준, 최동준, 황운봉 등 1원 50전, 1원, 50전
	9.3	8	동경음악단연주회	창조사	동경음악학교 학생(홍난파, 윤심덕, 杉村寬三, 太田忠, 狩野正賢, 隅田花子 등) 2원, 1원, 50전
	9.16	8	동경음악단연주회	경성악대	동경음악단, 경성악대 등 50전 균일
	9.23	7:30	동서음악대회	예수교연합회	노정일, 김형준, 나정옥, 백경애, 이재순, 김원복 등 1원, 50전, 30전
	11.26	7:30	경성악대 이주년 기념식		경성악대, 고금남 등
1922	2.4	7:30	신춘음악대회	청년회 소년부	김영환, 최동준, 김인식, 임배세, 라정옥, 부스, 스미스, 그레그, 소년부 관현악단 등 1원, 50전, 30전
	2.9	7:30	음악회	갈돕회	2월 13일로 연기됨 80전, 학생 40전
	2.11	7	음악회	학생기독청년회	배재 보드빌 대회, 배재 청년회 도서관 설비 모금 2원, 1원, 50전
	4.4	8	청년회대표자 환영음악회	조선소년당	
	6.7	8	음악회	경성악대	해삼위학생음악단
	6.21	8	상조회발회식	여자고학생상조회	독창과 음악
	7.7	8	음악회	정신여학교음악단	1원
	7.28	8	모범음악대연주회	서울악우회	박항병, 백명곤, 경성악대 등 폭우로 인하여 7/30로 연기
	7.31	8	모범음악대회	경성악우회	

날짜		시간	공연명	주최	내용 및 출연자
1922	8.1~2	8	해삼위음악단 음악회		8월 4일로 연기됨 1원 50전, 1원, 50전
	9.11 ~12		음악연극회	면려청년회	음악과 연극
	9.14	8	음악회	조선여자청년회	김영환, 김인식, 김형준, 시산국일랑(柴山國一郎)
	9.25	8	음악회	안동면려청년회	30전, 15전
	10.12	8	자선음악회	구룡산청년회	
	11.4		음악대연주회	죽남음악연구회	최덕창, 김니콜라이 등
1923	2.3	7:30	음악회	중앙기독교 청년회소년부	경성악대, 김영환, 홍영후, 아펜젤러, 콕, 김인식, 스미스, 김형준, 김에스더, 최동준 등 1원, 50전, 30전
	4.14	8	특별음악대회	청년회 체육부	1원. 50전
	4.22	8	음악회	계명강습원	80전, 50전, 학생 30전
	5.17, 19		음악회	조선성화청년회	청년회 도서실 설립 목적
	5.18	8:20	음악회	연희전문 청년회	하기학생순회선전비 모금, 시내 각 여학교 음악대, 외국인음악가 출연
	6.2	7:30	제일회음악무도회	예술학원	김영환, 김동환, 윤성로, 김영숙
	6.14		음악연주회	계명학습원 음악과	홍난파가 합창지휘
	6.26	8	음악무도대회	동아부인상회	윤심덕, 콕 등
	6.30	8:30	성악대회		윤심덕, 한기주 2원, 1원, 학생 반액
	7.11 ~12	8	하와이학생음악회		하와이학생음악단
	10.13	8	추기음악회	청년회	경성악대, 윤심덕, 윤기성, 홍난파, 이보민 등
	10.18 ~19	7:30	음악무도대회	묘동찬양대	김원복, 김영환, 윤심덕, 홍난파, 안기영, 김형준 등 1원, 50전
	10.21	7:30	전선남녀전문학교 연합음악대회	조선학생회	이화학당, 경성의전, 경성법전, 연전, 숭전, 수원농고, 동경조도전대학 총7개교 3원, 1원 50전, 50전, 학생 30전
	10.22 ~23		음악연주회	삼광청년회	
	10.25	7	동서음악대회	고학당협회	윤성로, 김영환, 그레그, 콕 등 1원 50전, 1원, 60전, 학생 50전
	10.27	8	계정식고별음악회		계정식, 윤심덕, 김영환 1원 50전, 1원, 50전
	11.20	7:30	환등강연음악회	아현교회	시내일류음악가들

날짜		시간	공연명	주최	내용 및 출연자
1923	12.3	7:30	음악회	알메니아 고아구제회	부스, 아펜젤러, 콕 등 1원, 50전
	12.17	7:30	베토벤 탄생기념음악 연주회	동경음악학교 동창회	한기주, 김영환, 윤심덕, 윤기성, 윤성덕, 홍난파, 김합라 등 1원, 50전
1924	1.19	8	홍난파 제1회 제금독주회	중앙기독교청년회	반주 : 김영환
	2.8	7:30	신춘음악대회	청년회 소년부	홍난파, 경성악대, 윤심덕, 윤기성, 김영환, 김형준, 김원복, 안대선, 왈레쓰, 외국인학교관현악단, 경성하모니카구락부, 이화합창단, 具孔九, 潘福奇 등
	2.13	7	음악무도회	조선학생회	김영환, 홍영후 등
	2.23	7:30	만국소년음악대회	종교유년주일학교	독창, 합창, 합주, 유희
	3.6	7:30	세계음악무도대회	조선여자강습원	중국, 러시아, 조선음악가 연합
	4.3		유결자부인독창회	청년회	유결자, 김애리쓰
	4.29	8	음악대연주회	배재기독청년회	한기주, 이화학당학생 등
	5.6	8	음악대회	한강교회유년 주일학교	스미스, 반버스크, 김영환, 홍난파, 윤심덕 등 2원, 1원, 50전
	5.10	8:30	연전 음악회	연전 학생기독교청년회	홍영후, 김영환, 윤심덕, 스미스, 콕 2원, 1원, 50전, 학생 30전
	6.7	8	음악연주대회	근화학원	김애리시, 김영환, 에비손, 홍난파, 부스, 윤심덕, 한기주, 최영순 등 1원, 50전, 학생 30전
	6.13	8:30	콕 송별 독창음악대회	중앙기독교청년회, 경성여자기독교청년회	콕, 노정일, 0비스 등
	6.14	8	음악대연주회	경성의전음악부	후스, 스투데니, 김영환, 홍영후, 윤심덕, 한기주, 최영순, 근화코러스 등 2원, 1원, 50전
	6.20	8	연악회 음악회	연악회	홍난파, 김앨리스, 아펜젤러, 반복기, 이화학당, 河野孝義, 커, 홍재유, 경성양악대 등
	7.2	8	동서음악대회	노동학원	
	7.4	8	대음악회	경성여자고등 보통학교 경운회	한기주, 대장용지조, 김영환, 윤심덕, 스투데니 등

날짜		시간	공연명	주최	내용 및 출연자
1924	7.12	8	러시아음악무도대회		경성에 있는 러시아인들의 모임 80전, 50전, 30전
	9.6	8	음악무도회	경성악대	경성악대
	9.30	7:30	동서음악대회	여자고등학원	1원, 50전
	10.10	8	추계음악회	청년회 종교부	경성악대, 노정일, 윤심덕, 윤기성, 김원복, 김형준, 이화학생, 종교찬양대 등 1원, 50전, 30전
	10.18	8	기근동정음악회	조선여자교육회	한기주, 윤심덕, 노정일, 앤더슨, 김영환, 연악회 등 1원, 50전
	10.30	7	기근구제자선 음악무도대회	효진청년단	
	11.14	7:30	자선음악대연주회	우리구락부	김원복, 김형준, 홍난파, 김영환, 윤심덕, 한기주
	11.25	7	음악강연회	조선학생회	윤심덕, 경성제대 블라이스 부인 등
	12.16	7	기근구제동서음악대회	반도소년부	박문영, 방한용 등
	12.18	7	세계명곡대연주회	연악회	베토벤탄생기념. 정원 400명, 베토벤 사진 한 장 씩 증정, 번호표 추첨 2원, 1원, 50전
1925	1.13	7	음악무도대회	혁청단	
	2.7	7:30	신춘음악대회	중앙기독소년부	김원복, 최동준, 홍난파, 김형준 외 다수
	2.16	7:30	춘기음악대회	만리현미감리교회	반복기, 조은경, 김메리, 박영덕, 이양순, 이화찬양대, 태화교악대 등
	4.4	8	음악대회		스투데니, 후스 1원 50전, 1원, 50전
	4.28	8	음악대연주회	연악회	『음악계』 창간기념, 구입자만 입장 가능, 홍난파, 김원복, 노정일, 김형준, 김영환, 스미스, 연악회원
	5.23	8	만국소년소녀음악대회	종교유년주일학교	스미스, 클락, 노턴 등
	6.18	8:30	제2회 음악회	기독교 청년회	스투데니, 후스 찬조 : 백명곤, 최동준 1원, 50전, 30전
	6.21		춘기음악연주회	연악회	
	6.23	8	노동부인위안음악대회	조선여성동우회	조선일류음악가, 독일인악사 등
	7.3	8	음악무도대회		이동백 등 유수한 음악가 다수
	7.18	8	음악무도회	서울야학동창회	
	7.21	8	수난구제음악회	조선여성동우회, 경성여자청년동맹	최동준, 백명곤, 홍재유, 이동백, 김영환 등
	7.24	8	수해구제음악무도대회	보전학생단	홍영후, 김영환, 최동준 등

날짜		시간	공연명	주최	내용 및 출연자
1925	7.25	8	음악회	서울야학동창회	7월 18일이었으나 홍수로 연기됨 1원, 50전, 30전
	9.12	7:30	만국여자음악대회	동대문교회 엡웟청년회 사교부	2원, 1원 50전, 1원, 50전, 학생반액
	9.19	7:30	제일회연주회	경성 4개 악기점	일본하모니카음악단, 악단의 경비는 山葉악기회사가 부담 50전 균일
	9.26	8	홍난파제금독주회	연악회	반주 : 김원복 1원 균일
	10.12	7:30	추기음악대회	YMCA	경성악대, 김원복, 안기영, 최동준, 백명곤, 홍난파, 김영환, 스투데니, 후스 등 2원, 1원
	10.24	7:30	음악회	연악회	김원복, 김형준, 홍난파, 백명곤, 김영환, 후스, 스투데니, 안기영, 최동준, 안대선, 경성악대 등 2원, 1원
	11.3	7:30	음악무도회	가나다회	
	11.18	7	음악무도가극연극대회	노동자구락부기성회	
	11.19	7:30	음악연주회	조선체육회 (서울구락부)	홍난파, 최동준, 백명곤, 김형준, 홍재유, 에드워드(하와이음악단원)
	11.26		음악대연주회	교남학우회	홍난파 등
	11.28	7:30	여자음악대회	조선여자기독교 청년연합회	여자일류악가들
	12.18		베토벤 탄생기념 음악회		홍난파, 한기주 등
1926	1.16		신춘남녀음악대회	보전친목회	보전현악대, 각여학교합창단 등
	1.26	7	자선음악대연주회	세브란스의학전문 학생청년회	
	2.5	7	신춘남녀음악대회	우리소년회	김영환, 홍난파, 윤심덕, 최동준, 백명곤, 의전음악부 등
	2.11		그랜드 콘서트	연악회	홍난파, 홍재유, 홍지유, 홍성유, 김형준, 박경호, 백명곤, 김원복, 최동준, 아펜젤러 등
	2.16	7:30	음악가극대회	경성여자기독교청년회	피아노, 독창, 합창 등
	2.21	7:30	제5회 신춘음악회	청년회 소년부	김영환, 홍난파, 백명곤, 경성악대, 연악회원 등
	2.25	7:30	신춘음악대회	조선소년군	1원, 50전, 30전
	2.26	7	신춘무도음악대회	반도여자학원	50전, 학생 30전
	6.16	8:30	가다다회 음악회	가나다회	
	6.18		음악연극대회	근화여학교후원회	배구자, 근화합창대 등
	6.26	7	무도대회	조선무도관	가극 : 윤심덕, 배구자 등

날짜		시간	공연명	주최	내용 및 출연자
1926	9.4	7:30	동요음악무용대회	서울소년회	30전, 20전
	9.9	7	독창음악회		김문보와 부인 김직자
	9.30		청년회음악회	청년회	계정식, 안대선, 홍재유, 최호영, 최동준, 박경호 등 1원, 50전, 30전
	10.5	7:30	특별음악대회	협우청년회	후스, 스투데니, 김영환, 왕몽주, 중국인주일학당 코러스, 악아(樂雅)구락부(조선음악) 묘동학원 유지 목적
	10.31		제2회 노동부인 위안음악회	조선여성동우회	필리핀에서 유학한 여류바이올리니스트 정소군(鄭昭君) 출연
	11.5	7	경비보충음악회	대동학원유지회	이의식 외
	11.8	7	자선음악회	철원동광학원	경성악대 등
	11.12	7	자선음악대회	보전친목회학예부	
	11.19	7	근화음악대회	근화여학교	23, 24일은 연극대회 근화합창단, 최호영, 숭전음악부, 중앙코러스, 정소군 등
	11.20	7:30	위안음악무도회	경성인쇄직공조합	
	11.25		인공위안음악회		
	11.27	7:30	음악대연주회	기독교청년면려회 조선연합회	최호영. 고봉경, 박경호, 홍재유, 김은실, 경성현악단, 안대선 등 다수 2원, 1원, 학생 50전, 30전
1927	1.27		노동소년위안음악회	반도소년회	1월 23일로 광고된 기사도 있음
	2.26	7	음악무도연극대회	반도학원	
	2.28	7	야학기성음악대회	취운소년회	야학기성회조직 경비 보충
	3.12	7:30	음악회	고려금화상회	안수민
	3.19	7	기념음악대회	아희생활사	홍재유, 홍은유, 김원복 등
	5.5	8	문예강연회	문예시대사	최호영, 박경호, 김영숙 등
	5.20	7:30	신입생환영강연음악회	조선학생회	
	8.5	8	납량음악회	중앙악우회	홍난파, 정훈모, 홍재유, 김원복, 중앙악우회 등 1원, 50전, 30전
	10.8	7	유겸자부인독창회	동아일보	유겸자, 동지사대학여자합창대
	10.29		제2회 연주회	중앙악우회	문함수, 무런, 최영순 이화글리클럽 등 1원, 50전, 학생 30전
	11.12	7	제3회음악대연주회	보성전문학교 학생친목회	시종사 후원 1원, 50전, 30전
	11.19	7	세의전 음악회	세브란스의전청년회	제4회 창립기념
	11.25	7:30	안병소 독주회	양정고보동창회	안병소, 후스, 스투데니 등
	11.26	7	음악회	고려리드빼드	다수의 악사

날짜		시간	공연명	주최	내용 및 출연자
1928	1.28	7	자선음악대회	근우회	독고선, 안병소, 김은실, 한기주, 배재악대, 조선정악회 등
	2.15	7	기념음악회	신간회	신간회 창립 1주년 기념
	2.21	7:30	자선음악대회 음악협회 제1회 연주회	조선음악협회	이동백, 심상건, 이준선, 빼커부인 등
	3.3	7:30	제3회 연주회	중앙악우회	중앙악우회 관현악단, 부스, 박경호, 차재일, 이화글리클럽
	3.27	7:30	대음악회(금지됨)	금릉학원	한기주, 김영환, 안병소, 스투데니 등
	4.7	7:30	춘기대음악회	근우회경성지회	홍영후, 김영환, 한기주, 안병소, 이인선, 유심희, 코리아재즈밴드 등
	5.10	7:30	신입생환영음악회	조선학생회	
	5.11	8	채규엽독창대회	민중예술동지회	채규엽, 김영환 등 80전, 50전, 학생 30전
	6.16	8	강연음악회	정동웰웟청년회	
	9.9 ~10		구제음악회	서울청년회	관북수해이재동포 구제
	9.14	8	권태호 독창회	중앙기독교 청년회사회부	중앙악우회, 권태호, 최호영, 안익태 등
	9.15	7:30	동서음악대회	조선주보	코리아재즈밴드, 홍재유, 안기영, 백명곤, 이동백, 심상건, 한기주, 안병소, 고봉경, 김영환, 최호영 등
	9.28	7:30	가배음악대회	안국동교회내 시온회	코리아재즈밴드, 김활란 등 조선정악도 연주
	9.29	8	안기영독창회	정동교회음악부	안기영, 부스, 고봉경, 반주 : 김은실 1원
	10.19	7:30	음악간친회	남녀학생기독교 청년회협회	
1929	3.9	7	동극무도음악회	중앙보육학교 학생회	2원, 1원, 학생 50전
	4.27	8	춘기음악회	피어선학생 기독교청년회	안대선, 안기영, 김현순, 홍난파, 중앙악우회 관현악단, 정신, 중앙, 이화합창단
	5.14	8	전춘음악회	서울청년회	양악계 일류명사, 조선고악의 대두 출연 등
	5.25	6	작곡부감상회	조선가요협회	작곡부에서 작곡된 14곡 감상
	5.25	8	동서양음악회	신우회	준비위원 음악부장 안병소, 경북이재동포 구제 1원, 80전, 50전
	6.22	8	안병소 도미송별음악회	연악회	안병소, 안기영, 후스, 스투데니 등
	7.27	8	동서양레코드음악회	세일상회	미국최신식전기자동식축음기 사용
	11.11		세계대전쟁평화기념일음악회		중앙악우회 합창단, 이화합창단 등

날짜		시간	공연명	주최	내용 및 출연자
1929	11.29	7	강당증축음악회	청년회	현제명, 최영순, 홍난파, 안기영, 대무런, 이화합창단, 성우회, 중앙악우회 등
	12.5	7:30	음악회	의화소년회	
1930	6.19	8	동경고등음악학원 출신 신입환영연주회	중앙보육학교 음악과	김원복, 홍난파, 안익태, 홍성유 등
	7.5		납량음악대회	보성전문학교 학생회	홍난파, 홍성유, 안익태, 안기영 등
	10.25	7:30	음악대회	삼광유치원	안기영, 홍난파, 중앙악우회, 이화보육합창대 70전, 30전
	11.7	7:30	피어선기청 삼주년 기념식, 음악회	피어선학생 기독교청년회	김신복, 김호용, 백귀란, 최호영, 안대선, 피도수, 정신코러스
1931	2.7		평양숭실전문학교 순회음악회	숭실전문학교	
	6.6	8	안대선송별음악회	피어선고등성경학원 학생회	연전관현악단, 안대선, 대무런, 김영복, 이유선, 서영채, 김장억, 곽정순 60전, 40전, 학생 20전
1932	2.16	7:30	여고보 졸업생 축하음악회	중앙보육학교 학생회	무료초대권 발행 김영자, 현제명, 독고선, 중보합창단
	4.16	7:30	권태호 독창회		김정순, 권태희, 박태준, 안병소, 부스 등 50전, 30전
	9.23	8	승동기청음악회	경성승동기독교 청년면려회	
	10.8	8	추기음악회	기독청년회농촌부	안기영 외 1원, 50전, 30전
	10.28	7:30	추계음악회	배재학생 기독교청년회	배재악대, 이화합창단, 안기영, 김현순, 곽정선, 독고선, 피도수
1933	4.28	8	레코드음악회	기독교청년회소년부	세일상회 빅타 후원 초대권 지참자에 한해 무료 입장
	5.30	8	레코드음악회	기독교청년회	
	6.29	8	레코드음악회	기독교청년회	
	11.4	7	난파트리오 제2회 연주회	조선중앙 기독교청년회	홍난파, 홍성유, 이영세 (모두 바이올린 연주) 입장료 : 30전
1935	4.25	8	신인소개 연주회	음악사	이용준, 박태철, 김인수, 최성두 등 최대권 지참자에 한해 입장 장내 정리비 10전

〈부록 2〉 경성공회당 음악회 관련 자료

날짜		시간	공연명	주최	내용 및 출연자
1920	8.8 ~9	7	음악대연주회	동경제국대학 학생음악단	매일신보, 경성일보, 경성악우회 후원
	10.7	7:30	스미스박사 환영음악회	경성악우회	김합라, 윤성덕, 홍난파, 김영환, 한기주 등 조선신문사후원
1921	2.22	7:30	음악대연주회	보인학교	2원, 1원, 50전
	3.4	7	서양인 음악회	서양인소학교	서양인소학교합창, 클락
	5.21	7:30	빈민구제음악무도회	산구악기점	빈민부락건설 모금 목적 3, 2, 1원, 학생 50전
	5.24		해삼위학생음악단 음악회	국제친화회	
	6.2	7:30	해삼위학생음악단 3차고별연주회	경성기독교청년회	김영환 등 2원, 1원
	9.27	8	자선음악회	구세군 육아홈	조선, 서양, 일본인 음악가와 고아어린이 악대 출연 3, 2, 1원, 학생 반액
	10.29	7:30	서양음악대회	태화여자관 엡웟청년회	2원, 1원, 50전
	12.16	7:30	동서양음악회		경성악대 구제 위함, 사국인 음악가 출연(미, 프, 일, 조), 스미스, 부스, 경성악대, 대장용지조, 부래상 등 2원
1922	2.28	8:15	서양인음악회	서양인소학교	3원, 2원, 1원
	3.18 ~19		신연주회	창덕유치원	1원
	10.16	6	러시아기민구제 음악대회	낭연사	2원, 1원
	11.24	8	음악가극대회	이화학당	3원, 2원, 1원
	12.4	6	양악음악회		김영환, 渡邊, 스미스, 윤기선, 연희코러스 등 1원
1923	5.22	7:30	경성 각 여학교 연합음악회	조선교육회	제일고녀, 숙명여고, 이화여고 등
	5.23	8:40	크라이슬러 독주회	국제친화회	2원, 1원
	5.25	8	음악대연주회	중앙유치원	임배세, 윤성덕, 김합라, 이왕직아악대

날짜		시간	공연명	주최	내용 및 출연자
1923	6.8	8:20	음악대연주회	만국기독청년면려회 조선연합기성회	김형준, 부스, 스미스, 루스, 솔토 (6.9 신문기사에 연기되었다고 나옴) 2원
	7.7	8	환영음악회	경운회 (경성여고보 동창회)	한기주, 윤심덕 2원, 1원
	7.25	8	에스페란토대음악제	경성에스페란토 (세계 공통어)연구회	1원
	7.27		줄리어 론코니 독창회	기독교청년회	이탈리아 테너 G. 론코니 2원, 학생 1원
	9.21 ~22	8	음악연극회	근화학우회	9.7~8이었는데 간토대지진으로 연기 1원 50전, 1원, 학생 50전
	10.19	8	계정식송별연주회		반주 : 푸스, 찬조 : 스미스, 부스 1원 50전, 1원, 50전
	11.5		하이페츠 독주회	경성음악동호회	
	11.25	8	짐발리스트 독주회	경성악우회	반주 : 에밀 데이(Emil Day)
	12.8	7:30	음악과소녀가극대회	삼각청년회	경비마련
1924	2.14		프레미슬라우, 오이게니 부부연주회		Vn. 프레이슬라우(Premyslav) Vc. 오이게니
	3.30		군악연주회	경성부	경성부에서 받은 초대장있어야 입장가능, 제2함대악대 연주
	4.7	7	유겸자 독창회	조선소학신문사	반주 : 김영환 2원, 1원, 70전
	5.15	7:30	동서양음악무도대회	우조청년회	궁정동예배당 야학 설치 모금 1원, 50전, 학생 반액
	11.6	7	추계음악대연주회	경성음악강습소 (김영환 경영, 숙명여고 내)	대판조일신문경성지국 후원 윤심덕, 한기주, 김영환, 홍난파, 윤기성, 숙명여학교 합창 등
	11.8	2	구세군육아홈 기념음악회	구세군	
	11.27	7	짐발리스트 제금 독주회	음악동호회	11.26이었으나 그가 타고 온 선박의 사정으로 하루 연기됨
1925	4.10	7	평정성(平井誠) 제금독주회	경성메소디스트 성가대	반주 : 김영환, 찬조 : 도변양(渡邊良) 2원, 1원, 70전
	5.15	8	가리슨 독창회	경성일보	3원, 2원

날짜		시간	공연명	주최	내용 및 출연자
1925	6.2		에드워드 존슨 독창회		뉴욕메트로폴리탄가극단 테너 일본 3회 공연 후 내경
	9.20		일본하모니카음악단 음악회	경성 4개 악기점	
	10.16	7:30	유겸자부인독창회	동아일보	동지사대학여학생 찬조출연 반주 : 오트
	11.7 ~8	6	음악무용대회	매일신보, 경성일보	소프라노 佐藤千夜子, 피아노 中山晋平 3원, 2원, 1원
	11.14	7:30	내외음악대회	구세군 육아홈	육아홈악대, 반버스커, 스미스, 하스, 아펜젤러 등
1926	1.30		제2회 연주회	경성음악강습소	
	3.20	6	음악연주회	경성부 교육회	하모니카합주, 독창, 바이올린독주, 피아노독주 외 일본음악 스미스, 김영환, 山中幸子 등
	4.2		음악가극회	고베여학원 문학회	
	4.9		경성관현단 제1회 발표회〈管絃の夕〉		지휘 : 대장용지조
	4.9	8	써케이 스투핀 첼로 독주회	음악동호회	2원, 학생 1원
	4.20		동요무용음악대회	오사카 부○농원 (扶○農園)	1925년에 내선(來鮮)한 본거(本居)씨와 그의 일행
	7.21	8	하기음악대연주회	조선문예협회	정칙강습원 유지를 위함 최호영, 홍난파, 최동준, 김영환, 배구자, 박경호, 김형준, 정순철, 홍재유, 한기주, 박철희 등
	9.3 ~4	3, 8	소프라노 조천미내자 (早川美奈子) 독창회	경성 메소디스트 성가대	
	9.16	8	김문보 제2회 독창회	조선시보	부인 김직자(金直子) 출연
	10.12	7	폴리스 랏츠 바이올린 독주회	일본축음기회사 경성지부	폴리스 랏츠, 반주 : 코크라스 3원, 2원
	11.27	7	제3회 연주회	경성음악강습소	김영환 경영 (숙명여자고등보통학교 내)
	12.1 ~2	7	〈歌劇的音樂の夕〉 바리톤 청수금태랑 (淸水金太郞) 독창회	경성일보	부인 메조소프라노 청수정자(淸水靜子) 출연 반주 : 야촌선직(野村宣直) 덕혜옹주의 시에 작곡하여 부름 2원, 학생 1원

날짜		시간	공연명	주최	내용 및 출연자
1927	2.12	8	팔로 바이올린독주회	일본감리교회 성가대	캐슬린 팔로 3원, 2원
	4.11 ~12	8	베토벤 백주년기념연주회	일본조합교육	동경음악학교 졸업생 위주, 첼로, 피아노, 바이올린, 독창 등
	4.16	7:30	연극음악대회		최호영, 홍재유, 백명곤, 김형준 등 1원, 50전, 학생 반액
	5.7 ·9	8	키타인 형제 대연주회	조선신문사 일본기독청년회	바이올린과 피아노 3원, 2원, 1원
	5.25	7	음악대회	반도여자학원	김활란, 홍재유, 정소군, 산중행자, 사포박인, 천일랑 외 일본인, 중국인, 서양인 다수
	5.26 5.29	7	소프라노 관옥민자 (세키네 토시코) 독창회	경성일보	3원, 2원, 1원
	6.27		고용길 첼로독주회	경성메소디스트 교회	찬조 : 소프라노 三○牧子, 피아노 山本○江 3원, 2원, 1원
	7.7 7.9	8	키타인 형제 제금연주회		3원, 2원, 1원
	8.20	8	〈童民謠の夕〉 소프라노 나카무라 케이코(中村慶子) 독창회	경성일보	반주 : 松平賴則 2원, 1원, 학생 50전
	9.10	8	음악회	애국부인회	
	9.14 ~15		슬라반스카야 합창단 음악회	경성기독교청년회	러시아 문부성 부속합창단 5원, 3원, 2원
	10.10	7	유경자 독창회	조선민족미술관	
	10.15	8	추기음악대회	정동예배당 엡윗청년회	내외국 악사, 이화합창단, 연전합창단 2원, 1원
	10.27		후지와라 요시에(藤原議江) 독창회		
	11.16	7:30	미하엘 엘덴코 제금 연주대회		
	11.19	2	각 여학교 연합음악회	대판조일신문 경성지국	근화, 진명, 동덕, 숙명, 정신, 배화, 이화 등 각 여학교

날짜		시간	공연명	주최	내용 및 출연자
1928	3.3 ~4		후원음악대회	숙명여자고등보통학교	여비행사 이정희 고국방문비행후원, 최호영, 한기주, 숙명코러스단, 이등숙자 외 조선인, 일본인 다수 출연
	3.31	7:30	고용길 첼로독주회		반주 : 김영환
	4.14	7:30	대연주회	태평통 기독교청년회	외국인음악가 출연 (고루만, 베커, 앤더슨 등)
	4.21	7:30	배구자 음악무용회	백장미사	배구자, 안병소, 후스, 스투데니
	4.27	7:30	영정욱자(나가이 이쿠코, 永井郁子) 소프라노 독창회	경성일보	반주 : 대평설자(大平雪子) 찬조 : 대장용지조(大場勇之助) 2원, 학생 1원
	4.28	7:30	유겸자 송별연주회	경성메소지스트교회 성악단	찬조출연 : 우에노 히사코 반주 : 스투데니
	7.1	7	영목(鈴木) 스트링트리오 연주회	경성일보	
	9.20 ~21		음악연주회	제이고녀교우회	대장용지조, 김영환 등, 화악과 양악 연주 2원, 1원
	10.15	8	연합간친대음악회		전문학교 4개교 연합(이화, 숭실, 세브란스, 연희)
	11.6	7:30	음악의 밤	중앙유치원 후원회	박경희, 안기영, 김영환, 부스, 김은실, 안병소, 스투데니, 대장용지조, 칼코스키
	11.12 11.13	7:30	여학교 연합 음악대회	대판조일경성지국	초대장 가진 이에 한해 무료
	11.16	8	김재훈제금독주회	코리아재즈밴드	반주 : 스투데니
	11.17		성대 제2회연주회	경성제대	
	12.4	7:30	음악의 석(夕)	보인학교동창회	중앙관현단(지휘 : 부스), 김영환, 안기영, 중야수애, 박경희, 대장용지조 1원, 2원, 학생 50전
	12.22		가장(假裝)음악회	코리아재즈밴드	조선축음기상회 후원 1원, 학생 50전

날짜		시간	공연명	주최	내용 및 출연자
1929	4.5	7:30	대음악회 (향토방문연주의 밤)	경성일보	바이올린 : 田中英太郎 소프라노 : 田中宣子 반주 : 渡邊英子 제일고녀 백양회 후원 2원, 1원, 학생 70전
	4.15 4.16	7:30 7	야마다 코우사쿠(山田耕作) 작품발표연주회	경성일보, 매일신보	찬조출연 : 바이올린 흑유수강(黑柳水綱), 소프라노 천야학자(淺野鶴子) 등 3원, 2원, 1원
	5.10	8	춘기음악대회	정동교회 음악부	김영희, 안기영, 대무런, 부스, 이화글리클럽, 정애식, 정동찬양대 등 다수 1원 50전, 1원, 학생 50전
	5.24	8	한양 각 학교 연합음악대회	흥인 배재학교 유지후원회	경성제국예과 외 시내 이십여 학교 음악연주
	7.29 ~30		와그넬 소사이어티 연주회		
	8.8 ~9	7:30	키네야 사키치(杵屋佐吉) 연주회		
	8.17	7:30	하이든 현악사중주단 대연주회	경성일보, 매일신보	제1바이올린 : 지우맹(芝祐孟), 2바이올린 : 안부계암(安部季巖), 비올라 : 삼산장곡부(杉山長谷夫), 첼로 : 다기영(多基英) 3원, 2원, 학생 1원
	9.7		안익태 첼로 독주회		
	9.27	8	현제명 독창회	연희전문학교	찬조 : 부스, 고봉경
	11.8	7:30	제2회 교내음악 대연주회	중앙보육학교	김의숙, 이경숙, 독고선, 홍난파, 홍재유, 최명숙, 김영의, 안기영, 중보 합창단 1원, 학생 50전
	11.14 ~15	6	제5회 후지와라 요시에(藤原義江) 독창회	경성일보, 매일신보	3원, 2원, 학생 1원
	11.28	7:30	채동선 제금 독주회	동아일보학예부	시내발매소에서 회원권판매
	11.29	7:30	제1회 추기음악회	연전 음악부	현제명, 연전관현악단 등
	12.3	6:30	음악과 강연의 밤	경성중외문화협회	강연 : 伊庭孝, 피아노 : 菱田光吉, 바리톤 : 內田榮一
	12.6	7	제1회 음악대회	동덕학우회	초대권가진 자에 한해 무료
	12.24	7	콜럼비아 음악회	콜럼비아레코드동호회	최신전기축음기 사용

날짜		시간	공연명	주최	내용 및 출연자
1930	2.17		중앙악우회 연주회		
	3.16	7	세키네 토시코 독창회	경성일보	2원, 1원
	4.11	7:30	신춘음악무용의 밤	중앙보육학교	최승희 특별출연 1원 50전, 1원, 학생 50전
	4.12	7:30	양(兩)악성 환영 음악연주회	경성일보	동경음악학교 교수 fp. 코한스키(L. Kochanski), sop. 레붸(N. Löwe) 3원, 2원, 1원
	9.13	8	안데루 크레만 첼로독주회	프랑스원호회	프랑스 여류 첼리스트 반주 : 세 스토우니
	9.22	7:30	좌등천야자(사토 치요코, 左藤千夜子) 독창회	경성일보	반주 : 촌강낙동(村岡樂童) 2원, 1원
	10.10	8	연희전문 제3회 추기음악회	연희전문학교	연전관현악단, 합창단, 중앙악우회 합창단, 현제명, 곽정순, 최영순, 김재호, 홍난파, 홍재유, 꼴만, 앤드선 등 1원, 50전, 학생 30전
	11.11	7	제3회 교내 음악 대연주회	중앙보육학교	홍난파, 독고선, 김원복, 현제명, 김영의, 홍재유, 최영순, 채동선 등 1원, 학생 50전
	12.14	6	댄스와 음악의 밤		경성일보사 후원 50전

날짜		시간	공연명	주최	내용 및 출연자
1931	1.15	8	채동선제금독주회	와세대대학 동창회	반주 : 김원복 1원, 50전, 1원, 학생 50전
	1.23		신춘대음악회	이화여전 동창회	모교건축비 모금, 이화글리클럽, 중앙악우회 관현악단, 현제명, 부스, 대무런, 앤더슨, 반하트
	3.26	7:30	삼대 악인 연주회	동경음악학교 동성회 경성지부	동경음악학교 교수 Vn. 코한스키, Sop. 레붸 부인, Pf. 폴라크, 연주날 밤 대련으로 갈 예정 3원, 2원, 1원
	4.14	8	음악대연주회	원동교회 엡윗청년회	이순영, 후스, 스투데니, 대무런, 클락, 안대선, 조선호텔 콰르텟, 이화코러스 2원, 1원, 50전
	4.30	8	질 마쇼 피아노 독주회		
	5.8	8	연전춘기음악회	연전음악회	현제명, 채동선, 룻스, 연전관현악대, 연전합창대 1원, 50전, 학생 30전
	5.22	8	국제음악회	배영학교	1원, 50전, 학생 30전 안병소, 백귀란, 메소디스트 합창대, 五十嵐 외 일본악사 다수
	5.28	8	제1회 조선음악가협회 음악회	조선음악가협회	현제명, 안기영, 채동선, 최호영, 홍난파, 채선엽, 김원복, 중앙악우회 등 일반 80전, 학생 50전
	6.16	8:20	홍난파 도미 송별음악회	중앙보육학교 동창회	중앙보육합창대, 홍난파, 김원복, 안기영, 김영환 2원, 1원, 50전
	6.19	8	고봉경 송별음악회	중앙악우회	고봉경, 현제명, 채동선
	6.25		자선음악회		
	10.24	7:30	제5회 추기음악회	연전 음악부	현제명, 최영순, 연전관현악단, 연전합창단 1원, 50전, 학생 30전
	11.19	7	중앙보육학교 교내음악회	중앙보육학교	김영자, 안병소, 최명숙, 이순영, 김복실, 안기영, 황재경, 독고선, 본교합창대 1원, 50전, 학생 30전

날짜		시간	공연명	주최	내용 및 출연자
1932	2.13	7:30	신춘음악대회	정동교회 음악부	김복실, 이순영, 김활란, 안기영, 곽정순, 채선엽, 아펜젤러, 정동찬양대 등 70전, 학생 40전, 이십 명 이상 단체 1인 30전
	2.18	7:30	안병소제금독주회	조선음악가협회	반주 : 부스, 찬조 : 대무런 1원, 50전, 학생 30전
	2.20	7:30	숭전 음악부 순회 춘계연주회	숭전기독청년회	숭전악대, 권태희, 임성숙, 서원숙, 박태기, 김철희, 말스베리, 이전합창대 1원, 50전, 학생 30전
	2.25		소프라노 궁천미자 (宮川美子) 독창회	매일신보	
	4.22		춘계신인음악회	대창학원 후원회	김정순, 이미좌보, 스투데니, 전형철, 피쉬, 곽정순, 곽정선, 김영의, 서울현악사중주단
	5.14	8	환영의 밤		양정고보 육상경기부 동경횡빈역전경주 우승축하, 서상석, 이순갑, 독고선, 곽정선, 배재악대, 중동악대 등, 정리비 5전
	5.19		영정욱자(永井郁子) 독창회		만주 순회 연주 후 경성 연주
	5.21	8	연전춘기음악회		하이든 탄생200주년 기념 현제명, 박현숙, 연전사중창단 1원, 50전, 학생 30전
	6.11	8	제1회 전조선중등교현상 음악대회결선	연희전문학교	
	6.17	8	이전동창음악회	이전전문동창회	이전음악과, 안병소, 안기영, 말스베리, 김활란
	6.25	8	납량음악회	근화여학교	서상석, 안병소, 독고선, 김현순, 근화합창대, 연전중창단, 중앙보육합창대 1원, 50전, 학생 20전
	9.10	7	미우라 다마키 (三浦環) 독창회	조선신문사	3원, 2원, 학생 1원
	9.24	8	중전중추음악회	경성중앙불교전문학교 음악부	후스, 안병소, 스투데니, 이미좌보, 김정순, 김영근, 중앙보육합창대, 중전학생 1원, 50전, 학생 30전
	10.21	7:30	세전추기음악회	세브란스의학전문학교 기독교청년회	중앙악우회, 문학준, 메소디스트합창단, 田中부인, 안데슨, 궁전원자, 이인선, 세전합창단, 고영덕 등 1원, 50전, 학생 30전

날짜		시간	공연명	주최	내용 및 출연자
1932	10.23	7	후지와라 요시에(藤原義江) 독창회	경성일보	3원, 2원, 학생 1원
	10.29	7:30	제5회 교내음악회	중앙보육학교	최호영, 이순갑, 불교합창대, 김영자, 독고선, 서상석 1원, 50전, 학생 30전
	11.12	7:30	제7회 연전음악회	연전 음악부	현제명, 김반석, 곽정순, 연전관현악단, 연전합창단 1원, 50전, 학생 30전
	11.25	7	제2회 교내음악회	동덕여고보	
1933	2.11	7:30	경성제대 만돌린연주회	경성제대음악부	나병 예방기부금 모금 50전, 학생 30전
	2.23		전형철 제1회독창회		
	4.1	8	음악회	임수학술강습회	
	5.5	7:30	춘기음악대회	경성연합아동보건회 부속자모회	김영환, 부스, 아펜젤러, 곽정순, 정애식, 김영희, 채선엽, 이인선, 이화글리클럽 1원, 50전, 30전
	5.6	8:20	홍난파 제금독주회	조선음악가협회	반주 : 김원복 30전
	5.9	8	최리차드 빤조 독주회	동아일보	경성방송국 연주 후 간청으로
	5.16	8:20	홍성유, 김원복 부처(夫妻) 연주회	조선음악가협회	1원, 50전, 학생 30전
	5.19	8	제8회 춘계음악회	연전음악부	현제명, 채선엽, 앤더슨, 연전관현악단, 연전합창단 1원, 50전, 학생 30전
	6.1		네로타 반더포겔 연주회	경성일보	
	6.2	8:20	박경호 독주회	조선음악가협회	1원, 50전, 학생 30전
	6.17	7:30	音樂と舞踊		中野忠晴, 花柳壽滿, 淡谷のり子 1원, 학생 50전
	6.19	8	직업여성위안음악회	직업여성구락부	30전
	6.29		자크 티보 바이올린 독주회	경성일보	자크 티보 반주 : 타소 야노폴로
	8.5 ~6		동서음악연주회		
	10.19	7:30	제1회 추기 대음악회	경성보육학교 녹양회	홍난파, 홍성유, 이영세, 안보승, 김원복, 채선엽 50전, 30전

날짜		시간	공연명	주최	내용 및 출연자
1933	10.27	7:30	연전 추기 음악회	연전 음악부	홍성유, 김원복 등
	11.10	7:30	중앙보육 음악회	중앙보육학교	중앙보육합창대, 이순갑, 유정숙, 이영세, 김원복 등
	11.25	7	김문보 독창회		1원, 60전, 학생 40전
	12.16	7	자선음악회	경성교화단체연합회 경성부방면위원회	경성만돌린합주단, 조선호텔 음악부, 여러 여학교 생도들 1원
1934	4.10	7:30	3음악가 송별대연주회	도구음악가후원회	이애내, 안병소, 이인선 반주 : 부스, 스투데니
	4.20		백남철 독창회	조선중앙일보	
	4.25	7:30	크로이쳐 피아노독주회	경성일보, 매일신보, 서울프레스 공동주최	레오니드 크로이쳐 3원, 2원
	5.4	8	정훈모 독창회	동아일보학예부	반주 : 김신복 2원, 1원, 학생 50전
	5.7	7:30	후지와라 요시에 독창회	경성일보, 매일신보	3원, 2원, 학생 1원
	6.15	8	윤극영 독창회		5.22이었는데 병으로 연기
	6.30	8	경성만돌린합주단 소연주회		지휘 : 淸水五彦
	7.1	7:30	이태리민요와 오페라의 밤	매일신보	이등돈자(伊藤敦子), 야박(小野博), 천지정웅(天池政雄) 2원, 1원, 70전
	7.10	7	관옥민자 독창회		
	9.6~7	8	수해구제 대공연	극예술연구회	이승학, 김승모, 윤기선 등 1원, 50전, 30전
	9.21	7	위안음악회	동아일보	채선엽, 김영의, 안보승, 최성두, 윤악순, 이화글리클럽, 연전관현악단, 경성관현악단 등
	9.28	7:30	음악회	경성일본가톨릭청년회	일본에서 만주로 음악순례하는 이탈리아 신부 치말티(피아니스트, 작곡가), 말사리아(성악가)
	10.5	8	현제명 독창회	연희전문	급병으로 19일로 연기
	10.25	8	김해(金海) 제1회 독창회	본인 후원회	동경중앙음악학교 성악과
	10.30	7:30	제2회 추기 대음악회	경성보육학교 녹양회	
	11.9	7:30	제10회 연전 추기 대음악회	연전 음악부	연전관현악단, 연전합창단, 문학준, 이유성 1원, 50전, 학생 30전
	11.14	7	가요 민요 가극의 밤	매일신보	바리톤 全鎣喆, 테너 平間文壽, 소프라노 南部 다가테, 피아노 古莊百合子 2원, 1원 50전, 학생 1원
	11.16	7:30	곽정순 송별음악회	연전 동문회	

날짜		시간	공연명	주최	내용 및 출연자
1934	11.24	7	가정음악연주회	잡지 신가정	현제명, 채선엽, 김원복, 박경호, 홍난파, 홍성유, 이영세, 연전관현악단, 이보합창단, 경성합창단, 중보합창단 1원, 50전
	12.2	2	제10회 관현악연주회	경성제대 학우회 음악부	베토벤제(祭) 베토벤교향곡 연주
1935	1.12		음악회	신명학원	경성관현악단, 경성사중주단, 전형철, 이승학, 김생려 등
	3.2	7:30	송별음악회		시내 전문학교 졸업생 송별 연전관현악단, 이화합창단 등 50전, 학생 30전
	4.16	8	환영음악회	조선중앙일보	중국동화족구단 초빙 환영
	5.4	8	제2회 정훈모독창회	동아일보학예부	반주 : 박경호 1원, 학생 50전, 20인 이상 학생 30전
	5.14	8	계정식 제금독주회	조선일보	
	6.15	8	제4회 전조선 남녀 중등교 현상 음악회	연희전문학교	
	6.25	8	짐발리스트 제금독주회	매일신보	반주 : 자이렌베르그 3원, 2원
	10.3		김영길독창회	조선중앙일보	
	11.15	7	제7회 교내음악대회	중앙보육학교	홍성유, 김원복, 이영세, 조금자, 이순갑, 유정숙, 중보합창대 외 1원, 50전, 30전
	11.17	2	교내음악회	진명여고	
	11.×		제1회 전조선 독주콩쿨		하모니카
	12.2	7:30	제13회 추기음악회	연전 음악부	박화숙, 문학준, 현제명, 연전관현악단, 연전글리클럽 1원, 50전, 학생 30전
	12.3	7	교내음악회	동덕여고보	초대권 있는 자에 한해 무료
	12.14	7:30	음악과 율동의 밤	이화여전, 이화보육	한복덕, 김복실, 김메리, 대무런, 윤성덕, 이전글리클럽 등 30전 균일

〈부록 3〉 천도교당 음악회 관련 자료

날짜		시간	공연명	주최	내용 및 출연자
1921	5.25		해삼위학생음악단 음악회		
	6.3	8	해삼위학생음악단 고별음악회		
	6.4	7:30	유겸자부인독창회	동아일보	반주 : 전전영자(前田嶺子) 3원, 2원, 1원, 학생 50전
	10.27	7	대신사탄신기념경축음악연주회		김인숙, 박래옥, 인동철, 천도교 악기부원, 성악부원 일동
1922	4.25~27	7:30	해삼위천도교청년회 연예단 공연		음악, 무도, 연극 등 2원, 1원, 50전, 학생 반액
	7.8	8	음악회	천도교 소년회	해삼위 음악가와 비율빈 유명 음악가(푸오레스) 1원, 70전, 20전
	8.22	8	음악회	조선여자청년회	비로 연기됨 1원, 50전
	9.9		경성순회악단연주회		단장 : 홍난파 30전, 15전
1923	3.11		강연음악회	경성무산청년회	홍난파, 이동백 등
	5.18	8:30	민중음악무도회	서울청년회	경성성악대, 홍재유, 김형준 등
	7.9	8	동정음악회	직공조합	김영환, 최동준, 홍난파, 김창환 등 1원, 50전, 학생 30전
	8.10	8	동정음악회	노동대회	최동준, 김원복, 한기주, 김형준, 정악전습소 등, 평양수해 모금 50전
	8.27	8	수해구제음악회		하와이학생단
	10.14	7	음악무도대회	조선여자강습원	
1924	3.4		노농후원음악회		토월회 관현악합주, 김영숙, 홍영후, 김영환(당국의 불허로 중지됨) 1원, 50전, 학생 30전
	11.15~16	7:30	상조소년기근음악회		
1925	3.13	7:30	음악대회	경성악우구락부	이경수, 이택, 이주광 등
1926	8.25	7:30	동화동요동극대회		정순철 동요
	12.25	7:30	동극대회	어린이사	정순철 동요신곡 5곡
1927	10.20	7:30	추기음악대회	근활소년회	
	10.30	7:30	동요가극대회	가나다회	
1928	2.2		신춘음악회	장미회	무궁화사 후원, 악사는 여성으로만
	2.7	7	소년강연과 음악, 어머니대회	재경소년찬체연합	초대권 있는 부인에 한해 무료
	5.4~5	7:30	석춘음악무도대회	광제회	조선음악협회, 양악구락부원, 각 권번 기생 2원, 70전, 학생 40전
1929	1.24~25	6:30	산술창가강화	어린이사	김영환이 창가 지도
	5.19	8	조합원위안음악회	경성출판노조	
	6.2	8	소년소녀현상동요동화대회		
	7.13~14	8	특별연예대회	충신학원	증축자성, 이화코러스 등
1931	3.15	7	독자위안동극동요대회	별나라	

〈부록 4〉 경성 각 예배당 음악회 관련 자료

장소	날짜	시간	공연명	주최	내용 및 출연자
구세군 제일영	1922.5.1	7:30	극기주간음악회	구세군	
	1922.11.7	7:30	특별음악회	구세군 제이영	20전
연동교회당	1935.11.30	7:30	제2회 추기교내음악회	정신여교	
묘동예배당	1921.7.28	8:30	남녀강연음악회		
승동예배당	1921.11.5	7:30	음악회		경성악대, 홍영후, 임배세, 이화합창대, 태화여자관 합창대 등
	1925.4.28	8	음악강연회	경성학생연합회학예부	
	1935.11.23	7:30	음악연주회	승동기독교중등면려회	무료
중앙예배당	1925.12.6	7	음악회	중앙엡웟청년회	특별예배음악
	1926.2.26	7:30	신춘음악회	중앙엡웟청년회	리, 과인, 반버스커, 김덕진 등 30전
	1928.12.1	7:30	교내음악회	중앙보육학교	초대권 있어야 입장
	1930.3.28	7:30	음악회	성우회	안기영 무료 입장
	1930.12.18		제2회 직공위안음악회	기독신우회	중앙보육합창대 등 직공은 무료 입장권 배부
정동예배당	1921.9.17	7:30	음악회	보호녀회	이화학당학생 독창 등 30전, 20전
	1926.12.7	7	기독청년간친음악회	정동엡워스청년회	
	1928.12.14	7:30	국제음악연주회	경성음악회	명류국제음악연주인 초청
	1934.11.7	4	이전현상음악대회		심사 : 미스 영, 미스 아펜젤러, 미스 대무런, 현제명, 윤성덕
수표교예배당	1924.6.16	8	쿡 송별음악회	중앙엡웟청년회	교회음악선생
	1925.4.25	8	유성기 음악회	엡웟청년회 학예부	
동대문예배당	1932.6.30	8	음악회	여자대성학원	피도수, 오기영, 김관덕, 쿤스 등 30전, 20전, 10전
자교예배당	1932.11.19	7:30	추기음악회	자교엡웟청년회	장내정리비 10전
태화여자관	1922.12.21	7:30	자선음악회	태화여자관 엡웟청년회	1원, 50전, 학생 30전
경성메소디스트교회	1932.3.19	7	괴테백년기념 강연과 음악의 밤	괴테협회 경성지부	20전
경성기독교 청년회관	1924.4.11~12	7	음악회	동경음악학교 연주단	2원, 1원
	1924.8.9	8:30	제2회 러시아음악무도대회		1원, 50전
	1929.11.4	7:30	무용과 독창회	경성기독교청년회	핀란드 시그네린다리, 러나린다라
	1931.11.14	7	고공(高工)음악회		
중앙회중 기독교회	1924.6.11	8:30	레코드콘서트 (유성기음악회)	백공작사	『백공작』 창간호 발행기념

〈부록 5〉 모리스홀 음악회 관련 자료

날짜		시간	공연명	주최	내용 및 출연자
1928	5.11 ~12	8	외국인학교 음악회	외국인학교	2원, 1원 50전, 50전, 어린이 반액
	9.12	8	안익태 첼로독주회	재경서양인, 일본기독교회	1원
1929	1.25	7:30	음악의 밤	경성주재 외국인음악애호회	조선인, 미국인, 프랑스인, 일본인의 일류 악사들
	5.20	8	구라파 명곡연주 음악애호의 밤		안병소, 후스, 스투데니 2원, 1원, 50전
1930	5		음악제	외국측	현제명 등
1931	4.16	8	곽정순 제금독주회		반주 : 부스, 찬조 : 막칸라쓰 1원
1932	12.1	7	정훈모, 김형량 부부연주회	동아일보 학예부	1원, 50전, 30전
1933	3.25	7:30	김문보 독창회	조선음악가협회	1원, 학생 50전
	6.9	4	남녀현상음악대회 예선연주회	연희전문학교	
	9.15	8	난파트리오 실내악의 밤		제1회 공연, 홍난파, 홍성유, 이영세, 김원복 출연 30전
1934	5.10	8	윤극영 시창회		초대권 가진 이에 한해 무료 입장
1935	2.8	8	김메리 피아노독주회	이화여전	초대권 가진 이에 한해 무료 입장
	3.4	8	음악과 강연의 밤	조선음악가협회	이은상, 박경호 강연, 회원 연주 장내 정리료 20전
	6.13	4	제4회 남녀현상음악대회 예선연주회	연희전문학교	

〈부록 6〉 이화여전 강당에서 열린 음악회 관련 자료(1920년은 이화학당)

날짜	시간	공연명	주최	내용 및 출연자
1920.9.10		낙영회 음악회		그로브, 임배세, 박태원 등
1930.3.14~15		이화여전 제4회 졸업연주회	이화여전 음악과	
1931.2.27	7:30	졸업음악회	이화여전	
1932.3.4	7:30	제6회 졸업연주회	이화여전	
1932.10.×		채동선 가곡 발표회		
1932.12.2~3		음악과 직원음악회	이화여전	부스, 이화글리클럽, 채선엽, 김영의, 안기영, 박경호, 이순영, 메리영, 정애식 등 1원, 50전
1933.3.2	7:30	제7회 졸업연주회	이화여전	초대권 있어야 입장
1933.5.27	4	박경호 피아노 시주회(試奏會)		
1933.10.10		현제명, 홍난파 작곡 발표회		
1935.6.21	8	김영의 도미송별 독주회		

〈부록 7〉 경성의 학교에서 열린 음악회 관련 자료

장소	날짜	시간	공연명	주최	내용 및 출연자
배재학당	1920.9.11	8	청년구락부음악회	청년구락부	50전, 1원
휘문고 기념관	1928.6.26	8	동서양음악회	휘문교우	
마포보통학교 대강당	1926.4.24	8	동서음악대회	마포청년회	소년문고 설치 20전, 30전
효창공립보통학교	1925.9.5	8	납량음악대회	광활청년회	
진명여고 강당	1930.11.22	1:30	진명여고 음악회		
	1931.11.14	1	진명여고 음악회		
	1933.11.28	1	진명여고 음악회		
	1934.11.23	1	진명여고 음악회		
미동보통학교	1926.8.21		납량음악회		
배재고 강당	1933.6.10	8	현상음악대회 음악회	연희전문학교	
	1933 여름	7:30	동요 · 음악 · 동극의 밤	별나라사	경성중등학교 연합밴드, 아루페하모니카밴드, 박송, 곽정선 등
	1934.6.18		제3회 전조선남녀중등학교 현상음악대회		
	1934.11.3	7:30	추기음악회	이전 · 이보학생 기독교청년회	
제일고녀 강당	1925.11.28	2	음악연주회		대장용지조, 김영환 등
	1928.11.24	1:30	음악회	제일고녀	
숙명여학교	1924.9.14	7:30	유성기음악회	신여성사	김영환, 최호영이 가진 레코드, 입장은 여학생만 가능
	1924.11.14	1	학예정려음악회	숙명여고보	
	1924.11.23	1	추계고내음악연주회	숙명여고보	
경성여자고등 보통학교 강당	1921.5.1	2	가정음악대회	경성일보사	석천의일, 시산국일랑, 죽촌호자, 안본욱자, 김영환 등
	1923.3.10	1	여고보 음악회	교우회	
정신여학교	1934.6.22	8	제1회 교내음악대회	정신여학교 학생기청회	정신합창대, 홍성유, 부스 등
경신학교 강당	1933.11.28	7	창립기념음악회	경신학교 학생기독교회	연전관현악대 등 초대권 있으면 무료
경성제대 (심리학교실)	1928.2.4		제1회 연주회	경성제대	경성제대 오케스트라

장소	날짜	시간	공연명	주최	내용 및 출연자
경성제대 강당	1929.2.11		제3회 연주회	경성제대	경성제대 오케스트라
	1930.2.11		제4회 연주회	경성제대	경성제대 오케스트라
	1930.11.2	2	관현악의 오후	경성제대 음악부	경성제대 오케스트라
	1931.11.19	2	관현악의 오후	경성제대 음악부	경성제대 오케스트라
	1932.11.27		제7회 연주회	경성제대	경성제대 오케스트라
	1933.11.23	2	제8회 관현악연주회	경성제대 음악부	죽정교수부인, 스투데니, 후스, 김재호, 최호영 등 입장권 배부
	1934.4.27		제9회 연주회	경성제대	경성제대 오케스트라

〈부록 8〉 내청각 음악회 관련 자료

날짜		시간	공연명	주최	내용 및 출연자
1925	3월		기근구제동정연주회	효성청년회	1925.3.27, 기사(날짜 명시 안 됨) 70전, 60전, 40전, 학생 반액
	6.7	7:30	인공위안음악회	경성인쇄직공조합	독창음악무도
	8.15	8	하모니카독주회	경성하모니카 구락부	하모니카 연주 : 재등건일랑(齋藤健一郎) 일반 70전, 학생 40전
	9.15~16	6	축음기연주대회	일동축음기주식회사	유성기음악과 실연
	12.11	7	음악강연회	조선학생회	홍난파, 윤성덕, 김영환, 신의경, 홍재유, 의전음악부 등
1926	1.16		경성고상음악회	경성고상(京城高商)	경상(京商)하모니카밴드, 淸水武雇, 金丸阿多留, 村上元治 50전, 30전
	1.30		병우(病友) 구제음악회	경성공립상업 재학생, 동창회유지	화양음악중심
	2.19	4:30	음악강연회	경성일보	궁내성 악부장 武井守
	4.12		바리톤 라듀코프 독창회		반주 : 그란트(グラント)
	4.14	8	코바노프 피아노연주회		전석 무료
1927	3.27	7	신춘음악가극대회	애우소년회	30전, 어린이 20전
	4.23		어린이날 경비음악회	오월회	안수민, 최호영, 이인선 등 50전, 학생 30전
1928	9.28	5	레코드 콘서트	경성일보	30전
	11.5~6		후지타치요코 무용음악의 밤	극동시보	2원, 1원, 학생 60전
	11.15	7	레코드 콘서트	경성일보	30전
	11.17	7	하모니카 연주회	다소고하모니카	
	11.18	7	의전 음악연주회	경성일보	
1929	4.15	7:30	음악강연회	조선교육회	야마다 코우사쿠, 무료 입장
1930	6.26	8	탐정만담과 음악의 밤	경성일보	1원 50전
	7.19	8	영목미좌보(鈴木美佐保) 소프라노 독창회	경성일보, 매일신보	반주 : 스투데니 찬조 출연 : 김영환, 안성교 2원, 1원, 학생 70전
	9.27	7	고별연주회		코로무비아 악단 1원 균일
1931	3.3	7:30	조선소년군연합 음악영화대회	조선소년군총본부	소년군 제복 입은 소년군에 한해 무료 입장
	6.6	8	하기음악회	여성휘보	창간일주년기념, 안기영 등 출연
	10.2	7:30	질 마쇼 피아노 독주회	프랑스영사관	
1935	2.24	8	경성관현악단 발표회		창립2주년, 안성교, 이승학 외 30여명 찬조출연
	10.11	8:30	르네 마호니니 피아노 독주회		11.11이라는 기사도 있고 르네 플로레니라는 기록도 있음
	12.8		알파하모니카밴드 제2회 연주대회